Mastery of 2100 English Words & Phrases

JN026512

JUKEN KENKYUSHA

本書の 構成・特長・使い方

- 本書は『中学英単語2100』に準拠した，**書いて覚える方式のノート型参考書**です。中学1年生から難関私立高校入試までの2100の英単語について，**実際に書いて練習し，問題に答える形で書き込む**ことで，段階的にそして確実に記憶を促す構成となっています。英単語を目で追う・聞くことに加え，**書いて練習する**，また**問題を解きながら（＝覚えた単語を引き出しながら）**書くことに意識を向けることで，より高い学習効果が得られます。

- 『中学英単語2100』と同様に，2100語が**LEVEL 1からLEVEL 5の5つの学習段階**に分かれています。LEVEL 1 から学習を進める，あるいはご自分が必要とする LEVEL を重点的に学習することも可能です。

- 1回の学習単位は，**LEVEL 1〜3は4ページ構成，LEVEL 4〜5は2ページ構成**（それぞれ最終回は3ページ構成）です。

✏ 1ページ目 ● 英単語を書いてつづりを確認しよう（LEVEL 1〜5）

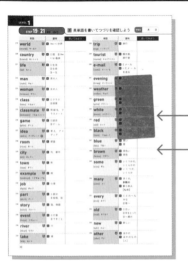

- ☑ 見出し語，発音記号とその仮名読み，英検®級，品詞，意味が掲載されています。その他『中学英単語2100』の掲載内容については，LEVELやSTEP，見出し語の左にある番号をもとに同書籍を参照できます。
  ※本書は紙面の都合上，『中学英単語2100』の内容を一部省略・調整しています。

- ☑ 消えるフィルターで日本語をかくしながら，単語とその意味を確認しましょう。

- ☑ **書いてみよう** の欄に，単語を最低1回は書いて練習し，つづりと意味を確認しましょう。

- ☑ QRコード（→ p.5）の音声を利用して，まず単語の音声を聞きながらつづりと意味を確認すると，学習効果が高まります。単語を書き終えたあとで音声を聞いて単語を書けるか確かめると，さらに定着を図ることができます。

✏ 2ページ目 ● フレーズの空所を埋めながら，意味と英単語を確認しよう（LEVEL 1〜5）

- ☑ 短いフレーズの中で，見出し語の使われ方も確認しながら単語を書いて覚えるページです。（答えはページ下部）

- ☑ 『中学英単語2100』の収録フレーズだけでなく，新規の頻出フレーズが多数使用されています。これらのフレーズを覚えるだけで，表現の幅がぐっと広がります。さらに，すでに学んだ見出し語を繰り返し使用したフレーズも取り入れているので，復習効果も期待できます。

- ☑ 問題の掲載順は，1 ページ目の番号順と同じです。また，1 ページ目の赤字の意味がほぼそのまま再現されるよう，フレーズと日本語は工夫されています。これにより，空所の単語を思い出せないときは，1 ページ目を確認しながら取り組むこともできます。自信のある方は問題をどんどん解いていき，ページ下部の答えをまとめて確認しましょう。

● 『中学英単語2100』では，見開きページを1 STEPの学習単位としていますが，本書ではその3 STEP分（LEVEL 1 ～ 3），あるいは2 STEP分（LEVEL 4 ～ 5）をそれぞれコンパクトにまとめて，1回分の学習単位としています。

● 各LEVELの最後に，まとめて整理・学習すると効率的な語を掲載しています。月や曜日の名前，代名詞・接続詞，動詞の変化形など，実際に書き込みながらつづりを確認しましょう。

● QRコード（→ p.5を参照）から，本書掲載の見出し語と例文（英文）の音声を聞くことができます。下記の使い方の具体例も参考にご活用ください。

● 消えるフィルター付きです。日本語をかくして英単語の意味を答えられるかどうか，また書き込んだ英単語をもとに日本語の意味がわかるか確認するなど，いろいろな使い方ができます。

🖊 3ページ目 ● 練習問題に取り組もう（LEVEL 1 ～ 3）

2種類の問題で構成されています。(答えはページ下部)

①日本語を見て英単語を書く問題

☑ 日本語は1ページ目の赤字の意味を中心に示しています。

☑ つづりに注意しながら単語を書きましょう。

☑ 問題は1ページ目の番号順とは異なる，順不同の掲載です。

②フレーズや決まり文句などを完成させる問題

☑ 『中学英単語2100』収録の少し応用性の高いフレーズや，複数の意味・品詞がある見出し語の，2ページ目では扱われていない品詞・意味を新規フレーズとして問う問題も含まれています。

☑ 問題の掲載順は順不同です。

🖊 4ページ目 ● 例文の中で英単語を書いて確認しよう（LEVEL 1 ～ 3）

☑ 仕上げは，例文中の文脈で意味を確認しながら単語を書く問題です。(答えはページ下部)

☑ 例文は『中学英単語2100』収録の例文から18文を厳選。見出し語以外の語に引かれている下線の語句にも注意して，見出し語の典型的な使われ方も確認しましょう。

☑ 単語を書き終えて答えを確認したあと，消えるフィルターで日本語をかくし，意味がわかるか確認しましょう。

☑ QR コードの音声を利用して例文の音声を聞き，見出し語を書きとれるか確認しましょう。さらに，例文を読んで自分の発音を確認することで，音とつづりの結びつきをいっそう強固にすることができます。
※答えの［ ］で示されている言い換え（別解）は，音声に含まれていません。

3

目次

◆ 本書の構成・特長・使い方 ………………………………………………… 2
◆ 本書の記号一覧 ……………………………………………………………… 5

LEVEL 1

中学1・2年生レベル ……………………………………………… 6
STEP 1 ～ 33 | 400語（No.1 ～ 400）
まとめて覚えよう・働きで覚えよう ………………………………50

LEVEL 2

中学2・3年生レベル …………………………………………………52
STEP 34 ～ 75 | 500語（No.401 ～ 900）
動詞の変化形① ………………………………………………… 108

LEVEL 3

中学3年生・公立高校入試レベル ……………………… 110
STEP 76 ～ 125 | 600語（No.901 ～ 1500）
動詞の変化形② ………………………………………………… 178

LEVEL 4

私立高校入試レベル ……………………………………… 180
STEP 126 ～ 138 | 300語（No.1501 ～ 1800）
名詞・形容詞の変化形 ………………………………………… 193

LEVEL 5

難関私立高校入試レベル ……………………………… 194
STEP 139 ～ 151 | 300語（No.1801 ～ 2100）
重要派生語 ……………………………………………………… 207

★ 本書の記号一覧

★ 品詞

名	名詞
助	助動詞
前	前置詞

代	代名詞
形	形容詞
接	接続詞

動	動詞
副	副詞
間	間投詞

★ その他の記号

発	発音に注意

ア	アクセントに注意

5	英検®級

〈the＋〉など	見出し語の前に（通例）the をつける用法。 （例）p.18, No.141：sea → the sea
〈＋to〉など	見出し語のあとに to をつける用法。 （例）p.134, No.1132：belong → belong to
（　　　）	省略や補足説明。 （例）p.10, No.68：watch「を（じっと）見る」→「を見る，をじっと見る」 （例）p.22, No.178：thank「（複数形で）感謝」 　　　→「感謝」の意味では複数形の thanks で用いる。
[　　　]	言い換え，置き換え。 （例）p.30, No.254：other「ほかのもの［人］」→「ほかのもの，ほかの人」
people	見出し語のつづりの一部に赤い下線 → 下線の箇所のつづりに注意。

QR コード・各種データダウンロード

●右側のQRコードをスマートフォンなどで読み込むと，音声再生のためのページが表示されます。画面は「LEVEL一覧」→「STEP一覧」→「本文ページ」の順で展開します。「STEP一覧」の画面内で再生ボタンを押すと，そのSTEPの見出し語（2回読み）と，本書掲載の例文（英文，1回読み）の音声が再生されます。「本文ページ」内では，グレーの部分をタップすると，見出し語や例文（英文）の音声が再生されます。

●上記の音声データ（mp3）や，『中学英単語2100』の関連各種データは，ホームページからダウンロードできます。
【増進堂・受験研究社ホームページ】https://www.zoshindo.co.jp/

	単語	意味	書いてみよう		単語	意味	書いてみよう
1	**people** 5 [píːpl] ピープる	名 人々		19	**winter** 5 [wíntər] ウィンタ	名 冬	
2	**family** 5 [fǽməli] ふぁミリ	名 家族		20	**animal** 5 [ǽnəml] あニムる	名 動物	
3	**friend** 5 [frénd] ふレンド	名 友達		21	**dog** 5 [dɔ́(ː)g] ド(ー)グ	名 イヌ	
4	**school** 5 [skúːl] スクーる	名 学校		22	**rabbit** 5 [rǽbit] ラぁビット	名 ウサギ	
5	**student** 5 [stjúːdnt] ステューデント	名 生徒, 学生		23	**book** 5 [búk] ブック	名 本	
6	**teacher** 5 [tíːtʃər] ティーチャ	名 先生, 教師		24	**movie** 5 [múːvi] ムーヴィ	名 映画	
7	**homework** 5 [hóumwə̀ːrk] ホウムワ〜ク	名 宿題		25	**TV** 5 [tíːvíː] ティーヴィー	名 テレビ	
8	**day** 5 [déi] デイ	名 ①1日, 日 ②日中		26	**drama** 4 [drɑ́ːmɑ] ドゥラーマ	名 ドラマ, 劇	
9	**morning** 5 [mɔ́ːrniŋ] モーニング	名 朝, 午前		27	**picture** 5 [píktʃər] ピクチャ	名 絵, 写真	
10	**afternoon** 5 [æ̀ftərnúːn] あふタヌーン	名 午後		28	**course** 4 [kɔ́ːrs] コース	名 コース, 進路, 針路	
11	**night** 5 [náit] ナイト	名 夜		29	**festival** 4 [féstəvl] ふェスティヴる	名 祭り	
12	**time** 5 [táim] タイム	名 ①時, 時間 ②〜回, 〜倍		30	**food** 5 [fúːd] ふード	名 食べ物	
13	**week** 5 [wíːk] ウィーク	名 週		31	**breakfast** 5 [brékfəst] ブレックふァスト	名 朝食	
14	**month** 5 [mʌ́nθ] マンす	名 月		32	**lunch** 5 [lʌ́ntʃ] らンチ	名 昼食, ランチ	
15	**year** 5 [jíər] イア	名 ①年 ②〜歳		33	**dinner** 5 [dínər] ディナ	名 夕食, ディナー	
16	**May** 5 [méi] メイ	名 5月		34	**restaurant** 5 [réstərənt] レストラント	名 レストラン	
17	**October** 5 [ɑktóubər] アクトウバ	名 10月		35	**music** 5 [mjúːzik] ミューズィック	名 音楽	
18	**summer** 5 [sʌ́mər] サマ	名 夏		36	**piano** 5 [piǽnou] ピあノウ ア	名 ピアノ	

☑① 学校に通う

go to _____

☑② (私の)宿題をする

do my _____

☑③ 毎日

every _____

☑④ 朝に，午前中に

in the _____

☑⑤ 今日の午後に

this _____

☑⑥ 昨夜

last _____

☑⑦ 多くの時間

a lot of _____

☑⑧ 先週

last _____

☑⑨ 今月

this _____

☑⑩ 毎年

every _____

☑⑪ 14歳

14 _____ old

☑⑫ 5月に

in _____

☑⑬ 10月10日に

on _____ 10th

☑⑭ 今年の夏に

this _____

☑⑮ 冬に

in _____

☑⑯ これらの動物

these _____

☑⑰ イヌを飼っている

have a _____

☑⑱ 野球に関する本

a _____ about baseball

☑⑲ 映画に行く

go to the _____

☑⑳ テレビで

on _____

☑㉑ テレビドラマ

a TV _____

☑㉒ 写真を撮る

take a _____

☑㉓ 学園祭

a school _____

☑㉔ 日本食[日本の食べ物]

Japanese _____

☑㉕ 朝食にオレンジを食べる

have an orange for _____

☑㉖ 昼食をとる

have _____

☑㉗ 音楽を聞く

listen to _____

☑㉘ ピアノを弾く

play the _____

LEVEL 1
LEVEL 2
LEVEL 3
LEVEL 4
LEVEL 5

1
▼
3
6

答え▶ ① school ② homework ③ day ④ morning ⑤ afternoon ⑥ night ⑦ time ⑧ week ⑨ month ⑩ year ⑪ years ⑫ May ⑬ October ⑭ summer ⑮ winter ⑯ animals ⑰ dog ⑱ book ⑲ movies ⑳ TV ㉑ drama ㉒ picture ㉓ festival ㉔ food ㉕ breakfast ㉖ lunch ㉗ music ㉘ piano

3 空所に英単語を書こう

学習日　月　日

❶ 日本語の意味を表す英単語を書きなさい。

☑① ドラマ，劇
_____

☑② 映画
_____

☑③ 冬
_____

☑④ 家族
_____

☑⑤ (1年の)月
_____

☑⑥ 宿題
_____

☑⑦ 先生，教師
_____

☑⑧ 人々
_____

☑⑨ 音楽
_____

☑⑩ ウサギ
_____

☑⑪ 生徒，学生
_____

☑⑫ 学校
_____

☑⑬ 10月
_____

☑⑭ 5月
_____

☑⑮ 動物
_____

❷ 日本語と同じ意味を表すように，空所に英単語を書きなさい。

☑① ファストフード　　　　　fast _____

☑② 朝食を作る　　　　　　　make _____

☑③ 夕食前に　　　　　　　　before _____

☑④ レストランで　　　　　　at the _____

☑⑤ 祭りがある　　　　　　　have a _____

☑⑥ 楽しい時間を過ごす　　　have a good _____

☑⑦ 朝早くに　　　　　　　　early in the _____

☑⑧ 彼と親しくなる　　　　　make _____ with him

☑⑨ もちろん　　　　　　　　of _____

答え ❶ ① drama　② movie　③ winter　④ family　⑤ month　⑥ homework　⑦ teacher　⑧ people　⑨ music
　⑩ rabbit　⑪ student　⑫ school　⑬ October　⑭ May　⑮ animal
❷ ① food　② breakfast　③ dinner　④ restaurant　⑤ festival　⑥ time　⑦ morning　⑧ friends　⑨ course

❸ 日本文と同じ意味を表すように，英文の空所に英単語を書きなさい。

☑① 多くの<u>人々</u>がその公園を訪れる。

Many _____ visit the park.

☑② 兄は<u>高校生</u>だ。

My brother is a <u>high school</u> _____.

☑③ 私たちの英語の<u>先生</u>はカナダ出身だ。

Our English _____ is from Canada.

☑④ <u>よい1日を</u>！

Have a nice _____!

☑⑤ 明日の<u>午後</u>テストがある。

There is a test <u>tomorrow</u> _____.

☑⑥ 私は<u>夜</u>にコーヒーを飲まない。

I don't drink coffee at _____.

☑⑦ あなたは<u>何時</u>に起きますか。

<u>What</u> _____ do you get up?

☑⑧ <u>来週</u>また会いましょう！

<u>See you next</u> _____!

☑⑨ 私の家族は<u>毎年</u>このホテルに泊まる。

My family stays at this hotel <u>every</u> _____.

☑⑩ 私は2匹の<u>イヌ</u>を飼っている。

I <u>have</u> two _____.

☑⑪ これは2匹の<u>ウサギ</u>の物語だ。

This is a story about two _____.

☑⑫ 私はフランスに関する<u>本</u>を読んでいるところだ。

I'm reading a _____ <u>about</u> France.

☑⑬ 私はその城の<u>写真</u>を何枚か撮った。

I <u>took</u> some _____ of the castle.

☑⑭ 飛行機は<u>コース</u>を変えて戻ってきた。

The plane changed _____ and came back.

☑⑮ あなたの町には<u>夏祭り</u>がありますか。

Is there a <u>summer</u> _____ in your town?

☑⑯ あなたの大好きな<u>食べ物</u>は何ですか。

What is your favorite _____?

☑⑰ 今，父が<u>夕食</u>を作っているところだ。

My father is cooking _____ now.

☑⑱ 彼はとても上手に<u>ピアノ</u>を弾く。

He <u>plays the</u> _____ very well.

STEP **4 ▸ 6** [37 ▸ 73]　　**1** 英単語を書いてつづりを確認しよう　　学習日　月　日

	単語		意味	書いてみよう
37	**guitar** [gitάːr] ギター ⑦	5	名 ギター	
38	**song** [sɔ́ːŋ] ソーング	5	名 歌	
39	**sport** [spɔ́ːrt] スポート	5	名 スポーツ	
40	**soccer** [sάkər] サカ	5	名 サッカー	
41	**tennis** [ténis] テニス	5	名 テニス	
42	**team** [tíːm] ティーム	5	名 チーム	
43	**player** [pléiər] プれイア	5	名 選手, 演奏者	
44	**birthday** [bə́ːrθdèi] バ〜すデイ	5	名 誕生日	
45	**color** [kΛ́lər] カら	5	名 色	
46	**zoo** [zúː] ズー	5	名 動物園	
47	**park** [pάːrk] パーク	5	名 公園 動 を駐車する	
48	**tea** [tíː] ティー	5	名 お茶, 紅茶	
49	**cherry** [tʃéri] チェリ	4	名 ①桜の木 ②サクランボ	
50	**house** [háus] ハウス	5	名 家	
51	**wall** [wɔ́ːl] ウォーる	5	名 壁	
52	**cap** [kǽp] キぁップ	5	名 帽子	
53	**notebook** [nóutbùk] ノウトブック	5	名 ノート	
54	**pen** [pén] ペン	5	名 ペン	
55	**pencil** [pénsl] ペンсる	5	名 鉛筆	
56	**umbrella** [Λmbrélə] アンブレら	5	名 傘	
57	**chair** [tʃéər] チェア	5	名 いす	
58	**weekend** [wíːkènd] ウィーケンド	5	名 週末	
59	**concert** [kάnsərt] カンサト	5	名 コンサート	
60	**musician** [mjuːzíʃn] ミューズィシャン ⑦	5	名 音楽家, ミュージ シャン	
61	**go** [góu] ゴウ	5	動 行く	
62	**come** [kΛ́m] カム	5	動 来る	
63	**want** [wάnt] ワント	5	動 をほしい	
64	**know** [nóu] ノウ 発	5	動 を知ってい る	
65	**make** [méik] メイク	5	動 ①を作る ②〜を…にする	
66	**see** [síː] スィー	5	動 ①が見える ②に会う ③がわかる	
67	**look** [lúk] るック	5	動 ①見る ②に見える	
68	**watch** [wάtʃ] ワッチ	5	動 を(じっと) 見る 名 腕時計	
69	**think** [θíŋk] すィンク	5	動 (と)思う, 考える	
70	**use** [動 júːz / 名 júːs] 動 ユーズ / 名 ユース 発	5	動 を用いる, 利用する 名 使用, 用途	
71	**play** [pléi] プれイ	5	動 ①(競技・ゲー ムなど)をする ②を演奏する ③遊ぶ 名 ①劇 ②プレー	
72	**talk** [tɔ́ːk] トーク	5	動 話す, しゃべる 名 話	
73	**enjoy** [indʒɔ́i] インヂョイ	5	動 を楽しむ	

☑① ギターを弾く

play the ＿＿＿＿＿＿＿＿

☑② 英語の歌

an English ＿＿＿＿＿＿＿＿

☑③ スポーツが好きだ

like ＿＿＿＿＿＿＿＿

☑④ テニス部に入っている

be on the ＿＿＿＿＿＿＿＿ team

☑⑤ サッカー選手

a ＿＿＿＿＿＿＿＿ ＿＿＿＿＿＿＿＿

☑⑥ 動物園で

at [in] the ＿＿＿＿＿＿＿＿

☑⑦ 緑茶

green ＿＿＿＿＿＿＿＿

☑⑧ 1杯のお茶

a cup of ＿＿＿＿＿＿＿＿

☑⑨ 家の中で

in the ＿＿＿＿＿＿＿＿

☑⑩ 壁に

on the ＿＿＿＿＿＿＿＿

☑⑪ 3本の鉛筆

three ＿＿＿＿＿＿＿＿

☑⑫ 私の傘を使う

use my ＿＿＿＿＿＿＿＿

☑⑬ いすの上に

on a ＿＿＿＿＿＿＿＿

☑⑭ 週末に

on the ＿＿＿＿＿＿＿＿

☑⑮ コンサートを行う

give a ＿＿＿＿＿＿＿＿

☑⑯ 公園に行く

＿＿＿＿＿＿＿＿ to the ＿＿＿＿＿＿＿＿

☑⑰ 日本に来る

＿＿＿＿＿＿＿＿ to Japan

☑⑱ 新しいかばんがほしい

＿＿＿＿＿＿＿＿ a new bag

☑⑲ 彼女を知っている

＿＿＿＿＿＿＿＿ her

☑⑳ ケーキを作る

＿＿＿＿＿＿＿＿ a cake

☑㉑ あの山が見える

can ＿＿＿＿＿＿＿＿ that mountain

☑㉒ そう思う

＿＿＿＿＿＿＿＿ so

☑㉓ 野球をする

＿＿＿＿＿＿＿＿ baseball

☑㉔ 音楽について話す

＿＿＿＿＿＿＿＿ about music

☑㉕ ユキと話す

＿＿＿＿＿＿＿＿ to Yuki

☑㉖ 祭りを楽しむ

＿＿＿＿＿＿＿＿ the festival

LEVEL 1
LEVEL 2
LEVEL 3
LEVEL 4
LEVEL 5

3
7
▼
7
3

答え▶ ① guitar　② song　③ sport(s)　④ tennis　⑤ soccer, player　⑥ zoo　⑦ tea　⑧ tea　⑨ house　⑩ wall
⑪ pencils　⑫ umbrella　⑬ chair　⑭ weekend　⑮ concert　⑯ go, park　⑰ come　⑱ want　⑲ know
⑳ make　㉑ see　㉒ think　㉓ play　㉔ talk　㉕ talk　㉖ enjoy

3 空所に英単語を書こう

❶ 日本語の意味を表す英単語を書きなさい。

☑① 桜の木

_____

☑② を作る，〜を…にする

_____

☑③ 腕時計

_____

☑④ 色

_____

☑⑤ ノート

_____

☑⑥ コンサート

_____

☑⑦ ギター

_____

☑⑧ 話す，話

_____

☑⑨ を用いる，使用

_____

☑⑩ ペン

_____

☑⑪ チーム

_____

☑⑫ を知っている

_____

❷ 日本語と同じ意味を表すように，空所に英単語を書きなさい。

☑① よさそうだ[よさそうに見える]　_____ good

☑② アメリカに行きたい　_____ to go to America

☑③ 先生になりたい　_____ to be a teacher

☑④ パレードを見る　_____ the parade

☑⑤ 週末に　on _____

☑⑥ 公園で遊ぶ　play in the _____

☑⑦ テニスをして楽しむ　_____ playing _____

☑⑧ 友達に会う　_____ my friend

☑⑨ 誕生日おめでとう！　Happy _____！

☑⑩ わかった。　I _____ .

答え ▶ **❶** ① cherry　② make　③ watch　④ color　⑤ notebook　⑥ concert　⑦ guitar　⑧ talk　⑨ use　⑩ pen
　　⑪ team　⑫ know
❷ ① look　② want　③ want　④ watch　⑤ weekends　⑥ park　⑦ enjoy, tennis　⑧ see　⑨ birthday
　　⑩ see

❸ 日本文と同じ意味を表すように，英文の空所に英単語を書きなさい。

☑① 彼女はウィンタースポーツが得意だ。　　She is good at winter _____.

☑② 公園でサッカーをしてはいけない。　　Don't play _____ in the park.

☑③ 彼は有名なバスケットボール選手だ。　　He is a famous basketball _____.

☑④ 私たちは先週の日曜日に動物園に行った。　　We went to the _____ last Sunday.

☑⑤ あなたは夕食後にお茶やコーヒーを飲みますか。　　Do you drink _____ or coffee after dinner?

☑⑥ あそこに桜の木が見えますか。　　Can you see the _____ trees over there?

☑⑦ 私の家は駅の近くにある。　　My _____ is near the station.

☑⑧ 私は帽子を3つ持っている。　　I have three _____.

☑⑨ 鉛筆ではなくペンで書いてください。　　Write with a pen, not a _____.

☑⑩ 私は学校に傘を置き忘れてしまった。　　I left my _____ at school.

☑⑪ うちのネコはいつも私のいすに座る。　　My cat always sits on my _____.

☑⑫ そのミュージシャンは路上で5曲歌った。　　The _____ sang five songs on the street.

☑⑬ このバスは梅田駅に行きますか。　　Does this bus _____ to Umeda Station?

☑⑭ あなたは彼の電話番号を知っていますか。　　Do you _____ his phone number?

☑⑮ 彼女は私を見てほほえんだ。　　She _____ at me and smiled.

☑⑯ 私の考えについてどう思いますか。　　What do you _____ about my idea?

☑⑰ 私は彼と映画について話した。　　I _____ to him about the movie.

☑⑱ 旅行を楽しんでください！　　_____ your trip!

LEVEL 1
LEVEL 2
LEVEL 3
LEVEL 4
LEVEL 5

3 7 ▽ 7 3

答え ❸ ① sports　② soccer　③ player　④ zoo　⑤ tea　⑥ cherry　⑦ house　⑧ caps　⑨ pencil　⑩ umbrella　⑪ chair　⑫ musician　⑬ go　⑭ know　⑮ looked　⑯ think　⑰ talked　⑱ Enjoy

STEP 7 ▶ 9 [74 ▶ 109]　　**1** 英単語を書いてつづりを確認しよう　学習日　月　日

	単語		意味	書いてみよう		単語		意味	書いてみよう
74	**eat** [í:t] イート	5	動 (を)食べる		92	**walk** [wɔ́:k] ウォーク	5	動 歩く 名 散歩	
75	**get** [gét] ゲット	5	動 ①を得る ②到着する ③になる		93	**run** [rʌ́n] ラン	5	動 ①走る ②流れる ③を経営する	
76	**take** [téik] テイク	5	動 ①に乗っていく ②を連れて[持って]いく		94	**buy** [bái] バイ	5	動 を買う	
77	**try** [trái] トゥライ	5	動 を試す 名 試み		95	**read** [rí:d] リード	5	動 を読む, 読書する	
78	**listen** [lísn] リスン	5	動 聞く		96	**practice** [prǽktis] プラぁクティス	4	動 を練習する 名 練習	
79	**hear** [híər] ヒア	5	動 が聞こえる, (を)耳にする		97	**leave** [lí:v] リーヴ	4	動 ①出発する, 去る ②を置き忘れる	
80	**visit** [vízit] ヴィズィット	5	動 を訪問する 名 訪問		98	**drink** [dríŋk] ドゥリンク	5	動 を飲む 名 飲み物	
81	**wait** [wéit] ウェイト	4	動 待つ		99	**turn** [tá:rn] タ〜ン	5	動 ①向きを変える ②を回す ③曲がる 名 順番	
82	**win** [wín] ウィン	4	動 (に)勝つ, を勝ち取る						
83	**fall** [fɔ́:l] ふォーる	5	動 ①落ちる ②倒れる 名 秋		100	**check** [tʃék] チェック	3	動 を点検する, 確認する 名 点検, 検査	
84	**sing** [síŋ] スィング	5	動 (を)歌う		101	**ride** [ráid] ライド	5	動 (に)乗る	
85	**keep** [kí:p] キープ	4	動 ①を保管する ②を保つ		102	**swim** [swím] スウィム	5	動 泳ぐ	
86	**draw** [drɔ́:] ドゥロー	4	動 (を)描く, (線を)引く		103	**wash** [wɑ́ʃ] ワッシ	5	動 を洗う	
87	**write** [ráit] ライト 発	5	動 ①を書く ②(に)手紙を書く		104	**dance** [dǽns] ダぁンス	5	動 踊る 名 ダンス, 踊り	
88	**stop** [stɑ́p] スタップ	5	動 止まる, を止める 名 停止, 停留所		105	**jump** [dʒʌ́mp] ヂャンプ	4	動 とぶ, とびはねる	
89	**put** [pút] プット	4	動 を置く		106	**help** [hélp] へるプ	5	動 を手伝う, 助ける 名 助け, 手伝い	
90	**study** [stʌ́di] スタディ	5	動 (を)勉強する, 研究する 名 勉強, 研究		107	**say** [séi] セイ	5	動 と言う	
91	**learn** [lə́:rn] ら〜ン	5	動 (を)学ぶ, を覚える		108	**work** [wá:rk] ワ〜ク	5	動 働く 名 仕事, 作品	
					109	**bus** [bʌ́s] バス	5	名 バス	

☑① チケットを<u>手に入れる[得る]</u>

_____ a ticket

☑② タクシーに<u>乗っていく</u>

_____ a taxi

☑③ 新しいラケットを<u>試す</u>

_____ a new racket

☑④ その音<u>が聞こえる</u>

_____ the sound

☑⑤ 祖父母を<u>訪問する</u>

_____ my grandparents

☑⑥ 試合に<u>勝つ</u>

_____ the game

☑⑦ 歌を<u>歌う</u>

_____ a song

☑⑧ 絵を<u>描く</u>

_____ pictures

☑⑨ 彼に手紙を<u>書く</u>

_____ a letter to him

☑⑩ バス停で<u>止まる</u>

_____ at the bus stop

☑⑪ 理科を<u>勉強する</u>

_____ science

☑⑫ <u>散歩</u>する

take a _____

☑⑬ 速く<u>走る</u>

_____ fast

☑⑭ ノートを<u>買う</u>

_____ a notebook

☑⑮ 本を<u>読む</u>

_____ a book

☑⑯ ピアノを<u>練習する</u>

_____ the piano

☑⑰ 家を<u>出る[出発する]</u>

_____ home

☑⑱ 水を<u>飲む</u>

_____ water

☑⑲ 左に<u>曲がる</u>

_____ left

☑⑳ 答えを<u>チェック[点検]する</u>

_____ the answer

☑㉑ 自転車に<u>乗る</u>

_____ a bicycle

☑㉒ 海で<u>泳ぐ</u>

_____ in the sea

☑㉓ 手を<u>洗う</u>

_____ my hands

☑㉔ 母を<u>手伝う</u>

_____ my mother

☑㉕ おやすみ<u>と言う</u>

_____ good night

☑㉖ 図書館で<u>働く</u>

_____ in the library

答え ① get　② take　③ try　④ hear　⑤ visit　⑥ win　⑦ sing　⑧ draw　⑨ write　⑩ stop　⑪ study
⑫ walk　⑬ run　⑭ buy　⑮ read　⑯ practice　⑰ leave　⑱ drink　⑲ turn　⑳ check　㉑ ride
㉒ swim　㉓ wash　㉔ help　㉕ say　㉖ work

❶ 日本語の意味を表す英単語を書きなさい。

☑① を飲む，飲み物
_____

☑② を練習する，練習
_____

☑③ 踊る，ダンス
_____

☑④ (を)食べる
_____

☑⑤ 出発する，を置き忘れる
_____

☑⑥ (を)学ぶ，を覚える
_____

☑⑦ とぶ，とびはねる
_____

☑⑧ 働く，仕事，作品
_____

☑⑨ を手伝う，助け，手伝い
_____

☑⑩ 落ちる，倒れる，秋
_____

☑⑪ 向きを変える，を回す，順番
_____

☑⑫ を保管する，を保つ
_____

❷ 日本語と同じ意味を表すように，空所に英単語を書きなさい。

☑① 空港に着く　　　　　　　　　_____ to the airport

☑② あなたを動物園に連れていく　_____ you to the zoo

☑③ 彼女に手紙を書く　　　　　　_____ to her

☑④ 話そうとする　　　　　　　　_____ to talk

☑⑤ 帽子を試着する　　　　　　　_____ on a cap

☑⑥ ユカのことを耳にする　　　　_____ of Yuka

☑⑦ テレビを見るのをやめる　　　_____ watching TV

☑⑧ あなたに花を買ってあげる　　_____ you flowers

☑⑨ 彼女の最初のアメリカ訪問　　her first _____ to America

☑⑩ スプーンでスープを飲む　　　_____ soup with a spoon

答え ❶ ①drink ②practice ③dance ④eat ⑤leave ⑥learn ⑦jump ⑧work ⑨help ⑩fall ⑪turn ⑫keep
❷ ①get ②take ③write ④try ⑤try ⑥hear ⑦stop ⑧buy ⑨visit ⑩eat

16

❸ 日本文と同じ意味を表すように，英文の空所に英単語を書きなさい。

☑① 父は毎朝ラジオを<u>聞いている</u>。 　　My father _____ to the radio every morning.

☑② 私たちは１時間彼を<u>待った</u>。 　　We _____ for him for an hour.

☑③ テスト中に消しゴムが机から<u>落ちてしまった</u>。 　　My eraser _____ off my desk during the test.

☑④ 涼しい場所にそれを<u>保管してください</u>。 　　_____ it in a cool place.

☑⑤ 私は中国にいる友人に手紙を<u>書いた</u>。 　　I _____ a letter to my friend in China.

☑⑥ この電車は東京駅には<u>止まりません</u>よ。 　　This train doesn't _____ at Tokyo Station.

☑⑦ 彼女はかばん<u>を</u>ベッド<u>の上に置いた</u>。 　　She _____ her bag on her bed.

☑⑧ 私たちは町の歴史<u>を学んでいる</u>。 　　We are _____ the history of the town.

☑⑨ 私はたいてい学校に<u>歩いて行く</u>。 　　I usually _____ to school.

☑⑩ 彼らはバス停まで<u>走った</u>。 　　They _____ to the bus stop.

☑⑪ 彼はお母さんに花を<u>買ってあげた</u>。 　　He _____ flowers for his mother.

☑⑫ あなたは何時に<u>家を出ます</u>か。 　　What time do you _____ home?

☑⑬ 彼らはその歌<u>に合わせて踊って</u>いた。 　　They were _____ to the song.

☑⑭ プール<u>にとび込んで</u>はいけません。 　　Don't _____ into the pool.

☑⑮ 私は妹の宿題<u>を手伝った</u>。 　　I _____ my sister with her homework.

☑⑯ 彼は「はじめまして」<u>と言った</u>。 　　He _____, "Nice to meet you."

☑⑰ 彼らは９時から５時まで<u>働く</u>。 　　They _____ from nine to five.

☑⑱ 私たちは公園に<u>バス</u>で行った。 　　We went to the park by _____.

答え ❸ ① listens　② waited　③ fell　④ Keep　⑤ wrote　⑥ stop　⑦ put　⑧ learning　⑨ walk　⑩ ran
⑪ bought　⑫ leave　⑬ dancing　⑭ jump　⑮ helped　⑯ said　⑰ work　⑱ bus

1 英単語を書いてつづりを確認しよう

学習日 　月　日

	単語	意味	書いてみよう
110	**club** 5 [kláb] クらブ	名 クラブ, 部	
111	**museum** 5 [mju:zíəm] ミューズィアム ア	名 博物館, 美術館	
112	**shopping** 5 [ʃápiŋ] シャピング	名 買い物	
113	**library** 5 [láibreri] らイブレリ	名 図書館, 図書室	
114	**apple** 5 [ǽpl] あプる	名 リンゴ	
115	**box** 5 [báks] バックス	名 箱	
116	**ball** 5 [bɔ́:l] ボーる	名 ボール, 球	
117	**subject** 4 [sʌ́bdʒikt] サブヂェクト	名 ①教科 ②(研究などの)主題	
118	**math** 5 [mǽθ] マあす	名 数学	
119	**science** 5 [sáiəns] サイエンス	名 理科, 科学	
120	**art** 5 [á:rt] アート	名 芸術, 美術	
121	**cat** 5 [kǽt] キあット	名 ネコ	
122	**penguin** 5 [péŋgwin] ペングウィン	名 ペンギン	
123	**gym** 5 [dʒím] ヂム	名 ①体育館 ②スポーツジム	
124	**bath** 4 [bǽθ] バあす 発	名 入浴	
125	**window** 5 [wíndou] ウィンドウ	名 窓	
126	**snack** [snǽk] スナあック	名 軽食, おやつ	
127	**ink** 3 [íŋk] インク	名 インク	
128	**king** 5 [kíŋ] キング	名 王	

	単語	意味	書いてみよう
129	**queen** 3 [kwí:n] クウィーン 発	名 女王	
130	**shoe** [ʃú:] シュー	名 靴	
131	**flower** 5 [fláuər] ふらウア 発	名 花, 草花	
132	**tree** 5 [trí:] トゥリー	名 木	
133	**station** 5 [stéiʃn] ステイシャン	名 ①駅 ②〜署	
134	**computer** [kəmpjú:tər] コンピュータ	名 コンピューター	
135	**girl** 5 [gə́:rl] ガ〜る	名 少女	
136	**boy** 5 [bɔ́i] ボイ	名 少年	
137	**street** 5 [strí:t] ストゥリート	名 通り	
138	**hospital** 5 [háspitl] ハスピトゥる	名 病院	
139	**doctor** 5 [dáktər] ダクタ	名 ①医者, 医師 ②博士	
140	**mountain** 5 [máuntn] マウントゥン	名 山	
141	**sea** 5 [sí:] スィー	名 〈the＋〉海	
142	**table** 5 [téibl] テイブる	名 テーブル	
143	**desk** 5 [désk] デスク	名 机	
144	**card** 5 [ká:rd] カード	名 ①カード ②はがき ③(トランプの)カード	
145	**classroom** 5 [klǽsrù:m] くらぁスルーム	名 教室	
146	**dish** [díʃ] ディッシ	名 ①皿 ②(皿に盛った)料理	

2 フレーズの空所に英単語を書こう

学習日 月 日

☑① クラブに入る
join the _____

☑② 博物館[美術館]を訪れる
visit a _____

☑③ 買い物をする
do the _____

☑④ 図書館に行く
go to the _____

☑⑤ リンゴを食べる
eat an _____

☑⑥ 私の大好きな教科
my favorite _____

☑⑦ 数学を勉強する
study _____

☑⑧ ネコを飼っている
have a _____

☑⑨ 私たちの学校の体育館で
in our school _____

☑⑩ 入浴する，風呂に入る
take a _____

☑⑪ 窓を閉める
close the _____

☑⑫ 軽食をとる，おやつを食べる
have a _____

☑⑬ 赤インクで
in red _____

☑⑭ 靴1足
a pair of _____

☑⑮ たくさんの白い花
many white _____

☑⑯ 公園の何本かの木
some _____ in the park

☑⑰ 駅で待つ
wait at the _____

☑⑱ コンピューターを使う
use a _____

☑⑲ 小さな少年
a little _____

☑⑳ 彼を病院に連れていく
take him to the _____

☑㉑ 医者にみてもらう
see a _____

☑㉒ 机の上に
on the _____

☑㉓ 教室の中で
in the _____

☑㉔ 皿をテーブルに置く
put a _____ on the table

LEVEL 1 LEVEL 2 LEVEL 3 LEVEL 4 LEVEL 5

110 ▼ 146

答え ① club ② museum ③ shopping ④ library ⑤ apple ⑥ subject ⑦ math ⑧ cat ⑨ gym ⑩ bath ⑪ window ⑫ snack ⑬ ink ⑭ shoes ⑮ flowers ⑯ trees ⑰ station ⑱ computer ⑲ boy ⑳ hospital ㉑ doctor ㉒ desk ㉓ classroom ㉔ dish

3 空所に英単語を書こう

❶ 日本語の意味を表す英単語を書きなさい。

☑① 王

_____

☑② カード，はがき

_____

☑③ 理科，科学

_____

☑④ 博物館，美術館

_____

☑⑤ 体育館，スポーツジム

_____

☑⑥ 少女

_____

☑⑦ ペンギン

_____

☑⑧ クラブ，部

_____

☑⑨ コンピューター

_____

☑⑩ 通り

_____

☑⑪ 女王

_____

☑⑫ 教科，主題

_____

❷ 日本語と同じ意味を表すように，空所に英単語を書きなさい。

☑① 数学が得意だ　　　　　　　　　　*be* good at _____

☑② 日本の芸術について話す　　　　　talk about Japanese _____

☑③ それを箱に保管する　　　　　　　keep it in a _____

☑④ 教室を掃除する　　　　　　　　　clean the _____

☑⑤ テーブルの下のネコ　　　　　　　a cat under the _____

☑⑥ 図書館で勉強する　　　　　　　　study in the _____

☑⑦ 球技が好きだ　　　　　　　　　　like _____ games

☑⑧ 入院する　　　　　　　　　　　　go to the _____

☑⑨ 退院する　　　　　　　　　　　　leave the _____

☑⑩ トランプをする　　　　　　　　　play _____

答え ❶ ① king　② card　③ science　④ museum　⑤ gym　⑥ girl　⑦ penguin　⑧ club　⑨ computer
　　⑩ street　⑪ queen　⑫ subject
　❷ ① math　② art　③ box　④ classroom　⑤ table　⑥ library　⑦ ball　⑧ hospital　⑨ hospital
　　⑩ cards

❸ 日本文と同じ意味を表すように，英文の空所に英単語を書きなさい。

☑①	私はいつも自分の<u>買い物袋</u>を持っている。	I always carry my own ＿＿＿＿＿ bag.
☑②	私は<u>ボール</u>をうまくキャッチできない。	I can't catch the ＿＿＿＿＿ well.
☑③	私は今日は<u>数学</u>の授業がある。	I have a ＿＿＿＿＿ class today.
☑④	私は昨日は9時ごろに<u>風呂</u>に入った。	I took a ＿＿＿＿＿ at around nine yesterday.
☑⑤	<u>窓</u>を開けてくれますか。	Can you <u>open the</u> ＿＿＿＿＿?
☑⑥	私は午後に<u>おやつ</u>を食べた。	I had a ＿＿＿＿＿ in the afternoon.
☑⑦	彼は<u>インク</u>で手紙を書いている。	He is writing a letter <u>in</u> ＿＿＿＿＿.
☑⑧	ここで<u>靴</u>を脱いでください。	<u>Take off</u> your ＿＿＿＿＿ here, please.
☑⑨	5時に<u>駅</u>で会いましょう。	See you <u>at the</u> ＿＿＿＿＿ at five.
☑⑩	<u>この通り</u>の木々は秋になるととてもきれいだ。	The trees <u>on this</u> ＿＿＿＿＿ are very beautiful in the fall.
☑⑪	今彼は<u>入院</u>している。	He <u>is in the</u> ＿＿＿＿＿ now.
☑⑫	私は昨日かかりつけの<u>医者</u>にみてもらった。	I saw <u>my</u> ＿＿＿＿＿ yesterday.
☑⑬	彼は毎年その<u>山</u>に登る。	He climbs that ＿＿＿＿＿ every year.
☑⑭	彼らは今<u>海</u>で泳いでいる。	They are swimming <u>in the</u> ＿＿＿＿＿ now.
☑⑮	それを<u>テーブル</u>に置いてくれますか。	Can you put it <u>on the</u> ＿＿＿＿＿?
☑⑯	私は昨晩は自分の<u>机</u>で読書をしていた。	I was reading <u>at my</u> ＿＿＿＿＿ last night.
☑⑰	あなたの名前をこの<u>カード</u>に書いてください。	Write your name on this ＿＿＿＿＿.
☑⑱	<u>食器</u>を洗ってね。今日はあなたの番だよ。	<u>Wash the</u> ＿＿＿＿＿. It's your turn today.

答え ❸ ① shopping　② ball　③ math　④ bath　⑤ window　⑥ snack　⑦ ink　⑧ shoes　⑨ station
⑩ street　⑪ hospital　⑫ doctor　⑬ mountain　⑭ sea　⑮ table　⑯ desk　⑰ card　⑱ dishes

LEVEL 1
LEVEL 2
LEVEL 3
LEVEL 4
LEVEL 5

110 ▼ 146

STEP **13** ▶ **15** [147 ▶ 182]　　**1** 英単語を書いてつづりを確認しよう　　学習日　月　日

	単語		意味	書いてみよう		単語		意味	書いてみよう
147	**stadium** [stéidiəm] ステイディアム 発	4	名 競技場, スタジアム		165	**hero** [híːrou] ヒーロウ	3	名 英雄, ヒーロー	
148	**firework** [fáiərwə̀ːrk] ふァイアワ〜ク	3	名 花火		166	**football** [fútbɔ̀ːl] ふットボーる	5	名 フットボール	
149	**bed** [béd] ベッド	5	名 ベッド		167	**jet** [dʒét] ヂェット		名 ジェット機	
150	**vacation** [veikéiʃn] ヴェイケイシャン	5	名 休暇		168	**eye** [ái] アイ		名 目	
151	**bread** [bréd] ブレッド	5	名 パン		169	**change** [tʃéindʒ] チェインヂ	4	動 を変える, 変わる 名 ①変化 ②おつり	
152	**pie** [pái] パイ	4	名 パイ		170	**give** [gív] ギヴ	5	動 を与える	
153	**shrine** [ʃráin] シュライン	3	名 神社		171	**teach** [tíːtʃ] ティーチ	5	動 を教える	
154	**temple** [témpl] テンプる	3	名 寺院, 寺		172	**tell** [tél] テる	5	動 に話す, 伝える	
155	**newspaper** [njúːzpèipər] ニューズペイパ	5	名 新聞		173	**show** [ʃóu] ショウ	4	動 を見せる, **示す** 名 ショー	
156	**star** [stáːr] スター	5	名 ①星 ②スター, 有名人		174	**bring** [bríŋ] ブリング	4	動 を持ってくる	
157	**juice** [dʒúːs] ヂュース	5	名 ジュース, (野菜や果物の) 汁		175	**find** [fáind] ふァインド	4	動 を見つける	
158	**salad** [sǽləd] サぁらド	5	名 サラダ		176	**stay** [stéi] ステイ	5	動 滞在する 名 滞在	
159	**noodle** [núːdl] ヌードゥる	4	名 めん類		177	**feel** [fíːl] ふィーる	4	動 感じる	
160	**soup** [súːp] スープ	4	名 スープ		178	**thank** [θǽŋk] さぁンク	5	動 に感謝する 名 (複数形で) 感謝	
161	**bicycle** [báisikl] バイスィクる	5	名 自転車		179	**choose** [tʃúːz] チューズ	3	動 を選ぶ	
162	**artist** [áːrtist] アーティスト	4	名 芸術家, **画家**		180	**sound** [sáund] サウンド	4	動 聞こえる, 思える 名 音	
163	**hat** [hǽt] ハぁット	5	名 帽子		181	**join** [dʒɔ́in] ヂョイン	4	動 に加わる	
164	**shirt** [ʃɚ́ːrt] シャ〜ト	5	名 シャツ		182	**meet** [míːt] ミート	5	動 (に)会う, 出会う	

☑① 花火をする

play with _____

☑② ベッドから出る

get out of _____

☑③ 休暇をとる

take a _____

☑④ パンを食べる

eat _____

☑⑤ アップルパイを作る

make an apple _____

☑⑥ 神社を訪れる

visit a _____

☑⑦ 新聞を読む

read a _____

☑⑧ 星を見る

look at the _____

☑⑨ サラダを作る

make (a) _____

☑⑩ めん類が好きだ

like _____

☑⑪ スープ1杯

a bowl of _____

☑⑫ 自転車で行く

go by _____

☑⑬ その芸術家に会う

meet the _____

☑⑭ シャツを着る

put on a _____

☑⑮ 私の英雄[ヒーロー]

my _____

☑⑯ フットボールの試合

a _____ game

☑⑰ 目を開ける

open my _____

☑⑱ イヌにボールを与える

_____ a ball to my dog

☑⑲ 私たちに英語を教える

_____ English to us

☑⑳ あなたに私のクラブについて話す

_____ you about my club

☑㉑ あなたに私のノートを見せる

_____ my notebook to you

☑㉒ 私にその本を持ってくる

_____ the book to me

☑㉓ 私のかばんを見つける

_____ my bag

☑㉔ カナダに滞在する

_____ in Canada

☑㉕ 幸せに感じる

_____ happy

☑㉖ 家族に感謝する

_____ my family

☑㉗ 音が聞こえる

hear a _____

☑㉘ 美術部に入る[加わる]

_____ the art club

LEVEL 1
LEVEL 2
LEVEL 3
LEVEL 4
LEVEL 5

147 ▼ 182

答え ① fireworks　② bed　③ vacation　④ bread　⑤ pie　⑥ shrine　⑦ newspaper　⑧ star(s)　⑨ salad
⑩ noodles　⑪ soup　⑫ bicycle　⑬ artist　⑭ shirt　⑮ hero　⑯ football　⑰ eyes　⑱ give
⑲ teach　⑳ tell　㉑ show　㉒ bring　㉓ find　㉔ stay　㉕ feel　㉖ thank　㉗ sound　㉘ join

3 空所に英単語を書こう

❶ 日本語の意味を表す英単語を書きなさい。

☑① めん類

_____

☑② 寺院，寺

_____

☑③ 感じる

_____

☑④ (に)会う，出会う

_____

☑⑤ 英雄，ヒーロー

_____

☑⑥ 芸術家，画家

_____

☑⑦ を変える，変わる，変化

_____

☑⑧ ジュース

_____

☑⑨ 競技場，スタジアム

_____

☑⑩ 新聞

_____

☑⑪ パン

_____

☑⑫ サラダ

_____

☑⑬ (ふちがある)帽子

_____

☑⑭ に加わる

_____

☑⑮ 星，スター，有名人

_____

❷ 日本語と同じ意味を表すように，空所に英単語を書きなさい。

☑① フットボールをする　　　　　　　　play _____

☑② 花火を見る　　　　　　　　　　　　watch _____

☑③ 歌を選ぶ　　　　　　　　　　　　　_____ a song

☑④ あなたに私たちの学校を案内する　　_____ you around our school

☑⑤ シャツを脱ぐ　　　　　　　　　　　take off my _____

☑⑥ いい考えのように聞こえる　　　　　_____ like a good idea

☑⑦ 彼女にその物語を話す　　　　　　　_____ her the story

☑⑧ あなたのおかげで　　　　　　　　　_____ to you

☑⑨ はじめまして。　　　　　　　　　　Nice to _____ you.

答え ❶ ① noodle　② temple　③ feel　④ meet　⑤ hero　⑥ artist　⑦ change　⑧ juice　⑨ stadium
　　　⑩ newspaper　⑪ bread　⑫ salad　⑬ hat　⑭ join　⑮ star
　　❷ ① football　② fireworks　③ choose　④ show　⑤ shirt　⑥ sound　⑦ tell　⑧ thanks　⑨ meet

❸ 日本文と同じ意味を表すように，英文の空所に英単語を書きなさい。

☑① 父は毎晩 10 時にベッドに入る。 | My father goes to _____ at ten every night.

☑② 私は夏休みに富山の友人を訪ねた。 | I visited my friend in Toyama during summer _____.

☑③ この町にはたくさんの寺や神社がある。 | There are a lot of _____ and shrines in this city.

☑④ トマトジュースを1つとオレンジジュースを2つください。 | A tomato _____ and two orange _____, please.

☑⑤ 私はまずコーンスープを飲んだ。 | I ate corn _____ first.

☑⑥ 私たちの学校の多くの生徒が自転車で通学している。 | Many students at our school come to school by _____.

☑⑦ このシャツを着てみてもいいですか。 | Can I try on this _____?

☑⑧ 彼はロンドンまでジェット機に乗った。 | He took a _____ to London.

☑⑨ 目を閉じてください。 | Close your _____.

☑⑩ 私たちは名古屋駅で電車を乗りかえた。 | We _____ trains at Nagoya Station.

☑⑪ 兄は私に帽子をくれた。 | My brother _____ me a cap.

☑⑫ 彼女は週末に彼らに日本語を教えている。 | She _____ them Japanese on weekends.

☑⑬ 私は彼に家族について話した。 | I _____ him about my family.

☑⑭ 彼は私に数枚の写真を見せてくれた。 | He _____ me some pictures.

☑⑮ 彼らは私たちにいくらか食べ物を持ってきてくれた。 | They _____ us some food.

☑⑯ 土曜日に私たちは祖父母の家に泊まった。 | On Saturday, we _____ with my grandparents.

☑⑰ 手伝ってくれてありがとう。 | _____ you for your help.

☑⑱ このアイディアは私にはよさそうに聞こえる。 | This idea _____ good to me.

答え ❸ ① bed　② vacation　③ temples　④ juice, juices　⑤ soup　⑥ bicycle　⑦ shirt　⑧ jet　⑨ eyes
⑩ changed　⑪ gave　⑫ teaches　⑬ told　⑭ showed　⑮ brought　⑯ stayed　⑰ Thank　⑱ sounds

	単語		意味	書いてみよう
183	**grow** [gróu] グロウ	4	動 ①成長する ②を育てる	
184	**arrive** [əráiv] アライヴ	4	動 到着する	
185	**send** [sénd] センド	4	動 を送る	
186	**happen** [hǽpn] ハぁプン	4	動 (偶然)起こる	
187	**follow** [fálou] ふァロウ	3	動 ①のあとについていく ②に従う	
188	**hold** [hóuld] ホウるド	4	動 ①を持っている，抱く ②(会)を開く	
189	**relax** [riláeks] リらぁックス	3	動 くつろぐ	
190	**perform** [pərfɔ́ːrm] パふォーム	3	動 (を)演じる	
191	**need** [níːd] ニード	5	動 を必要とする 名 必要	
192	**start** [stáːrt] スタート	5	動 を始める, 始まる, 出発する 名 開始	
193	**become** [bikʌ́m] ビカム	4	動 になる	
194	**hope** [hóup] ホウプ	4	動 (を)望む 名 願い	
195	**worry** [wɔ́ːri] ワ〜リ	4	動 心配する, を心配させる	
196	**catch** [kǽtʃ] キぁッチ	4	動 ①をつかまえる ②(乗り物)に間に合う	
197	**set** [sét] セット	4	動 を置く, 配置する 名 一組, セット	
198	**ski** [skíː] スキー	5	動 スキーをする	
199	**skate** [skéit] スケイト	5	動 スケートをする	
200	**speak** [spíːk] スピーク	5	動 (を)話す	
201	**like** [láik] らイク	5	動 が好きだ 前 〜のような[に]	
202	**live** [lív] リヴ	5	動 ①住む ②生きる	
203	**cook** [kúk] クック	5	動 を料理する 名 料理人	
204	**open** [óupn] オウプン	5	動 を開ける, 開く 形 開いている	
205	**do** [dúː] ドゥー	5	動 をする 助 疑問文や否定文などを作る	
206	**be** [bíː] ビー	5	動 である, になる, いる, ある 助 進行形や受け身形を作る	
207	**can** [kǽn] キぁン	5	助 〜できる, 〜してもよい 名 缶	
208	**will** [wíl] ウィる	5	助 〜するだろう, 〜するつもりだ	
209	**must** [mʌ́st] マスト	4	助 〜しなければならない, 〜にちがいない	
210	**may** [méi] メイ	5	助 〜してもよい, 〜かもしれない	
211	**word** [wɔ́ːrd] ワ〜ド	5	名 単語, 言葉	
212	**language** [lǽŋgwidʒ] らぁングウィッヂ	4	名 言語	
213	**English** [íŋgliʃ] イングリッシ	5	名 英語 形 英語の	
214	**Japanese** [dʒæpəníːz] ヂぁパニーズ	5	名 日本語[人] 形 日本(人)の, 日本語の	
215	**thing** [θíŋ] すィング	4	名 もの, こと	
216	**problem** [prábləm] プラブれム	4	名 問題	
217	**question** [kwéstʃən] クウェスチョン	5	名 質問	
218	**way** [wéi] ウェイ	5	名 ①方法 ②道	

☑① 早く**成長する**

　　＿＿＿＿＿＿＿＿＿ quickly

☑② スタジアムに**到着する**

　　＿＿＿＿＿＿＿＿＿ at the stadium

☑③ 彼のあとに**ついていく**

　　＿＿＿＿＿＿＿＿＿ him

☑④ あなたの助けを**必要とする**

　　＿＿＿＿＿＿＿＿＿ your help

☑⑤ 仕事を**始める**

　　＿＿＿＿＿＿＿＿＿ work

☑⑥ 医者に**なる**

　　＿＿＿＿＿＿＿＿＿ a doctor

☑⑦ あなたのことを**心配する**

　　＿＿＿＿＿＿＿＿＿ about you

☑⑧ ウサギを**つかまえる**

　　＿＿＿＿＿＿＿＿＿ a rabbit

☑⑨ そのバスに**間に合う**

　　＿＿＿＿＿＿＿＿＿ the bus

☑⑩ テーブルに皿を**並べる[配置する]**

　　＿＿＿＿＿＿＿＿＿ the dishes on the table

☑⑪ **スキーをする**のが好きだ

　　like to ＿＿＿＿＿＿＿＿＿

☑⑫ 英語を**話す**

　　＿＿＿＿＿＿＿＿＿ English

☑⑬ 動物が**大好きだ**

　　＿＿＿＿＿＿＿＿＿ animals very much

☑⑭ 東京に**住む[住んでいる]**

　　＿＿＿＿＿＿＿＿＿ in Tokyo

☑⑮ 夕食を**作る[料理する]**

　　＿＿＿＿＿＿＿＿＿ dinner

☑⑯ ドアを**開ける**

　　＿＿＿＿＿＿＿＿＿ the door

☑⑰ ダンス**をする**

　　＿＿＿＿＿＿＿＿＿ a dance

☑⑱ ピアノをひくことが**できる**

　　＿＿＿＿＿＿＿＿＿ play the piano

☑⑲ そのチームに加わる**だろう**

　　＿＿＿＿＿＿＿＿＿ join the team

☑⑳ もう出発し**なければならない**

　　＿＿＿＿＿＿＿＿＿ leave now

☑㉑ 試合に勝つ**かもしれない**

　　＿＿＿＿＿＿＿＿＿ win the game

☑㉒ これらの**英単語**

　　these English ＿＿＿＿＿＿＿＿＿

☑㉓ 4つの**言語**を話す

　　speak four ＿＿＿＿＿＿＿＿＿

☑㉔ **英語**で

　　in ＿＿＿＿＿＿＿＿＿

☑㉕ **日本語**を学ぶ

　　learn ＿＿＿＿＿＿＿＿＿

☑㉖ 新しい**こと**に挑戦する

　　try new ＿＿＿＿＿＿＿＿＿

☑㉗ それについて**質問**がある

　　have a ＿＿＿＿＿＿＿＿＿ about it

☑㉘ 駅への**道**

　　the ＿＿＿＿＿＿＿＿＿ to the station

答え ① grow ② arrive ③ follow ④ need ⑤ start ⑥ become ⑦ worry ⑧ catch ⑨ catch ⑩ set ⑪ ski ⑫ speak ⑬ like ⑭ live ⑮ cook ⑯ open ⑰ do ⑱ can ⑲ will ⑳ must ㉑ may ㉒ words ㉓ languages ㉔ English ㉕ Japanese ㉖ things ㉗ question ㉘ way

3 空所に英単語を書こう

学習日 　月　日

❶ 日本語の意味を表す英単語を書きなさい。

☑① (を)演じる ＿＿＿＿＿＿＿

☑② スケートをする ＿＿＿＿＿＿＿

☑③ 単語，言葉 ＿＿＿＿＿＿＿

☑④ くつろぐ ＿＿＿＿＿＿＿

☑⑤ 英語，英語の ＿＿＿＿＿＿＿

☑⑥ 質問 ＿＿＿＿＿＿＿

☑⑦ を置く，配置する，一組,セット ＿＿＿＿＿＿＿

☑⑧ を送る ＿＿＿＿＿＿＿

☑⑨ を料理する，料理人 ＿＿＿＿＿＿＿

☑⑩ もの，こと ＿＿＿＿＿＿＿

☑⑪ のあとについていく，に従う ＿＿＿＿＿＿＿

☑⑫ 言語 ＿＿＿＿＿＿＿

❷ 日本語と同じ意味を表すように，空所に英単語を書きなさい。

☑① 大人になる ＿＿＿＿＿＿ up

☑② 彼女の手を握る ＿＿＿＿＿＿ her hand

☑③ 日本に到着する ＿＿＿＿＿＿ in Japan

☑④ パーティーを開く ＿＿＿＿＿＿ a party

☑⑤ 走り始める ＿＿＿＿＿＿ to run

☑⑥ あなたに会いたいと思う ＿＿＿＿＿＿ to see you

☑⑦ 宿題をする必要がある ＿＿＿＿＿＿ to do my homework

☑⑧ 先生と話す，先生に話しかける ＿＿＿＿＿＿ with the teacher

☑⑨ このようにして，この方法で in this ＿＿＿＿＿＿

☑⑩ いいですとも。どういたしまして。 No ＿＿＿＿＿＿.

答え ❶ ① perform ② skate ③ word ④ relax ⑤ English ⑥ question ⑦ set ⑧ send ⑨ cook ⑩ thing ⑪ follow ⑫ language
❷ ① grow ② hold ③ arrive ④ hold ⑤ start ⑥ hope [want] ⑦ need ⑧ speak ⑨ way ⑩ problem

❸ 日本文と同じ意味を表すように，英文の空所に英単語を書きなさい。

☑① 彼は 5 時に博多駅に到着した。　　　He _____ at Hakata Station at five.

☑② 私はカナダにいる友人に手紙を送った。　I _____ a letter to my friend in Canada.

☑③ 何が彼女に起こったの？　　　　　What _____ to her?

☑④ 彼は大きな箱を抱えていた。　　　He was _____ a large box.

☑⑤ そのテレビドラマは 8 時に始まる。　The TV drama _____ at eight.

☑⑥ 私はあなたが私たちに加わってくれることを願っています。　I _____ that you can join us.

☑⑦ 私はときどき彼のことが心配だ。　I sometimes _____ about him.

☑⑧ 彼は片手でボールをとらえた。　He _____ the ball with one hand.

☑⑨ 私たちは先週末，北海道にスキーをしに行った。　We went _____ in Hokkaido last weekend.

☑⑩ 私は父からスケートの仕方を習った。　I learned how to _____ from my father.

☑⑪ 姉はアメリカに住んでいる。　My sister _____ in America.

☑⑫ この箱を開けてもいいですか。　Can I _____ this box?

☑⑬ 私は昨日は宿題をしなかった。　I _____ n't _____ my homework yesterday.

☑⑭ 彼女は映画スターになりたがっている。　She wants to _____ a movie star.

☑⑮ A: ここに座ってもよろしいですか。　A: _____ I sit here?
B: ええ，もちろんです。　　　　　B: Yes, of course.

☑⑯ 彼女は大きな問題を抱えていた。　She had a big _____ .

☑⑰ このことについて何か質問はありますか。　Do you have any _____ about this?

☑⑱ 博物館への道を教えていただけますか。　Could you tell me the _____ to the museum?

LEVEL 1
LEVEL 2
LEVEL 3
LEVEL 4
LEVEL 5

183 ▼ 218

答え ❸ ① arrived　② sent　③ happened　④ holding　⑤ starts　⑥ hope　⑦ worry　⑧ caught　⑨ skiing
⑩ skate　⑪ lives　⑫ open　⑬ did(n't), do　⑭ be [become]　⑮ May　⑯ problem　⑰ questions
⑱ way

	単語	意味	書いてみよう
219	**world** 5 [wə́ːrld] ワ〜るド	名 〈the +〉世界	
220	**country** 5 [kʌ́ntri] カントゥリ	名 ①国　②〈the +〉いなか	
221	**life** 3 [láif] らイふ	名 ①生活 ②生命 ③一生	
222	**man** 5 [mǽn] マぁン	名 男の人	
223	**woman** 5 [wúmən] ウマン	名 女の人	
224	**class** 5 [klǽs] クらぁス	名 ①クラス ②授業	
225	**classmate** 4 [klǽsmèit] クらぁスメイト	名 同級生, クラスメート	
226	**game** 5 [géim] ゲイム	名 ①試合 ②ゲーム	
227	**idea** 4 [aidíːə] アイディーア ア	名 考え, アイディア	
228	**room** 5 [rúːm] ルーム	名 部屋	
229	**city** 5 [síti] スィティ	名 市, 都市	
230	**town** 5 [táun] タウン	名 町	
231	**example** 3 [igzǽmpl] イグザぁンプる	名 例	
232	**job** 4 [dʒáb] ヂャブ	名 仕事	
233	**part** 4 [páːrt] パート	名 ①部分 ②役割, 役	
234	**story** 5 [stɔ́ːri] ストーリ	名 話, 物語	
235	**event** 3 [ivént] イヴェント	名 ①行事 ②できごと	
236	**river** 5 [rívər] リヴァ	名 川	
237	**lake** 5 [léik] れイク	名 湖	

	単語	意味	書いてみよう
238	**trip** 4 [tríp] トゥリップ	名 旅行	
239	**tourist** 3 [túərist] トゥ(ア)リスト	名 観光客, 旅行者	
240	**e-mail** 3 [íːmèil] イーメイる	名 Eメール 動 にEメールを送る	
241	**evening** 5 [íːvniŋ] イーヴニング	名 夕方, 晩	
242	**weather** 5 [wéðər] ウェざ	名 天気	
243	**green** 5 [gríːn] グリーン	形 緑の 名 緑	
244	**white** 5 [hwáit] (ホ)ワイト	形 白い 名 白	
245	**red** 5 [réd] レッド	形 赤い 名 赤	
246	**black** 5 [blǽk] ブらぁック	形 黒い 名 黒	
247	**blue** 5 [blúː] ブるー	形 青い 名 青	
248	**brown** 5 [bráun] ブラウン	形 茶色い 名 茶色	
249	**some** 5 [sʌ́m] サム	形 いくつかの, いくらかの 代 いくつか, いくらか	
250	**many** 5 [méni] メニ	形 多くの, 多数の 代 多くの人[もの]	
251	**every** 5 [évri] エヴリ	形 ①どの〜もみな ②毎〜	
252	**old** 5 [óuld] オウるド	形 ①古い ②年をとった ③〜歳の	
253	**new** 5 [njúː] ニュー	形 新しい	
254	**other** 4 [ʌ́ðər] アざ	形 ほかの 代 ほかのもの[人]	

☑① 世界で

in the ＿＿＿＿＿＿＿

☑② 私の国では

in my ＿＿＿＿＿＿＿

☑③ 彼のいなかの生活を楽しむ

enjoy his country ＿＿＿＿＿＿＿

☑④ 背の高い男の人

a tall ＿＿＿＿＿＿＿

☑⑤ その女性と話す

speak with the ＿＿＿＿＿＿＿

☑⑥ 英語の授業がある

have an English ＿＿＿＿＿＿＿

☑⑦ 私の同級生[クラスメート]たちと

with my ＿＿＿＿＿＿＿

☑⑧ サッカーの試合を見る

watch a soccer ＿＿＿＿＿＿＿

☑⑨ 考え[アイディア]がある

have an ＿＿＿＿＿＿＿

☑⑩ 部屋を出る

leave the ＿＿＿＿＿＿＿

☑⑪ 大都市に住む

live in a big ＿＿＿＿＿＿＿

☑⑫ 小さな町の出身だ

be from a small ＿＿＿＿＿＿＿

☑⑬ 仕事を見つける

find a ＿＿＿＿＿＿＿

☑⑭ 本のこの部分

this ＿＿＿＿＿＿＿ of the book

☑⑮ おもしろい話[物語]

an interesting ＿＿＿＿＿＿＿

☑⑯ 学校行事

a school ＿＿＿＿＿＿＿

☑⑰ 沖縄への旅行

a ＿＿＿＿＿＿＿ to Okinawa

☑⑱ フランスからの観光客[旅行者]たち

＿＿＿＿＿＿＿ from France

☑⑲ E メールで

by ＿＿＿＿＿＿＿

☑⑳ 金曜日の夕方[晩]に

on Friday ＿＿＿＿＿＿＿

☑㉑ よい天気

good ＿＿＿＿＿＿＿

☑㉒ 緑のマーカーを使う

use a ＿＿＿＿＿＿＿ marker

☑㉓ 彼女に赤いバラをあげる

give her a ＿＿＿＿＿＿＿ rose

☑㉔ 黒い靴

＿＿＿＿＿＿＿ shoes

☑㉕ どの少年少女もみな

＿＿＿＿＿＿＿ boy and girl

☑㉖ 古い寺

an ＿＿＿＿＿＿＿ temple

☑㉗ 新しい白い T シャツ

a ＿＿＿＿＿＿＿ ＿＿＿＿＿＿＿ T-shirt

☑㉘ ほかのいくつかの例

＿＿＿＿＿＿＿ ＿＿＿＿＿＿＿ examples

LEVEL 1
LEVEL 2
LEVEL 3
LEVEL 4
LEVEL 5

2
1
9
▼
2
5
4

答え ① world　② country　③ life　④ man　⑤ woman　⑥ class　⑦ classmates　⑧ game　⑨ idea　⑩ room
⑪ city　⑫ town　⑬ job　⑭ part　⑮ story　⑯ event　⑰ trip　⑱ tourists　⑲ e-mail　⑳ evening
㉑ weather　㉒ green　㉓ red　㉔ black　㉕ every　㉖ old　㉗ new, white　㉘ some, other

3 空所に英単語を書こう

❶ 日本語の意味を表す英単語を書きなさい。

☑① 多くの, 多くの人[もの]　☑② 同級生, クラスメート　☑③ 緑の, 緑

_____　_____　_____

☑④ 男の人　☑⑤ 天気　☑⑥ 観光客, 旅行者

_____　_____　_____

☑⑦ 白い, 白　☑⑧ 湖　☑⑨ 行事, できごと

_____　_____　_____

☑⑩ 部分, 役割, 役　☑⑪ 茶色い, 茶色　☑⑫ 部屋

_____　_____　_____

☑⑬ 黒い, 黒　☑⑭ 夕方, 晩　☑⑮ 話, 物語

_____　_____　_____

❷ 日本語と同じ意味を表すように, 空所に英単語を書きなさい。

☑① ビデオゲームをする　play a video _____

☑② 私の人生で　in my _____

☑③ 毎日料理をする　cook _____ day

☑④ 青い目をしている　have _____ eyes

☑⑤ 旅行に行く　go on a _____

☑⑥ 14 歳だ　*be* fourteen years _____

☑⑦ もう一方の都市　the _____ _____

☑⑧ 例えば　for _____

☑⑨ まったくわからない　have no _____

答え ❶ ① many　② classmate　③ green　④ man　⑤ weather　⑥ tourist　⑦ white　⑧ lake　⑨ event　⑩ part　⑪ brown　⑫ room　⑬ black　⑭ evening　⑮ story
❷ ① game　② life　③ every　④ blue　⑤ trip　⑥ old　⑦ other, city　⑧ example　⑨ idea

❸ 日本文と同じ意味を表すように，英文の空所に英単語を書きなさい。

☑① それは世界で最大の湖だ。

It is the largest lake in the _____.

☑② あなたはどの国を訪れたいですか。

Which _____ do you want to visit?

☑③ これらの帽子は女性用ですか。

Are these hats for _____?

☑④ 彼と私は同じクラスだ。

He and I are in the same _____.

☑⑤ それはいい考えだ。

That's a good _____.

☑⑥ 彼らは今隣の部屋で待っている。

They are now waiting in the next _____.

☑⑦ 例を挙げましょう。

I'll give you an _____.

☑⑧ 彼はこの町で仕事を見つけた。

He found a _____ in this town.

☑⑨ 音楽は私の人生の大切な一部だ。

Music is an important _____ of my life.

☑⑩ 川に泳ぎに行こう。

Let's go swimming in the _____.

☑⑪ この湖のほとりでは花火をすることができる。

You can play with fireworks by this _____.

☑⑫ 京都への旅行はいかがでしたか。

How was your _____ to Kyoto?

☑⑬ 彼は昨晩，私にEメールを送ってきた。

He sent me an _____ last night.

☑⑭ 私はいくらかパンとスープを食べた。

I had _____ bread and soup.

☑⑮ その祭りには多くの人々がいた。

There were _____ people at that festival.

☑⑯ 私のクラスのどの生徒もみなよく勉強する。

_____ student in my class studies hard.

☑⑰ きみの自転車は新しいようだね。

Your bicycle looks _____.

☑⑱ ほかに何か問題はありますか。

Are there any _____ problems?

答え ❸ ① world　② country　③ women　④ class　⑤ idea　⑥ room　⑦ example　⑧ job　⑨ part　⑩ river
⑪ lake　⑫ trip　⑬ e-mail　⑭ some　⑮ many　⑯ Every　⑰ new　⑱ other

33

	単語		意味	書いてみよう
255	**big** [bíg] ビッグ	5	形 大きい	
256	**small** [smɔ́:l] スモール	3	形 小さい	
257	**tall** [tɔ́:l] トーる	5	形 (背が)高い	
258	**great** [gréit] グレイト 発	5	形 ①すばらしい ②偉大な	
259	**last** [lǽst] らぁスト	5	形 ①最後の ②この前の	
260	**nice** [náis] ナイス	5	形 すてきな, よい	
261	**famous** [féiməs] フェイマス	3	形 有名な	
262	**busy** [bízi] ビズィ 発	5	形 忙しい	
263	**tired** [táiərd] タイアド	4	形 ①疲れた ②飽きた	
264	**delicious** [dilíʃəs] デリシャス	4	形 とてもおいしい	
265	**sweet** [swí:t] スウィート	5	形 甘い	
266	**another** [ənʌ́ðər] アナざ	4	形 別の, もう 1つの 代 別のもの[人]	
267	**all** [ɔ́:l] オーる	5	形 すべての 代 すべて 副 まったく	
268	**any** [éni] エニ	5	形 ①いくらかの, 何らかの ②少しの〜も	
269	**traditional** [trədíʃənl] トゥラディショヌる	3	形 伝統的な	
270	**hungry** [hʌ́ŋgri] ハングリ	5	形 空腹な	
271	**sleepy** [slí:pi] スリーピ	4	形 眠い	
272	**long** [lɔ́:ŋ] ローング	5	形 長い 副 長く	
273	**short** [ʃɔ́:rt] ショート	5	形 ①短い ②(背が)低い	
274	**kind** [káind] カインド	5	形 親切な, やさしい 名 種類	
275	**happy** [hǽpi] ハぁピ	5	形 幸せな, うれしい	
276	**sad** [sǽd] サぁッド	5	形 悲しい	
277	**wonderful** [wʌ́ndərfl] ワンダふる	5	形 すばらしい	
278	**hundred** [hʌ́ndrəd] ハンドゥレッド	5	形 100 の 名 100	
279	**there** [ðéər] ぜア	5	副 そこに[で, へ]	
280	**here** [híər] ヒア	5	副 ここに[で, へ]	
281	**now** [náu] ナウ	5	副 ①今 ②さて	
282	**very** [véri] ヴェリ	5	副 非常に, とても	
283	**too** [tú:] トゥー	5	副 ①〜もまた ②あまりに〜すぎる	
284	**often** [ɔ́:fn/ɔ́:ftn] オーふン/オーふトゥン	5	副 よく, しばしば	
285	**sometimes** [sʌ́mtàimz] サムタイムズ	5	副 ときどき	
286	**really** [ríːəli] リー(ア)り	5	副 本当に, 実に	
287	**please** [plíːz] プリーズ		副 どうぞ	
288	**usually** [júːʒuəli] ユージュアリ	5	副 たいてい, ふつうは	
289	**yesterday** [jéstərdèi] イェスタデイ	5	副 昨日(は) 名 昨日	
290	**hard** [há:rd] ハード	4	副 熱心に 形 困難な, 固い	
291	**yes** [jés] イェス	5	副 はい	
292	**always** [ɔ́:lweiz] オーるウェイズ	5	副 いつも, 常に	

□① 大きい家

a ＿＿＿＿＿＿＿＿＿ house

□② 小さい国

a ＿＿＿＿＿＿＿＿＿ country

□③ あの高い木

that ＿＿＿＿＿＿＿＿＿ tree

□④ 最後の質問

the ＿＿＿＿＿＿＿＿＿ question

□⑤ すてきな人々

＿＿＿＿＿＿＿＿＿ people

□⑥ 有名な神社

a ＿＿＿＿＿＿＿＿＿ shrine

□⑦ 毎日忙しい

be ＿＿＿＿＿＿＿＿＿ every day

□⑧ あのとてもおいしいアップルパイ

that ＿＿＿＿＿＿＿＿＿ apple pie

□⑨ とても甘いケーキ

a very ＿＿＿＿＿＿＿＿＿ cake

□⑩ 別の方法を試す

try ＿＿＿＿＿＿＿＿＿ way

□⑪ 私のすべてのクラスメート

＿＿＿＿＿＿＿＿＿ my classmates

□⑫ 伝統的な日本の芸術

＿＿＿＿＿＿＿＿＿ Japanese art

□⑬ とても空腹だ

be very ＿＿＿＿＿＿＿＿＿

□⑭ 眠い

feel ＿＿＿＿＿＿＿＿＿

□⑮ 長い間

for a ＿＿＿＿＿＿＿＿＿ time

□⑯ 短い休暇

a ＿＿＿＿＿＿＿＿＿ vacation

□⑰ その親切な女の人

the ＿＿＿＿＿＿＿＿＿ woman

□⑱ 幸せな家族

a ＿＿＿＿＿＿＿＿＿ family

□⑲ 悲しい歌

a ＿＿＿＿＿＿＿＿＿ song

□⑳ 100人

a ＿＿＿＿＿＿＿＿＿ people

□㉑ そこに行く

go ＿＿＿＿＿＿＿＿＿

□㉒ それがとても好きだ

like it ＿＿＿＿＿＿＿＿＿ much

□㉓ ときどき彼に会う

＿＿＿＿＿＿＿＿＿ see him

□㉔ 本当にいい試合

a ＿＿＿＿＿＿＿＿＿ good game

□㉕ たいてい散歩する

＿＿＿＿＿＿＿＿＿ take a walk

□㉖ 昨日スケートに行った

went skating ＿＿＿＿＿＿＿＿＿

□㉗ とても熱心に勉強する

study very ＿＿＿＿＿＿＿＿＿

□㉘ いつもこのジュースを買う

＿＿＿＿＿＿＿＿＿ buy this juice

LEVEL 1
LEVEL 2
LEVEL 3
LEVEL 4
LEVEL 5

255 ▼ 292

答え ① big　② small　③ tall　④ last　⑤ nice　⑥ famous　⑦ busy　⑧ delicious　⑨ sweet　⑩ another
⑪ all　⑫ traditional　⑬ hungry　⑭ sleepy　⑮ long　⑯ short　⑰ kind　⑱ happy　⑲ sad
⑳ hundred　㉑ there　㉒ very　㉓ sometimes　㉔ really　㉕ usually　㉖ yesterday　㉗ hard　㉘ always

3 空所に英単語を書こう

❶ 日本語の意味を表す英単語を書きなさい。

☑① 甘い

_____

☑② ときどき

_____

☑③ よく，しばしば

_____

☑④ 悲しい

_____

☑⑤ 伝統的な

_____

☑⑥ 最後の，この前の

_____

☑⑦ 本当に，実に

_____

☑⑧ 親切な, やさしい, 種類

_____

☑⑨ たいてい，ふつうは

_____

☑⑩ いくらかの,何らかの,少しの～も

_____

☑⑪ 非常に，とても

_____

☑⑫ 短い，（背が）低い

_____

❷ 日本語と同じ意味を表すように，空所に英単語を書きなさい。

☑① 宿題で忙しい

be _____ with my homework

☑② そのとてもおいしい食べ物で有名だ

be _____ for its delicious food

☑③ 疲れる

get _____

☑④ 何百ものアイディア

_____ of ideas

☑⑤ 今すぐにそれをする

do it right _____

☑⑥ もう１杯のコーヒー

_____ cup of coffee

☑⑦ １日中

_____ day

☑⑧ 向こうに

over _____

☑⑨ 苦労する，つらい目にあう

have a _____ time

☑⑩ おととい

the day before _____

答え ❶ ① sweet ② sometimes ③ often ④ sad ⑤ traditional ⑥ last ⑦ really ⑧ kind ⑨ usually
　　⑩ any ⑪ very ⑫ short
　❷ ① busy ② famous ③ tired ④ hundreds ⑤ now ⑥ another ⑦ all ⑧ there ⑨ hard
　　⑩ yesterday

❸ 日本文と同じ意味を表すように，英文の空所に英単語を書きなさい。

☑① あなたのは私のよりも大きい。　　Yours is _____ than mine.

☑② このシャツは私には小さすぎる。　This shirt is too _____ for me.

☑③ 彼はそのチームでいちばん背の高い選手だ。　He is the _____ player on the team.

☑④ 私はパーティーですばらしい時を過ごした。　I had a _____ time at the party.

☑⑤ 私は旅行のあととても疲れていた。　I was very _____ after the trip.

☑⑥ それについては別の時に話しましょう。　Let's talk about it _____ time.

☑⑦ 私はここにあるすべての本を読んだ。　I read _____ the books here.

☑⑧ 何かよいアイディアはありますか。　Do you have _____ good ideas?

☑⑨ 私は眠かったのでベッドに入った。　I felt _____ and went to bed.

☑⑩ 彼女はいつもお年寄りに親切だ。　She is always _____ to older people.

☑⑪ あなたは今日はとてもうれしそうですね。　You look very _____ today.

☑⑫ すばらしい夕食をありがとうございました。　Thank you for the _____ dinner.

☑⑬ この部屋には約200冊の本がある。　There are about two _____ books in this room.

☑⑭ 私たちはここに3時間前に着いた。　We arrived _____ three hours ago.

☑⑮ 今何時ですか。　What time is it _____?

☑⑯ 私は弟の部屋も掃除した。　I cleaned my brother's room, _____.

☑⑰ どうか私の話を聞いてください。　_____ listen to me.

☑⑱ A: おなかはすいてますか。　A: Are you hungry?
　　B: はい，とてもすいています。　B: _____, I'm very hungry.

答え ❸ ① bigger ② small ③ tallest ④ great [wonderful] ⑤ tired ⑥ another ⑦ all ⑧ any ⑨ sleepy ⑩ kind ⑪ happy ⑫ wonderful [great] ⑬ hundred ⑭ here ⑮ now ⑯ too ⑰ Please ⑱ Yes

37

	単語		意味	書いてみよう
293	**back** [bǽk] バぁック	5	副 ①戻って ②後ろへ　名 背中，後ろ	
294	**first** [fə́ːrst] ふァ〜スト	5	副 ①最初に ②第１に　形 第１の，最初の　名 （月の）第１日	
295	**clock** [klák] クラック	5	名 時計	
296	**phone** [fóun] ふォウン	4	名 電話	
297	**cup** [kʌ́p] カップ	5	名 カップ，茶わん	
298	**garbage** [gáːrbidʒ] ガーベッヂ	3	名 生ごみ	
299	**performance** [pərfɔ́ːrməns] パふォーマンス	3	名 上演，演技，演奏	
300	**beach** [bíːtʃ] ビーチ	3	名 浜，浜辺	
301	**castle** [kǽsl] キぁスる 発	3	名 城	
302	**chocolate** [tʃɔ́ːkəlit] チョーコれット ア	5	名 チョコレート	
303	**racket** [rǽkit] ラぁケット	5	名 ラケット	
304	**leg** [lég] れッグ	5	名 脚，足	
305	**shop** [ʃáp] シャップ	5	名 店　動 買い物をする	
306	**store** [stɔ́ːr] ストーア	5	名 店	
307	**bookstore** [búkstɔ̀ːr] ブックストーア	4	名 書店	
308	**supermarket** [súːpərmàːrkit] スーパマーケット ア	5	名 スーパーマーケット	
309	**post office** [póust ɔ̀ːfis] ポウスト オーふィス	5	名 郵便局	
310	**drum** [drʌ́m] ドゥラム	4	名 太鼓，ドラム	
311	**mouth** [máuθ] マウす	5	名 口	
312	**ear** [íər] イア	5	名 耳	
313	**heart** [háːrt] ハート	4	名 ①心 ②心臓	
314	**case** [kéis] ケイス	3	名 ①場合 ②箱，ケース	
315	**cousin** [kʌ́zn] カズン 発	5	名 いとこ	
316	**fan** [fǽn] ふぁン	4	名 ①ファン ②扇	
317	**towel** [táuəl] タウエる 発	5	名 タオル	
318	**photographer** [fətágrəfər] ふォタグラふァ ア		名 写真家	
319	**glove** [glʌ́v] グらヴ 発		名 手袋	
320	**mouse** [máus] マウス	5	名 ①ネズミ ②（コンピューターの）マウス	
321	**door** [dɔ́ːr] ドーア	5	名 ドア	
322	**love** [lʌ́v] らヴ	5	名 愛　動 ①を愛している ②が大好きである	
323	**name** [néim] ネイム	5	名 名前　動 に名前をつける	
324	**fish** [fíʃ] ふィッシ	5	名 魚　動 釣りをする	
325	**face** [féis] ふェイス	5	名 顔　動 に直面する	
326	**bag** [bǽg] バぁッグ	5	名 かばん	
327	**answer** [ǽnsər] あンサ 発	5	名 答え，返答　動 に答える	
328	**place** [pléis] プれイス	5	名 場所	

☑① 壁の時計

a ＿＿＿＿＿＿＿＿ on the wall

☑② 電話に出る

answer the ＿＿＿＿＿＿＿＿

☑③ カップ1杯の紅茶

a ＿＿＿＿＿＿＿＿ of tea

☑④ たくさんの(生)ごみ

a lot of ＿＿＿＿＿＿＿＿

☑⑤ すばらしい演奏[演技]

a wonderful ＿＿＿＿＿＿＿＿

☑⑥ 浜辺を清掃する

clean the ＿＿＿＿＿＿＿＿

☑⑦ 湖の近くの古い城

an old ＿＿＿＿＿＿＿＿ near the lake

☑⑧ とてもおいしいチョコレート

delicious ＿＿＿＿＿＿＿＿

☑⑨ 新しいテニスラケット

a new tennis ＿＿＿＿＿＿＿＿

☑⑩ 私の右足[脚]

my right ＿＿＿＿＿＿＿＿

☑⑪ 店で軽食を買う

buy some snacks at the ＿＿＿＿＿＿＿＿

☑⑫ 大型書店

a large ＿＿＿＿＿＿＿＿

☑⑬ スーパーマーケットに行く

go to the ＿＿＿＿＿＿＿＿

☑⑭ ドラムを演奏する

play the ＿＿＿＿＿＿＿＿

☑⑮ 口を開ける

open my ＿＿＿＿＿＿＿＿

☑⑯ やさしい心

a kind ＿＿＿＿＿＿＿＿

☑⑰ 雨の場合には

in ＿＿＿＿＿＿＿＿ of rain

☑⑱ 筆箱

a pencil ＿＿＿＿＿＿＿＿

☑⑲ 野球ファン

a baseball ＿＿＿＿＿＿＿＿

☑⑳ バスタオル

a bath ＿＿＿＿＿＿＿＿

☑㉑ 写真家として働く

work as a ＿＿＿＿＿＿＿＿

☑㉒ 手袋をはめる

put on my ＿＿＿＿＿＿＿＿

☑㉓ とても彼を愛している

＿＿＿＿＿＿＿＿ him very much

☑㉔ その町の名前

the ＿＿＿＿＿＿＿＿ of the town

☑㉕ 魚を3匹つかまえる

catch three ＿＿＿＿＿＿＿＿

☑㉖ 顔を洗う

wash my ＿＿＿＿＿＿＿＿

☑㉗ 私のすべての質問に答える

＿＿＿＿＿＿＿＿ all my questions

☑㉘ ランチによい場所

a good ＿＿＿＿＿＿＿＿ for lunch

LEVEL 1
LEVEL 2
LEVEL 3
LEVEL 4
LEVEL 5

293 ▼ 328

答え ① clock　② phone　③ cup　④ garbage　⑤ performance　⑥ beach　⑦ castle　⑧ chocolate　⑨ racket
⑩ leg　⑪ shop [store]　⑫ bookstore　⑬ supermarket　⑭ drums　⑮ mouth　⑯ heart　⑰ case　⑱ case
⑲ fan　⑳ towel　㉑ photographer　㉒ gloves　㉓ love　㉔ name　㉕ fish　㉖ face　㉗ answer　㉘ place

3　空所に英単語を書こう

❶ 日本語の意味を表す英単語を書きなさい。

☑① ラケット

_____

☑② 答え，返答，に答える

_____

☑③ タオル

_____

☑④ カップ，茶わん

_____

☑⑤ 耳

_____

☑⑥ 書店

_____

☑⑦ かばん

_____

☑⑧ チョコレート

_____

☑⑨ いとこ

_____

☑⑩ スーパーマーケット

_____

☑⑪ 顔，に直面する

_____

☑⑫ 心，心臓

_____

☑⑬ 城

_____

☑⑭ ファン，扇

_____

☑⑮ ネズミ, (コンピューターの)マウス

_____

❷ 日本語と同じ意味を表すように，空所に英単語を書きなさい。

☑① ごみを出す　　　　　　　　　　　take out the _____

☑② 日本に戻る　　　　　　　　　　　come _____ to Japan

☑③ 最初は　　　　　　　　　　　　　at _____

☑④ 振り返る　　　　　　　　　　　　look _____

☑⑤ 浜辺を歩く　　　　　　　　　　　walk on the _____

☑⑥ 初めて　　　　　　　　　　　　　for the _____ time

☑⑦ 店に買い物に行く　　　　　　　　go _____ at the store

☑⑧ 絵を描くのが大好きだ　　　　　　_____ to draw pictures

☑⑨ そのネコにムギと名前をつける　　_____ the cat Mugi

答え ❶ ① racket　② answer　③ towel　④ cup　⑤ ear　⑥ bookstore　⑦ bag　⑧ chocolate　⑨ cousin　⑩ supermarket　⑪ face　⑫ heart　⑬ castle　⑭ fan　⑮ mouse

❷ ① garbage　② back　③ first　④ back　⑤ beach　⑥ first　⑦ shopping　⑧ love　⑨ name

❸ 日本文と同じ意味を表すように，英文の空所に英単語を書きなさい。

☑① 5時に戻ってきます。　　　　　　　I will come ＿＿＿＿＿ at five.

☑② 私はいつもサラダを最初に食べる。　I always eat salad ＿＿＿＿＿.

☑③ 彼女は彼と電話で話しているところだ。She is talking to him on the ＿＿＿＿＿.

☑④ 私は毎朝コーヒーを2杯飲む。　　　I have two ＿＿＿＿＿ of coffee every morning.

☑⑤ その鳥は片足で立っている。　　　　That bird is standing on one ＿＿＿＿＿.

☑⑥ その店は10時に開く。　　　　　　The ＿＿＿＿＿ opens at ten.

☑⑦ この近くに郵便局はありますか。　　Is there a ＿＿＿＿＿ ＿＿＿＿＿ near here?

☑⑧ 彼は一言話そうと口を開いた。　　　He opened his ＿＿＿＿＿ to say a word.

☑⑨ あなたはやさしい心の持ち主だ。　　You have a kind ＿＿＿＿＿.

☑⑩ その場合は，こちらの番号に電話してください。　In that ＿＿＿＿＿, please call this number.

☑⑪ 彼女はその選手の大ファンだ。　　　She is a big ＿＿＿＿＿ of that player.

☑⑫ 彼女は手袋をはめた。　　　　　　　She put on her ＿＿＿＿＿.

☑⑬ ドアを開けてくれますか。　　　　　Can you open the ＿＿＿＿＿ for me?

☑⑭ 彼女は家族への愛を示した。　　　　She showed her ＿＿＿＿＿ for her family.

☑⑮ お名前をうかがってもよろしいですか。May I have your ＿＿＿＿＿, please?

☑⑯ 私のかばんに数冊の本がある。　　　I have some books in my ＿＿＿＿＿.

☑⑰ あなたの質問への答えは「イエス」だ。The ＿＿＿＿＿ to your question is "yes."

☑⑱ ここは読書にはよい場所だ。　　　　This is a good ＿＿＿＿＿ for reading.

答え ❸ ① back　② first　③ phone　④ cups　⑤ leg　⑥ shop [store]　⑦ post office　⑧ mouth　⑨ heart
⑩ case　⑪ fan　⑫ gloves　⑬ door　⑭ love　⑮ name　⑯ bag　⑰ answer　⑱ place

LEVEL 1　LEVEL 2　LEVEL 3　LEVEL 4　LEVEL 5

293 ▽ 328

STEP 28 ▶ 30 [329 ▶ 364]　　**1** 英単語を書いてつづりを確認しよう　学習日　月　日

単語		意味	書いてみよう
329 **future** [fjúːtʃər] フューチャ	4	名 未来，将来	
330 **ship** [ʃíp] シップ	5	名 船	
331 **hot** [hát] ハット	5	形 (温度が)熱い，(気候が)暑い	
332 **cold** [kóuld] コウるド	5	形 冷たい，寒い 名 かぜ	
333 **rainy** [réini] レイニ	5	形 雨降りの	
334 **cloudy** [kláudi] クらウディ	5	形 曇りの	
335 **cheerful** [tʃíərfl] チアふる		形 元気のいい，うれしそうな	
336 **heavy** [hévi] ヘヴィ	4	形 ①重い ②激しい	
337 **light** [láit] らイト 発	4	形 ①軽い ②明るい 名 ①光 ②明かり	
338 **no** [nóu] ノウ	5	形 1つの[少しの]〜もない 副 いいえ	
339 **important** [impɔ́ːrtnt] インポータント	4	形 重要な，大切な	
340 **much** [mʌ́tʃ] マッチ	5	形 たくさんの，多量の 副 ①ずっと ②大いに	
341 **difficult** [dífikəlt] ディふィカるト	4	形 難しい	
342 **easy** [íːzi] イーズィ	5	形 簡単な	
343 **sure** [ʃúər] シュア	5	形 確信して 副 もちろん	
344 **right** [ráit] ライト 発	5	形 ①正しい ②右の 副 ①右に ②まさに 名 右	
345 **popular** [pápjələr] パピュら	3	形 人気のある	

単語		意味	書いてみよう
346 **funny** [fʌ́ni] ふァニ	4	形 おもしろい	
347 **interesting** [íntərəstiŋ] インタレスティング ア	4	形 興味深い，おもしろい	
348 **interested** [íntərəstid] インタレスティッド ア	4	形 興味を持った	
349 **exciting** [iksáitiŋ] イクサイティング	4	形 興奮させる，わくわくさせる	
350 **excited** [iksáitid] イクサイティッド	4	形 興奮して，わくわくして	
351 **surprised** [sərpráizd] サプライズド	3	形 驚いた	
352 **special** [spéʃl] スペシャる	4	形 特別な 名 特別なもの	
353 **favorite** [féivərit] ふェイヴァリット	5	形 お気に入りの，大好きな 名 お気に入り	
354 **such** [sʌ́tʃ] サッチ	4	形 そのような	
355 **local** [lóukl] ろウクる	3	形 地元の，その土地の	
356 **true** [trúː] トゥルー	3	形 本当の，真実の	
357 **useful** [júːsfl] ユースふる	3	形 役に立つ	
358 **large** [láːrdʒ] らーヂ	5	形 大きい，広い	
359 **cool** [kúːl] クーる	4	形 ①かっこいい ②涼しい	
360 **next** [nékst] ネクスト	5	形 次の，隣の 副 次に	
361 **high** [hái] ハイ 発	5	形 高い	
362 **free** [fríː] ふリー	4	形 ①暇な ②自由な ③無料の	
363 **good** [gúd] グッド	5	形 ①よい ②上手な 間 よろしい	
364 **beautiful** [bjúːtəfl] ビューティふる	5	形 美しい	

☑① 船でヨーロッパに行く
go to Europe by ＿＿＿＿＿＿＿＿

☑② 暑い夏
＿＿＿＿＿＿＿＿ summer

☑③ 冷たい水
＿＿＿＿＿＿＿＿ water

☑④ 雨降りの日に
on a ＿＿＿＿＿＿＿＿ day

☑⑤ 曇りの天気
＿＿＿＿＿＿＿＿ weather

☑⑥ うれしそうな表情
a ＿＿＿＿＿＿＿＿ face

☑⑦ 重いかばん
a ＿＿＿＿＿＿＿＿ bag

☑⑧ 軽い箱
a ＿＿＿＿＿＿＿＿ box

☑⑨ 少しの食べ物もない
have ＿＿＿＿＿＿＿＿ food

☑⑩ あまりにたくさんの時間
too ＿＿＿＿＿＿＿＿ time

☑⑪ 難しい質問
a ＿＿＿＿＿＿＿＿ question

☑⑫ 私の右手
my ＿＿＿＿＿＿＿＿ hand

☑⑬ 人気のあるドラマ
the ＿＿＿＿＿＿＿＿ drama

☑⑭ おもしろい映画
a ＿＿＿＿＿＿＿＿ movie

☑⑮ 興味深い[おもしろい]考え
an ＿＿＿＿＿＿＿＿ idea

☑⑯ 美術館に興味を持っている
be ＿＿＿＿＿＿＿＿ in museums

☑⑰ わくわくさせる試合
an ＿＿＿＿＿＿＿＿ game

☑⑱ とても驚いている
be very ＿＿＿＿＿＿＿＿

☑⑲ 特別な場所
a ＿＿＿＿＿＿＿＿ place

☑⑳ 私の大好きな色
my ＿＿＿＿＿＿＿＿ color

☑㉑ そのようなこと
＿＿＿＿＿＿＿＿ a thing

☑㉒ 地元の新聞[地方紙]
a ＿＿＿＿＿＿＿＿ newspaper

☑㉓ 本当の話
a ＿＿＿＿＿＿＿＿ story

☑㉔ 役に立つ本
a ＿＿＿＿＿＿＿＿ book

☑㉕ 大きな都市，大都市
a ＿＿＿＿＿＿＿＿ city

☑㉖ かっこいい帽子
a ＿＿＿＿＿＿＿＿ cap

☑㉗ 高い壁
＿＿＿＿＿＿＿＿ walls

☑㉘ 私の暇な時間
my ＿＿＿＿＿＿＿＿ time

LEVEL 1 / LEVEL 2 / LEVEL 3 / LEVEL 4 / LEVEL 5

329 ▼ 364

答え ▶ ① ship ② hot ③ cold ④ rainy ⑤ cloudy ⑥ cheerful [happy] ⑦ heavy ⑧ light ⑨ no ⑩ much ⑪ difficult ⑫ right ⑬ popular ⑭ funny ⑮ interesting ⑯ interested ⑰ exciting ⑱ surprised ⑲ special ⑳ favorite ㉑ such ㉒ local ㉓ true ㉔ useful ㉕ large [big] ㉖ cool ㉗ high ㉘ free

3 空所に英単語を書こう

❶ 日本語の意味を表す英単語を書きなさい。

☑① 興味深い，おもしろい

_____

☑② 元気のいい，うれしそうな

_____

☑③ 地元の，その土地の

_____

☑④ 正しい，右の，右に

_____

☑⑤ 大きい，広い

_____

☑⑥ お気に入り(の)，大好きな

_____

☑⑦ 特別な，特別なもの

_____

☑⑧ (山や壁などが)高い

_____

☑⑨ 軽い，明るい，光，明かり

_____

☑⑩ かっこいい，涼しい

_____

☑⑪ 美しい

_____

☑⑫ 重い

_____

☑⑬ 曇りの

_____

☑⑭ 暇な，自由な，無料の

_____

☑⑮ 本当の，真実の

_____

❷ 日本語と同じ意味を表すように，空所に英単語を書きなさい。

☑① わくわくする　　　　　　　　　　get _____

☑② １杯の熱いコーヒー　　　　　　　a cup of _____ coffee

☑③ 物語の重要な部分　　　　　　　　an _____ part of the story

☑④ 私たちにとって難しい　　　　　　be _____ for us

☑⑤ 彼の私への愛情を確信している　　be _____ of his love for me

☑⑥ １日中寒い　　　　　　　　　　　be _____ all day

☑⑦ 今度は，次に　　　　　　　　　　_____ time

☑⑧ スポーツが得意だ　　　　　　　　be _____ at sports

☑⑨ いいえ，けっこうです。　　　　　_____, thank you.

答え ❶ ① interesting　② cheerful　③ local　④ right　⑤ large　⑥ favorite　⑦ special　⑧ high　⑨ light
　　　⑩ cool　⑪ beautiful　⑫ heavy　⑬ cloudy　⑭ free　⑮ true
❷ ① excited　② hot　③ important　④ difficult　⑤ sure　⑥ cold　⑦ next　⑧ good　⑨ No

❸ 日本文と同じ意味を表すように，英文の空所に英単語を書きなさい。

☑① あなたは将来何になりたいですか。 | What do you want to be <u>in the</u> _____?

☑② 私たちは船上のレストランでランチを楽しんだ。 | We enjoyed lunch at the restaurant <u>on the</u> _____.

☑③ 明日は暑くなるだろう。 | It <u>will be</u> _____ tomorrow.

☑④ 教室には1人も生徒がいなかった。 | <u>There were</u> _____ students in the classroom.

☑⑤ 音楽は私にとってとても大切だ。 | Music <u>is</u> very _____ to me.

☑⑥ この花はたくさんの水を必要としますか。 | Does this flower need _____ water?

☑⑦ 英語を勉強する簡単な方法はあるだろうか。 | Is there any _____ <u>way</u> to study English?

☑⑧ それについては確かですか。 | <u>Are</u> you _____ about that?

☑⑨ この中で正しい答えはどれでしょうか。 | Which of these is the _____ answer?

☑⑩ これはその店でいちばん人気のある飲み物だ。 | This is <u>the most</u> _____ drink in the shop.

☑⑪ それは私には興味深く思える。 | That sounds _____ to me.

☑⑫ 私は卓球に興味がある。 | I <u>am</u> _____ <u>in</u> table tennis.

☑⑬ その旅行は彼の人生でいちばんわくわくする時間だった。 | The trip was <u>the most</u> _____ time of his life.

☑⑭ 観光客たちは本当にわくわくしていた。 | The tourists <u>were</u> really _____.

☑⑮ 彼は私を見て驚いた。 | He <u>was</u> _____ <u>to see</u> me.

☑⑯ あなたは本当にそんなに短い時間で宿題を終えたのですか。 | Did you really finish your homework <u>in</u> _____ a <u>short time</u>?

☑⑰ この本は私にはとても役に立っている。 | This book <u>is</u> very _____ for me.

☑⑱ 私たちは次の土曜日に釣りに行く予定だ。 | We are going to go fishing _____ <u>Saturday</u>.

答え ❸ ① future　② ship　③ hot　④ no　⑤ important　⑥ much　⑦ easy　⑧ sure　⑨ right　⑩ popular
⑪ interesting　⑫ interested　⑬ exciting　⑭ excited　⑮ surprised　⑯ such　⑰ useful　⑱ next

LEVEL 1
LEVEL 2
LEVEL 3
LEVEL 4
LEVEL 5

329 ▽ 364

	単語		意味	書いてみよう		単語		意味	書いてみよう
365	**sunny** [sʌ́ni] サニ	5	形 よく晴れた		385	**why** [hwái] (ホ)ワイ	5	副 なぜ	
366	**clean** [klíːn] クリーン	5	形 きれいな 動 を掃除する		386	**who** [húː] フー	5	代 だれ	
367	**later** [léitər] れイタ	4	副 あとで		387	**which** [hwítʃ] (ホ)ウィッチ	5	代 どちら 形 どちらの	
368	**ago** [əgóu] アゴウ	4	副 (今から) 〜前に		388	**what** [hwát] (ホ)ワット	5	代 何 形 何の	
369	**soon** [súːn] スーン	5	副 まもなく, すぐに		389	**whose** [húːz] フーズ	5	代 だれの, だれのもの	
370	**tomorrow** [təmárou] トゥマロウ	5	副 明日(は) 名 明日		390	**one** [wʌ́n] ワン	5	代 1つ, 1人 名 1 形 1つの	
371	**still** [stíl] スティる	4	副 まだ, 今でも		391	**something** [sʌ́mθiŋ] サムすィング	5	代 何か, あること[もの]	
372	**away** [əwéi] アウェイ	4	副 離れて, 去って		392	**anything** [éniθiŋ] エニすィング	4	代 ①(疑問文で) 何か ②(否定文で)何も	
373	**abroad** [əbrɔ́ːd] アブロード	3	副 外国に[へ, で]		393	**everyone** [évriwʌ̀n] エヴリワン	5	代 だれでも, みな	
374	**a.m.** [éiém] エイエム	4	副 午前		394	**could** [kúd] クッド 発	4	助 (canの過去形) 〜できた	
375	**p.m.** [píːém] ピーエム	4	副 午後		395	**would** [wúd] ウッド	4	助 (willの過去形) 〜だろう	
376	**then** [ðén] ゼン	5	副 ①そのとき ②それから		396	**should** [ʃúd] シュッド 発	4	助 〜したほう がいい, 〜 すべきだ	
377	**up** [ʌ́p] アップ	5	副 ①上へ[に] ②起きて		397	**as** [ǽz] あズ	5	前 〜として 接 ①〜するに つれて ②〜のように	
378	**down** [dáun] ダウン	5	副 下へ[に]						
379	**together** [təgéðər] トゥゲざ	5	副 いっしょに		398	**around** [əráund] アラウンド	4	前 ①〜のまわ りに[を] ②〜のあち こちに[を] 副 ①まわりに ②約	
380	**just** [dʒʌ́st] ヂャスト	5	副 ①ただ〜だけ ②ちょうど						
381	**also** [ɔ́ːlsou] オーるソウ	5	副 〜もまた						
382	**where** [hwéər] (ホ)ウェア	5	副 どこに[へ, で]		399	**after** [ǽftər] あふタ	5	前 〜のあとに [で] 接 〜したあと に[で]	
383	**when** [hwén] (ホ)ウェン	5	副 いつ 接 〜のとき		400	**before** [bifɔ́ːr] ビふォーア	5	前 〜の前に[で] 接 〜する前に [で] 副 以前, かつて	
384	**how** [háu] ハウ	5	副 どのように して, どれ くらい						

☑① よく晴れた日に

on ＿＿＿＿＿＿ days

☑② きれいなタオル

＿＿＿＿＿＿ towels

☑③ 教室を掃除する

＿＿＿＿＿＿ the classroom

☑④ あとであなたに電話する

call you ＿＿＿＿＿＿

☑⑤ 3 日前に

three days ＿＿＿＿＿＿

☑⑥ まもなくここに到着するだろう

will arrive here ＿＿＿＿＿＿

☑⑦ まだその国に住んでいる

＿＿＿＿＿＿ live in the country

☑⑧ 窓から離れて

＿＿＿＿＿＿ from the window

☑⑨ 外国に行く

go ＿＿＿＿＿＿

☑⑩ 午前 7 時に

at 7 ＿＿＿＿＿＿

☑⑪ 午後 3 時に

at 3 ＿＿＿＿＿＿

☑⑫ とび上がる[上にとぶ]

jump ＿＿＿＿＿＿

☑⑬ 降りる[下に行く]

go ＿＿＿＿＿＿

☑⑭ いっしょに来る

come ＿＿＿＿＿＿

☑⑮ ただ手伝いたいだけ

＿＿＿＿＿＿ want to help

☑⑯ どれくらい多くの人々(が)

＿＿＿＿＿＿ many people

☑⑰ どちらの傘(が)

＿＿＿＿＿＿ umbrella

☑⑱ 何色(が)

＿＿＿＿＿＿ color

☑⑲ だれの自転車

＿＿＿＿＿＿ bicycle

☑⑳ それらのうちの 1 つ

＿＿＿＿＿＿ of them

☑㉑ 何か特別なもの

＿＿＿＿＿＿ special

☑㉒ だれでも興味を持っている

＿＿＿＿＿＿ is interested

☑㉓ それを見つけることができなかった

＿＿＿＿＿＿ not find it

☑㉔ 彼女に感謝したほうがいい[感謝するべきだ]

＿＿＿＿＿＿ thank her

☑㉕ ピアニストとして

＿＿＿＿＿＿ a pianist

☑㉖ 公園のまわりを

＿＿＿＿＿＿ the park

☑㉗ 夕食のあとに

＿＿＿＿＿＿ dinner

☑㉘ ショーの前に

＿＿＿＿＿＿ the show

LEVEL 1
LEVEL 2
LEVEL 3
LEVEL 4
LEVEL 5

365 ▼ 400

答え ▶ ① sunny ② clean ③ clean ④ later ⑤ ago ⑥ soon ⑦ still ⑧ away ⑨ abroad ⑩ a.m.
⑪ p.m. ⑫ up ⑬ down ⑭ together ⑮ just ⑯ how ⑰ which ⑱ what ⑲ whose ⑳ one
㉑ something ㉒ everyone ㉓ could ㉔ should ㉕ as ㉖ around ㉗ after ㉘ before

3 空所に英単語を書こう

❶ 日本語の意味を表す英単語を書きなさい。

☑① いっしょに

_____

☑② ～したほうがいい, ～すべきだ

_____

☑③ ～の[～した]あとに[で]

_____

☑④ まもなく, すぐに

_____

☑⑤ ただ～だけ, ちょうど

_____

☑⑥ あとで

_____

☑⑦ そのとき, それから

_____

☑⑧ まだ, 今でも

_____

☑⑨ ～の[～する]前に, 以前

_____

☑⑩ よく晴れた

_____

☑⑪ 何か, 何も

_____

☑⑫ 午前

_____

❷ 日本語と同じ意味を表すように, 空所に英単語を書きなさい。

☑① 世界中で

_____ the world

☑② 2週間後

two weeks _____

☑③ 留学する

study _____

☑④ あさって

the day after _____

☑⑤ 行きたいと思う

_____ like to go

☑⑥ このコンピューターの使い方

_____ to use this computer

☑⑦ サッカーやラグビーのようなスポーツ

sports such _____ soccer and rugby

☑⑧ あれと同じくらい重い

_____ heavy _____ that

☑⑨ どんな種類の音楽(が)

_____ kind of music

☑⑩ それを試してみてはどうですか。

_____ don't you try it?

答え ❶ ① together　② should　③ after　④ soon　⑤ just　⑥ later　⑦ then　⑧ still　⑨ before　⑩ sunny
　　　⑪ anything　⑫ a.m.
　　❷ ① around　② later　③ abroad　④ tomorrow　⑤ would　⑥ how　⑦ as　⑧ as, as　⑨ what　⑩ Why

❸ 日本文と同じ意味を表すように，英文の空所に英単語を書きなさい。

☑① 明日9時に会いましょう。 — Let's meet at nine _____.

☑② その市はここから車で2時間離れている。 — The city is two hours _____ from here by car.

☑③ 私はそのときテレビを見ていた。 — I was watching TV _____.

☑④ 私たちは空を見上げた。 — We looked _____ at the sky.

☑⑤ 彼はその箱をおろしてテーブルに置いた。 — He put the box _____ on the table.

☑⑥ 彼はテレビスターであり，また作家でもある。 — He is a TV star and _____ a writer.

☑⑦ あなたはどこでそれを買いましたか。 — _____ did you buy it?

☑⑧ 彼女はいつ戻ってきますか。 — _____ will she come back?

☑⑨ あなたはどうやってここに着いたのですか。 — _____ did you get here?

☑⑩ あなたはなぜその本を選んだのですか。 — _____ did you choose that book?

☑⑪ だれがこれを作ったのですか。 — _____ made this?

☑⑫ どちらがあなたの傘ですか。 — _____ is your umbrella?

☑⑬ 床の上の箱には何が入っているのですか。 — _____ is in the box on the floor?

☑⑭ これはだれのかばんですか。 — _____ bag is this?

☑⑮ 私は何か冷たい飲み物がほしい。 — I want _____ cold to drink.

☑⑯ 彼女は私のことを何も知らない。 — She doesn't know _____ about me.

☑⑰ だれもが幸せになりたいと思っている。 — _____ wants to be happy.

☑⑱ 私はあなたが私を手伝ってくれるだろうと思った。 — I thought you _____ help me.

答え ❸ ① tomorrow ② away ③ then ④ up ⑤ down ⑥ also ⑦ Where ⑧ When ⑨ How ⑩ Why ⑪ Who ⑫ Which ⑬ What ⑭ Whose ⑮ something ⑯ anything ⑰ Everyone ⑱ would

LEVEL 1　LEVEL 2　LEVEL 3　LEVEL 4　LEVEL 5　365 ▽ 400

家族・親族

401	parent		brother	
	親		兄, 弟	

grandparent		wife	
祖母, 祖父		妻	

grandmother		1396	husband	
祖母			夫	

grandfather		daughter	
祖父		娘	

mother		1004	son	
母			息子	

father		aunt	
父		おば	

sister		uncle	
姉, 妹		おじ	

曜日

Sunday		Thursday	
日曜日		木曜日	

Monday		Friday	
月曜日		金曜日	

Tuesday		Saturday	
火曜日		土曜日	

Wednesday	
水曜日	

月

January		July	
1月		7月	

February		August	
2月		8月	

March		September	
3月		9月	

April		October	
4月		10月	

May		November	
5月		11月	

Jun		December	
6月		12月	

人称代名詞

	人称	主格（〜は）	所有格（〜の）	目的格（〜を[に]）	所有代名詞（〜のもの）
単数	1人称	I 私は	my 私の	me 私を[に]	mine 私のもの
	2人称	you あなたは	your あなたの	you あなたを[に]	yours あなたのもの
	3人称	he 彼は	his 彼の	him 彼を[に]	his 彼のもの
		she 彼女は	her 彼女の	her 彼女を[に]	hers 彼女のもの
		it それは	its その	it それを[に]	
複数	1人称	we 私たちは	our 私たちの	us 私たちを[に]	ours 私たちのもの
	2人称	you あなたたちは	your あなたたちの	you あなたたちを[に]	yours あなたたちのもの
	3人称	they 彼ら[彼女ら，それら]は	their 彼ら[彼女ら，それら]の	them 彼ら[彼女ら，それら]を[に]	theirs 彼ら[彼女ら，それら]のもの

接続詞

and 〜と…	
or 〜かまたは…	
889 because 〜だから	
890 if もし〜なら	

but しかし	
that 〜ということ	
792 so それで	
383 when 〜のとき	

	単語	意味	書いてみよう		単語	意味	書いてみよう
401	**parent** 5 [péərənt] ペ(ア)レント	名 親		419	**car** 5 [káːr] カー	名 車, 自動車	
402	**eraser** [iréisər] イレイサ	名 消しゴム		420	**bike** 5 [báik] バイク	名 自転車	
403	**calligraphy** 3 [kəlígrəfi] カリグラふィ ⑦	名 書道		421	**floor** 5 [flɔ́ːr] ふろーア	名 ①床 ②階	
404	**sweater** [swétər] スウェタ 発	名 セーター		422	**village** 4 [vílidʒ] ヴィれッヂ	名 村	
405	**restroom** [réstrùːm] レストルーム	名 (公共施設の) トイレ, 洗面所		423	**site** 3 [sáit] サイト	名 ①敷地 ②ウェブサ イト	
406	**taxi** 5 [tǽksi] タぁクスィ	名 タクシー		424	**camera** 5 [kǽmərə] キぁメラ	名 カメラ	
407	**calendar** 5 [kǽləndər] キぁれンダ ⑦	名 カレンダー		425	**fruit** 5 [frúːt] ふルート	名 果物	
408	**dessert** [dizə́ːrt] ディザ〜ト 発	名 デザート		426	**dollar** 5 [dálər] ダら	名 ドル	
409	**knee** [níː] ニー 発	名 ひざ		427	**nurse** 5 [nə́ːrs] ナ〜ス	名 看護師	
410	**nose** 5 [nóuz] ノウズ	名 鼻		428	**staff** 3 [stǽf] スタぁふ	名 スタッフ, 職員	
411	**rainbow** 5 [réinbòu] レインボウ	名 虹		429	**robot** 4 [róubɑt] ロウバット 発	名 ロボット	
412	**marathon** 3 [mǽrəθὰːn] マぁラさン	名 マラソン, マラソン大 会		430	**pet** 5 [pét] ペット	名 ペット	
413	**aquarium** 3 [əkwéəriəm] アクウェアリアム	名 水族館		431	**prize** 4 [práiz] プライズ	名 賞	
414	**spring** 5 [spríŋ] スプリング	名 ①春 ②ばね		432	**meaning** 3 [míːniŋ] ミーニング	名 意味	
415	**autumn** [ɔ́ːtəm] オータム 発	名 秋		433	**voice** 3 [vɔ́is] ヴォイス	名 声, 鳴き声	
416	**surfing** [sə́ːrfiŋ] サ〜ふィング	名 ①サーフィ ン ②ネット サーフィン		434	**kitchen** 5 [kítʃən] キチン	名 台所	
417	**fun** 4 [fʌ́n] ふァン	名 楽しみ, おもしろさ		435	**bedroom** [bédrùːm] ベッドルーム	名 寝室	
				436	**gate** 3 [géit] ゲイト	名 門, 出入り口	
418	**speech** 4 [spíːtʃ] スピーチ	名 スピーチ, 演説		437	**actor** 4 [ǽktər] あクタ	名 俳優	

2 フレーズの空所に英単語を書こう

☑① 親になる

become a _____

☑② 消しゴムで

with an _____

☑③ 金曜日に書道がある

have _____ on Fridays

☑④ セーターを着る

put on a _____

☑⑤ トイレを使う

use a _____

☑⑥ 卓上カレンダー

a desk _____

☑⑦ デザートにケーキを食べる

have a cake for _____

☑⑧ 空の虹

a _____ in the sky

☑⑨ マラソンを走る, マラソン大会に出場する

run a _____

☑⑩ 水族館に行く

go to the _____

☑⑪ 春に

in _____

☑⑫ 秋祭り

an _____ festival

☑⑬ サーフィンが得意だ

be good at _____

☑⑭ スピーチをする

make a _____

☑⑮ 車または自転車で

by _____ or by _____

☑⑯ 村での新しい生活

a new life in the _____

☑⑰ そのウェブサイトを訪れる

visit the _____

☑⑱ このカメラの使い方

how to use this _____

☑⑲ 毎朝果物を食べる

eat _____ every morning

☑⑳ 彼から10ドルもらう

get ten _____ from him

☑㉑ 看護師として働く

work as a _____

☑㉒ ロボットによって作られる

be built by _____

☑㉓ ペットを飼う

have a _____

☑㉔ 賞をとる

win a _____

☑㉕ 単語の意味

the _____ of the word

☑㉖ 台所で料理をする

cook in the _____

☑㉗ 門を開ける

open a _____

☑㉘ あのドラマの俳優

the _____ in that drama

答え ① parent ② eraser ③ calligraphy ④ sweater ⑤ restroom ⑥ calendar ⑦ dessert ⑧ rainbow ⑨ marathon ⑩ aquarium ⑪ spring ⑫ autumn ⑬ surfing ⑭ speech ⑮ car, bike [bicycle] ⑯ village ⑰ site ⑱ camera ⑲ fruit ⑳ dollars ㉑ nurse ㉒ robots ㉓ pet ㉔ prize ㉕ meaning(s) ㉖ kitchen ㉗ gate ㉘ actor

3 空所に英単語を書こう

学習日　　月　　日

❶ 日本語の意味を表す英単語を書きなさい。

☑① 春, ばね

_____

☑② カレンダー

_____

☑③ 台所

_____

☑④ ロボット

_____

☑⑤ サーフィン, ネットサーフィン

_____

☑⑥ 俳優

_____

☑⑦ 村

_____

☑⑧ 消しゴム

_____

☑⑨ デザート

_____

☑⑩ 門, 出入り口

_____

☑⑪ ひざ

_____

☑⑫ ドル

_____

☑⑬ 水族館

_____

☑⑭ 秋

_____

☑⑮ セーター

_____

❷ 日本語と同じ意味を表すように, 空所に英単語を書きなさい。

☑① トイレに行く

go to the _____

☑② タクシーで戻る

go back by _____

☑③ 彼に小さな声で話しかける

speak to him in a small _____

☑④ 楽しむ

have _____

☑⑤ 両親といっしょに

with my _____

☑⑥ 病院の職員

the _____ at the hospital

☑⑦ 新店舗のための敷地

a _____ for a new store

☑⑧ 彼女を保健室に連れていく

take her to the _____ office

☑⑨ １階の寝室

a _____ on the first _____

答え ❶ ① spring　② calendar　③ kitchen　④ robot　⑤ surfing　⑥ actor　⑦ village　⑧ eraser　⑨ dessert
　　⑩ gate　⑪ knee　⑫ dollar　⑬ aquarium　⑭ autumn [fall]　⑮ sweater
❷ ① restroom　② taxi　③ voice　④ fun　⑤ parents　⑥ staff　⑦ site　⑧ nurse's　⑨ bedroom, floor

❸ 日本文と同じ意味を表すように，英文の空所に英単語を書きなさい。

☑① 彼女は月に4回書道を習っている。
She practices _____ four times a month.

☑② 私たちは隣の駅まで**タクシー**に乗った。
We took a _____ to the next station.

☑③ ネコが彼女の**ひざ**の上に座っている。
The cat is sitting on her _____.

☑④ 彼の**鼻**は寒さで赤くなっていた。
His _____ was red from the cold.

☑⑤ 雨のあとに**虹**がかかっていた。
There was a _____ after the rain.

☑⑥ 彼はその**マラソン**を5時間で走った。
He ran that _____ in five hours.

☑⑦ 私たちはたいてい**春**に山に行く。
We usually go to the mountains in _____.

☑⑧ 彼らは**この秋**に京都へ旅行に行く予定だ。
They are going on a trip to Kyoto this _____.

☑⑨ 友人たちとのスケートはとても**楽しかっ**た。
Skating with my friends was a lot of _____.

☑⑩ 彼はパーティーで**スピーチ**をした。
He made a _____ at the party.

☑⑪ 小さな子どもを**車の中**に放置してはいけない。
Do not leave small children in the _____.

☑⑫ 私たちはそこへ**自転車**で行けますか。
Can we go there by _____?

☑⑬ うちのイヌは**床**で寝ている。
Our dog is sleeping on the _____.

☑⑭ スーパーで**果物**を買ってきてもらえますか。
Can you buy some _____ at the supermarket?

☑⑮ 私は**スタッフ**の1人に話しかけた。
I spoke to one of the _____ members.

☑⑯ 彼らは数匹のネズミを**ペット**として飼っている。
They keep some mice as _____.

☑⑰ 彼はマラソン大会で**1等賞**をとった。
He won first _____ in the marathon.

☑⑱ この単語の**意味**は何ですか。
What is the _____ of this word?

答え ❸ ① calligraphy　② taxi　③ knees　④ nose　⑤ rainbow　⑥ marathon　⑦ spring　⑧ autumn [fall]
⑨ fun　⑩ speech　⑪ car　⑫ bike [bicycle]　⑬ floor　⑭ fruit　⑮ staff　⑯ pets　⑰ prize　⑱ meaning

単語	意味	書いてみよう
438 **chorus** ③ [kɔ́:rəs] コーラス	名 合唱(団)	
439 **neighbor** ③ [néibər] ネイバ 発	名 隣人, 近所の人	
440 **degree** 準2 [digríː] ディグリー	名 (温度・角度など の)度, 程度	
441 **hair** ④ [héər] ヘア	名 髪, 髪の毛	
442 **finger** ④ [fíŋgər] ふィンガー	名 (手の)指	
443 **foot** ⑤ [fút] ふット	名 足	
444 **hobby** ④ [hábi] ハビ	名 趣味	
445 **cookie** ⑤ [kúki] クキ	名 クッキー	
446 **water** ⑤ [wɔ́:tər/wátər] ウォータ/ワタ	名 水	
447 **nature** ③ [néitʃər] ネイチャ	名 自然	
448 **volunteer** ④ [vàləntíər] ヴォらんティア ⑦	名 ボランティア	
449 **Internet** [íntərnèt] インタネット	名 〈the +〉イン ターネット	
450 **comic book** [kámik bùk] カミック ブック	名 漫画本	
451 **left** ⑤ [léft] レふト	名 左 形 左の 副 左へ[に]	
452 **experience** ③ [ikspíəriəns] イクスピ(ア)リエンス ⑦	名 経験 動 を経験する	
453 **souvenir** [sù:vəníər] スーヴェニア	名 みやげ, 記念品	
454 **front** ④ [frʌ́nt] ふラント 発	名 前, 正面	
455 **head** ⑤ [héd] ヘッド	名 ①頭 ②頭脳	
456 **contest** ④ [kántest] カンテスト	名 コンテスト	
457 **build** ④ [bíld] ビるド	動 を建てる	

単語	意味	書いてみよう
458 **call** ⑤ [kɔ́:l] コーる	動 ①を呼ぶ ②に電話する 名 電話をかけ ること	
459 **ask** ⑤ [ǽsk] あスク	動 ①をたずねる ②に頼む	
460 **understand** ④ [ʌ̀ndərstǽnd] アンダスタぁンド	動 (を)理解する, (が)わかる	
461 **decide** ④ [disáid] ディサイド	動 (を)決める	
462 **believe** ④ [bilíːv] ビリーヴ	動 を信じる	
463 **excuse** ⑤ [ikskjúːz] イクスキューズ 発	動 を許す	
464 **guess** ③ [gés] ゲス	動 ①を推測す る ②を言 い当てる	
465 **order** ④ [ɔ́:rdər] オーダ	動 ①を注文する ②を命令する 名 ①注文 ②命令	
466 **act** ③ [ǽkt] あクト	動 ①行動する ②演じる 名 行為	
467 **smile** ④ [smáil] スマイる	動 ほほえむ 名 ほほえみ	
468 **explain** ④ [ikspléin] イクスプれイン	動 (を)説明する	
469 **ring** ④ [ríŋ] リング	動 鳴る, を鳴 らす 名 指輪	
470 **jog** [dʒáːg] ヂャグ	動 ジョギング する	
471 **move** ⑤ [múːv] ムーヴ	動 ①引っ越す ②動く, を動 かす	
472 **sleep** ⑤ [slíːp] スリープ	動 眠る 名 眠り	
473 **wear** ④ [wéər] ウェア	動 を着ている, 身につけて いる	
474 **share** ③ [ʃéər] シェア	動 ①を共有する ②を分け合う	

2 フレーズの空所に英単語を書こう

☑① 学校の合唱団
a school _____

☑② 新しい隣人
a new _____

☑③ 指で
with my _____

☑⑮ スピーチコンテストで優勝する
win the speech _____

☑⑯ 新しい家を建てる
_____ a new house

☑⑰ 私の名前を呼ぶ
_____ my name

☑⑱ 彼の名前をたずねる
_____ his name

☑⑲ その意味を理解する[がわかる]
_____ the meaning

☑⑳ 留学することを決める
_____ to study abroad

☑㉑ その話を信じる
_____ the story

☑㉒ コーヒーを注文する
_____ a coffee

☑㉓ 今行動する必要がある
need to _____ now

☑㉔ 私にほほえむ
_____ at me

☑㉕ 1時間ジョギングする
_____ for an hour

☑㉖ カナダへ引っ越す
_____ to Canada

☑⑬ 大阪のみやげとして
as a _____ of Osaka

☑⑭ 門の前で
in _____ of the gate

☑㉗ よく眠る
_____ well

☑㉘ 部屋を共有する
_____ a room

答え ① chorus ② neighbor ③ fingers ④ foot [leg] ⑤ cookies ⑥ water ⑦ nature ⑧ volunteer ⑨ Internet ⑩ comic book ⑪ left ⑫ experience ⑬ souvenir ⑭ front ⑮ contest ⑯ build ⑰ call ⑱ ask ⑲ understand ⑳ decide ㉑ believe ㉒ order ㉓ act ㉔ smile ㉕ jog ㉖ move ㉗ sleep ㉘ share

LEVEL 1
LEVEL 2
LEVEL 3
LEVEL 4
LEVEL 5

438 ▼ 474

3 空所に英単語を書こう

❶ 日本語の意味を表す英単語を書きなさい。

☑① (手の)指

_____

☑② を推測する,を言い当てる

_____

☑③ 経験, を経験する

_____

☑④ コンテスト

_____

☑⑤ 隣人, 近所の人

_____

☑⑥ 鳴る, を鳴らす, 指輪

_____

☑⑦ 自然

_____

☑⑧ みやげ, 記念品

_____

☑⑨ (を)理解する, (が)わかる

_____

☑⑩ 合唱(団)

_____

☑⑪ を信じる

_____

☑⑫ (温度・角度などの)度, 程度

_____

☑⑬ ボランティア

_____

☑⑭ クッキー

_____

☑⑮ 頭, 頭脳

_____

❷ 日本語と同じ意味を表すように, 空所に英単語を書きなさい。

☑① ほほえんで

with a _____

☑② ジョギングをしに行く

go _____

☑③ テーブルを左に動かす

_____ the table to the left

☑④ 寝入る

go to _____

☑⑤ 明日彼女に電話する

_____ her tomorrow

☑⑥ 私の考えをあなたに説明する

_____ my idea to you

☑⑦ 水族館への道をたずねる

_____ the way to the aquarium

☑⑧ 看護師になるために

in _____ to become a nurse

☑⑨ すみません。

_____ me.

答え ❶ ① finger　② guess　③ experience　④ contest　⑤ neighbor　⑥ ring　⑦ nature　⑧ souvenir
　　⑨ understand　⑩ chorus　⑪ believe　⑫ degree　⑬ volunteer　⑭ cookie　⑮ head
❷ ① smile　② jogging　③ move　④ sleep　⑤ call　⑥ explain　⑦ ask　⑧ order　⑨ Excuse

❸ 日本文と同じ意味を表すように，英文の空所に英単語を書きなさい。

☑① 今は氷点下５度だ。 — It's five _____ below zero now.

☑② その男性は茶色くて短い髪だった。 — The man had short brown _____.

☑③ あなたはここまで徒歩で来たのですか。 — Did you come here on _____?

☑④ 私の趣味の１つはテニスをすることだ。 — One of my _____ is playing tennis.

☑⑤ 私はお風呂のあとにコップ１杯の水を飲んだ。 — I drank a glass of _____ after my bath.

☑⑥ 私たちは夏休みの間にボランティア活動をした。 — We did _____ work during the summer vacation.

☑⑦ 私はそのニュースをインターネットで読んだ。 — I read the news on the _____.

☑⑧ 左側に湖が見えますよ。 — You can see the lake on your _____.

☑⑨ 彼女はホテルの前で待っている。 — She is waiting in _____ of the hotel.

☑⑩ 私の家は30年前に建てられた。 — My house was _____ 30 years ago.

☑⑪ 私たちは彼のことをジョンと呼んでいる。 — We _____ him John.

☑⑫ 私は彼女に学校生活についてたずねた。 — I _____ her about her school life.

☑⑬ 彼は仕事を変えることを決心した。 — He _____ to change jobs.

☑⑭ 彼は30歳ぐらいだと思う。 — I _____ he is about 30 years old.

☑⑮ あなたは行動する前にもっと考えたほうがいいですよ。 — You should think more before you _____.

☑⑯ 私は毎晩たいてい8時間眠る。 — I usually _____ for eight hours every night.

☑⑰ 今日は何を着ていこうかな。 — What should I _____ today?

☑⑱ 彼はほかの人たちと家をいっしょに使っている。 — He _____ a house with other people.

答え ❸ ① degrees ② hair ③ foot ④ hobbies ⑤ water ⑥ volunteer ⑦ Internet ⑧ left ⑨ front ⑩ built ⑪ call ⑫ asked ⑬ decided ⑭ guess [think] ⑮ act ⑯ sleep ⑰ wear ⑱ shares

	単語		意味	書いてみよう		単語		意味	書いてみよう
475	save [séiv] セイヴ	4	動 ①を救助する ②をたくわえる		492	active [ǽktiv] アクティヴ	3	形 活動的な, 活発な	
476	chat [tʃǽt] チぁット		動 おしゃべりを する, チャッ トする 名 おしゃべり, チャット		493	early [ə́:rli] ア～リ	5	形 早い 副 早く	
477	brush [brʌ́ʃ] ブラッシ		動 を(ブラシで) みがく 名 ブラシ, 筆		494	fine [fáin] ふァイン	5	形 ①元気な ②晴れた ③すばらしい	
478	shoot [ʃú:t] シュート	3	動 ①(を)撃つ ②(ボール)を シュートする		495	friendly [fréndli] ふレンドリ	3	形 親しみのあ る, 好意的な	
479	surf [sə́:rf] サ～ふ	4	動 ①(サイトなど) を見て回る ②サーフィン をする		496	soft [sɔ́:ft] ソーふト	5	形 ①やわらかい ②おだやかな	
480	feed [fi:d] ふィード	3	動 に食べ物を 与える		497	warm [wɔ́:rm] ウォーム	4	形 暖かい, 温かい	
481	second [sékənd] セカンド	5	形 2番目の 名 ①2番目 ②秒		498	snowy [snóui] スノウイ		形 雪の降る [多い]	
482	thousand [θáuznd] さウザンド	5	形 1,000 の 名 1,000		499	bitter [bítər] ビタ		形 苦い	
483	million [míljən] ミリョン	3	形 100 万の 名 100 万		500	salty [sɔ́:lti] ソーるティ		形 塩辛い	
484	glad [glǽd] グらぁッド	4	形 うれしい		501	sour [sáuər] サウア		形 すっぱい	
485	sorry [sári] サリ	5	形 気の毒で, 残 念で, すまな く思って		502	fantastic [fæntǽstik] ふぁンタぁスティック		形 すばらしい	
486	careful [kéərfl] ケアふる	4	形 注意深い, 慎重な		503	unique [ju:ní:k] ユーニーク 準2 発		形 独特の, 特有の	
487	nervous [nə́:rvəs] ナ～ヴァス	3	形 緊張して, 不安で		504	shy [ʃái] シャイ		形 恥ずかしが りの, 内気な	
488	natural [nǽtʃərəl] ナぁチュラる	3	形 自然の		505	lonely [lóunli] ろウンリ		形 一人ぼっち の, さびしい	
489	cute [kjú:t] キュート	5	形 かわいい		506	national [nǽʃnəl] ナぁショナる	3	形 国の, 国民の	
490	serious [síriəs] スィリアス	3	形 ①深刻な ②本気の		507	main [méin] メイン	3	形 主要な	
491	fresh [fréʃ] ふレッシ	3	形 新鮮な, できたての		508	dirty [dá:rti] ダ～ティ	3	形 汚い	
					509	scientist [sáiəntist] サイエンティスト	4	名 科学者	
					510	temperature [témpərətʃər] テンペラチャ	3	名 気温, 体温	
					511	size [sáiz] サイズ	4	名 大きさ, サイズ	

2 フレーズの空所に英単語を書こう

☑① 多くの人々を救助する

_____ many people

☑② 彼女とおしゃべり[チャット]する

_____ with her

☑③ 歯をみがく

_____ my teeth

☑④ 鳥を撃つ

_____ a bird

☑⑤ 動物に食べ物を与える

_____ the animals

☑⑥ 左から2番目の少女

the _____ girl from the left

☑⑦ あなたに会えてうれしい

be _____ to see you

☑⑧ コンテストのことで緊張している

be _____ about the contest

☑⑨ 窓からの自然の光

_____ light from the window

☑⑩ かわいい赤ちゃん

a _____ baby

☑⑪ 深刻な問題

a _____ problem

☑⑫ 新鮮な魚と卵

_____ fish and eggs

☑⑬ まだとても活動的だ

be still very _____

☑⑭ 早朝[早い朝]に

in the _____ morning

☑⑮ 早く起きる

get up _____

☑⑯ 元気そうだ[元気なように見える]

look _____

☑⑰ 親しみのある笑顔

a _____ smile

☑⑱ やわらかいブラシ

a _____ _____

☑⑲ 温かい心を持っている

have a _____ heart

☑⑳ 雪の多い冬

a _____ winter

☑㉑ 苦いコーヒーを飲む

drink _____ coffee

☑㉒ 塩辛い食べ物

_____ food

☑㉓ すっぱいリンゴ

a _____ apple

☑㉔ 独特の考え方

a _____ way of thinking

☑㉕ 有名な国立[国の]公園

a famous _____ park

☑㉖ 主要な部分

the _____ part

☑㉗ 汚い手で

with _____ hands

☑㉘ 暖かい気温, 温暖

_____ _____

LEVEL 1
LEVEL 2
LEVEL 3
LEVEL 4
LEVEL 5

475
▽
511

答え ① save ② chat ③ brush ④ shoot ⑤ feed ⑥ second ⑦ glad [happy] ⑧ nervous ⑨ natural ⑩ cute ⑪ serious ⑫ fresh ⑬ active ⑭ early ⑮ early ⑯ fine ⑰ friendly ⑱ soft, brush ⑲ warm ⑳ snowy ㉑ bitter ㉒ salty ㉓ sour ㉔ unique ㉕ national ㉖ main ㉗ dirty ㉘ warm, temperature

3 空所に英単語を書こう

❶ 日本語の意味を表す英単語を書きなさい。

☑① すっぱい

_____

☑② 恥ずかしがりの, 内気な

_____

☑③ 国の, 国民の

_____

☑④ 新鮮な, できたての

_____

☑⑤ 一人ぼっちの, さびしい

_____

☑⑥ 大きさ, サイズ

_____

☑⑦ 暖かい, 温かい

_____

☑⑧ 活動的な, 活発な

_____

☑⑨ 科学者

_____

☑⑩ 独特の, 特有の

_____

☑⑪ 主要な

_____

☑⑫ 深刻な, 本気の

_____

❷ 日本語と同じ意味を表すように, 空所に英単語を書きなさい。

☑① 緊張する

get _____

☑② 毎週末にサーフィンをしに行く

go _____ every weekend

☑③ すばらしい時間を過ごす

have a _____ time

☑④ 6月の早い時期に

in _____ June

☑⑤ 彼の家族を養う

_____ his family

☑⑥ 6月2日に

on the _____ of June

☑⑦ 何百万もの人々

_____ of people

☑⑧ 何千ドルも (のお金を) ためる

_____ _____ of dollars

☑⑨ ごめんなさい。

I'm _____.

☑⑩ 気をつけて！

Be _____!

答え **❶** ① sour　② shy　③ national　④ fresh　⑤ lonely　⑥ size　⑦ warm　⑧ active　⑨ scientist　⑩ unique
　　⑪ main　⑫ serious
❷ ① nervous　② surfing　③ fantastic [great, wonderful]　④ early　⑤ feed　⑥ second　⑦ millions
　　⑧ save, thousands　⑨ sorry　⑩ careful

❸ 日本文と同じ意味を表すように，英文の空所に英単語を書きなさい。

☑① 彼女は教室で友人たちとおしゃべりをしている。

She is _____ with her friends in the classroom.

☑② 父はいつも日曜日に自分の靴をみがく。

My father always _____ his shoes on Sundays.

☑③ 彼は山でクマを撃った。

He _____ a bear in the mountains.

☑④ 彼は電車内でよくネットサーフィンをする。

He often _____ the Internet on the train.

☑⑤ 私は彼女の CD の2曲目の歌が好きだ。

I like the _____ song on her CD.

☑⑥ そのマラソンに5,000人が出場した。

Five _____ people ran the marathon.

☑⑦ その都市には約200万人が住んでいる。

About two _____ people live in that city.

☑⑧ それを聞いて気の毒に思います。

I'm _____ to hear that.

☑⑨ それが彼女の自然の髪の色だ。

That is her _____ hair color.

☑⑩ あの赤ちゃんはなんてかわいらしいのでしょう！

How _____ that baby is!

☑⑪ 私はとても元気です，ありがとう。

I'm very _____, thank you.

☑⑫ その地元の人たちは温かくて親しみやすい。

The local people are warm and _____.

☑⑬ そのチョコレートは甘くてやわらかかった。

That chocolate was sweet and _____.

☑⑭ そのスープは私には塩辛すぎる。

The soup is too _____ for me.

☑⑮ 彼はここに引っ越してきたときさびしく感じた。

He felt _____ when he moved here.

☑⑯ 私はそんなに汚い床に座りたくない。

I don't want to sit on such a _____ floor.

☑⑰ この部屋の温度は今何度ですか。

What is the _____ of this room now?

☑⑱ 大きめのサイズはありますか。

Do you have a bigger _____?

答え ❸ ① chatting　② brushes　③ shot　④ surfs　⑤ second　⑥ thousand　⑦ million　⑧ sorry　⑨ natural　⑩ cute　⑪ fine　⑫ friendly　⑬ soft　⑭ salty　⑮ lonely　⑯ dirty　⑰ temperature　⑱ size

	単語		意味	書いてみよう		単語		意味	書いてみよう
512	situation [sitʃuéiʃn] スィチュエイシャン	3	名 状況，立場		531	trick [trík] トゥリック	3	名 ①手品 ②いたずら	
513	theater [θíːətər] すィーアタ	5	名 劇場，映画館		532	novel [návl] ナヴる	3	名 小説	
514	bank [bǽŋk] バぁンク	5	名 ①銀行 ②土手		533	sunrise [sánràiz] サンライズ		名 日の出	
515	clerk [klə́ːrk] クら〜ク	3	名 店員，事務員		534	wood [wúd] ウッド	3	名 ①木材 ②森	
516	hotel [houtél] ホウテる	5	名 ホテル，旅館		535	farm [fáːrm] ふァーム	4	名 農場	
517	sightseeing [sáitsìːiŋ] サイトスィーイング	4	名 観光		536	cow [káu] カウ	3	名 牛，雌牛	
518	letter [létər] れタ	5	名 ①手紙 ②文字		537	heritage [héritidʒ] ヘリテッヂ	3	名 （文化的な）遺産	
519	action [ǽkʃn] あクシャン	4	名 ①行動，実行 ②行為		538	mistake [mistéik] ミステイク	4	名 誤り，間違い 動 を誤解する	
520	cooking [kúkiŋ] クキング	5	名 料理		539	driver [dráivər] ドゥライヴァ	4	名 運転手	
521	gift [gíft] ギふト	4	名 贈り物		540	tour [túər] トゥア	4	名 旅行，ツアー	
522	jacket [dʒǽkit] ヂぁケット	5	名 ①ジャケット，上着 ②(本の)カバー		541	teammate [tíːmmèit] ティームメイト	3	名 チームメイト	
523	pot [pát] パット	3	名 つぼ，深なべ，ポット		542	goal [góul] ゴウる	4	名 目標，ゴール	
524	shelf [ʃélf] シェるふ		名 棚		543	lantern [lǽntərn] らぁンタン		名 ランタン，ちょうちん	
525	café [kæféi] キぁふェイ	4	名 喫茶店，カフェ		544	note [nóut] ノウト	3	名 メモ，覚え書き	
526	key [kíː] キー		名 ①かぎ ②⟨the +⟩手がかり		545	symbol [símbl] スィンブる	3	名 シンボル，象徴	
527	leaf [líːf] リーふ	3	名 葉		546	police [pəlíːs] ポリース	5	名 警察	
528	bathroom [bǽθrùːm] バぁすルーム	4	名 ①浴室 ②トイレ		547	rock [rák] ラック	4	名 ①岩 ②ロック音楽	
529	passenger [pǽsindʒər] パぁセンヂャ	3	名 乗客		548	comedy [kámədi] カメディ		名 コメディー，喜劇	
530	quiz [kwíz] クウィズ		名 小テスト，クイズ		549	comment [kámént] カメント ⑦	2	名 コメント，批評	

☑① 悪い**状況**で

in a bad _____

☑② 日本でいちばん古い**劇場**

the oldest _____ in Japan

☑③ **銀行**に行く

go to the _____

☑④ その店の**店員**

a _____ at the store

☑⑤ **観光**に行く

go _____

☑⑥ **行動**を起こす

take _____

☑⑦ 伝統的な日本**料理**

traditional Japanese _____

☑⑧ 両親からの**贈り物**

a _____ from my parents

☑⑨ **ジャケット[上着]**を脱ぐ

take off my _____

☑⑩ **なべ**のスープ

the soup in the _____

☑⑪ **棚**の本

books on the _____

☑⑫ この**ホテル**の**喫茶店[カフェ]**

the _____ in this _____

☑⑬ これらのお茶の**葉**

these tea _____

☑⑭ 船の**乗客**全員

all the _____ on the ship

☑⑮ **小テスト[クイズ]**の答え

the answers to the _____

☑⑯ トランプの**手品**

a card _____

☑⑰ やわらかい**木材**

a soft _____

☑⑱ 農場の 500 頭の**牛**

500 _____ on the _____

☑⑲ 世界**遺産**

a World _____ Site

☑⑳ 大きな**誤り[間違い]**

a big _____

☑㉑ 注意深い**運転手**

a careful _____

☑㉒ **ツアー**に出かける

go on a _____

☑㉓ **目標**を設定する

set a _____

☑㉔ **メモ**する

make a _____

☑㉕ 私たちの国の**象徴**

a _____ of our country

☑㉖ **警察**に電話する[を呼ぶ]

call the _____

☑㉗ **岩**のように[と同じくらい]硬い

as hard as a _____

☑㉘ 映画についての**コメント[批評]**

a _____ on the movie

答え ① situation ② theater ③ bank ④ clerk ⑤ sightseeing ⑥ action ⑦ cooking [dish(es)] ⑧ gift ⑨ jacket ⑩ pot ⑪ shelf [shelves] ⑫ café, hotel ⑬ leaves ⑭ passengers ⑮ quiz ⑯ trick ⑰ wood ⑱ cows, farm ⑲ Heritage ⑳ mistake ㉑ driver ㉒ tour ㉓ goal ㉔ note ㉕ symbol ㉖ police ㉗ rock ㉘ comment

3 空所に英単語を書こう

❶ 日本語の意味を表す英単語を書きなさい。

☑① 手品，いたずら

_____

☑② ランタン，ちょうちん

_____

☑③ ジャケット，上着，(本の)カバー

_____

☑④ 銀行，土手

_____

☑⑤ 運転手

_____

☑⑥ 乗客

_____

☑⑦ 店員，事務員

_____

☑⑧ (文化的な)遺産

_____

☑⑨ チームメイト

_____

☑⑩ 浴室，トイレ

_____

☑⑪ 牛，雌牛

_____

☑⑫ つぼ，深なべ，ポット

_____

❷ 日本語と同じ意味を表すように，空所に英単語を書きなさい。

☑① ホテルに泊まる　　　　　　　　　stay at the _____

☑② 日の出を見る　　　　　　　　　　watch the _____

☑③ 彼女に手紙を書く　　　　　　　　write a _____ to her

☑④ 料理をする　　　　　　　　　　　do the _____

☑⑤ 森の中の散歩　　　　　　　　　　a walk in the _____

☑⑥ その問題の手がかり　　　　　　　the _____ to the problem

☑⑦ 村上春樹の小説を読む　　　　　　read a _____ by Murakami Haruki

☑⑧ コメディー俳優として活躍している　*be* active as a _____ actor

☑⑨ 芝居を見に行く　　　　　　　　　go to the _____

☑⑩ 間違える　　　　　　　　　　　　make a _____

答え **❶** ① trick　② lantern　③ jacket　④ bank　⑤ driver　⑥ passenger　⑦ clerk　⑧ heritage　⑨ teammate
　　⑩ bathroom　⑪ cow　⑫ pot
❷ ① hotel　② sunrise　③ letter　④ cooking　⑤ wood(s)　⑥ key　⑦ novel　⑧ comedy　⑨ theater
　　⑩ mistake

❸ 日本文と同じ意味を表すように，英文の空所に英単語を書きなさい。

☑① 私たちは困難な**状況**にある。　　We are in a difficult _____.

☑② 私は奈良に**観光**に行きたい。　　I'd like to go _____ in Nara.

☑③ 彼は状況を変えるために**行動**を起こした。　　He took _____ to change the situation.

☑④ 彼女は私に**贈り物**として手袋をくれた。　　She gave me gloves as a _____.

☑⑤ 私は箱を**棚**に戻した。　　I put the box back on the _____.

☑⑥ この部屋の**かぎ**を持ってきてください。　　Please bring the _____ to this room.

☑⑦ あれらの**葉**は秋に黄色や赤くなる。　　Those _____ turn yellow or red in autumn.

☑⑧ すみません，**トイレ**はどこですか。　　Excuse me, where is the _____?

☑⑨ 先生は今日の授業で**小テスト**をした。　　The teacher gave us a _____ in today's class.

☑⑩ この棚は**木**でできている。　　This shelf is made of _____.

☑⑪ 彼は大きな**果物農園**を経営している。　　He runs a large fruit _____.

☑⑫ 私は数学の小テストで何問か**間違い**をした。　　I made some _____ on the math quiz.

☑⑬ 彼らはスペインの**ツアー**に出かけた。　　They went on a _____ of Spain.

☑⑭ 私のおもな**目標**は，コンテストで優勝することだ。　　My main _____ is to win the contest.

☑⑮ 私はテーブルの上に父への**メモ**を残した。　　I left a _____ on the table for my father.

☑⑯ 富士山は私たちの国の**象徴**だ。　　Mt. Fuji is a _____ of our country.

☑⑰ その船は**岩**に乗り上げていた。　　The ship was on the _____.

☑⑱ それについて何か**コメント**はありますか。　　Do you have any _____ on that?

答え ❸ ① situation　② sightseeing　③ action　④ gift　⑤ shelf　⑥ key　⑦ leaves　⑧ bathroom [restroom]
⑨ quiz　⑩ wood　⑪ farm　⑫ mistakes　⑬ tour　⑭ goal　⑮ note　⑯ symbol　⑰ rocks
⑱ comments

STEP **46** ▷ **48** [550 ▷ 586]　　**1** 英単語を書いてつづりを確認しよう　　学習日　月　日

	単語	意味	書いてみよう		単語	意味	書いてみよう
550	**court** [kɔ́ːrt] コート	名 コート		569	**coal** [kóul] コウる	名 石炭	
551	**custom** ③ [kʌ́stəm] カスタム	名 習慣		570	**sell** ④ [sél] セる	動 を売る，売れる	
552	**engineer** ④ [èndʒəníər] エンヂニア ⑦	名 技師，エンジニア		571	**carry** ④ [kǽri] キぁり	動 を運ぶ，持ち歩く	
553	**facility** [fəsíləti] ふァスィリティ	名 施設，設備		572	**protect** ③ [prətékt] プロテクト	動 を守る，保護する	
554	**fridge** [frídʒ] ふリッヂ	名 冷蔵庫		573	**finish** ⑤ [fíniʃ] ふィニッシ	動 を終える，終わる	
555	**hallway** [hɔ́ːlwèi] ホーるウェイ	名 ①廊下 ②玄関		574	**remember** ④ [rimémbər] リメンバ	動 を覚えている，思い出す	
556	**net** [nét] ネット	名 ①網 ②〈the +〉インターネット		575	**forget** ④ [fərgét] ふォゲット	動 を忘れる	
557	**safety** ③ [séifti] セイふティ	名 安全(性)，無事		576	**agree** ③ [əgríː] アグリー	動 意見が一致する，同意する	
558	**sale** ④ [séil] セイる	名 ①販売 ②特売		577	**travel** ④ [trǽvl] トゥラぁヴる	動 (を)旅行する 名 旅行	
559	**manager** ④ [mǽnidʒər] マぁネヂャ	名 経営者，支配人		578	**die** ④ [dái] ダイ	動 死ぬ，枯れる	
560	**scene** [síːn] スィーン	名 ①(映画などの)場面 ②光景		579	**pay** ③ [péi] ペイ	動 を支払う	
561	**spot** ③ [spát] スパット	名 ①(特定の)地点，場所 ②しみ		580	**cut** ④ [kʌ́t] カット	動 を切る	
562	**chess** [tʃés] チェス	名 チェス		581	**fly** ⑤ [flái] ふらイ	動 ①飛ぶ，を飛ばす ②飛行機で行く	
563	**church** ④ [tʃə́ːrtʃ] チャ〜チ	名 教会		582	**touch** ③ [tʌ́tʃ] タッチ	動 に触れる，触る 名 接触	
564	**barrier** [bǽriər] バぁリア	名 ①防壁 ②妨げ，障壁		583	**begin** ⑤ [bigín] ビギン	動 を始める，始まる	
565	**blackboard** [blǽkbɔ̀ːrd] ブらぁックボード ⑦	名 黒板		584	**return** ③ [ritə́ːrn] リタ〜ン	動 帰る，戻る，を戻す 名 返却	
566	**furniture** [fə́ːrnitʃər] ふァ〜ニチャ	名 家具		585	**continue** ③ [kəntínjuː] コンティニュー	動 続く，を続ける	
567	**closet** [klázit] クらゼット	名 クローゼット		586	**create** ③ [kriéit] クリエイト	動 を創造する	
568	**ceiling** [síːliŋ] スィーリング	名 天井					

2 フレーズの空所に英単語を書こう

学習日 月 日

☑① テニスコート
a tennis _____

☑② 地元の習慣
the local _____

☑③ その町のスポーツ施設
sports _____ in the town

☑④ 冷蔵庫の中に
in the _____

☑⑤ 乗客の安全[無事]
the _____ of the passengers

☑⑥ その本の販売
the _____ of the book

☑⑦ ホテルの支配人
the _____ of the hotel

☑⑧ 最後の場面
the last _____

☑⑨ 私のお気に入りの場所
my favorite _____

☑⑩ チェスをする
play _____

☑⑪ 教会に行く
go to _____

☑⑫ 黒板の単語[文字]
the words on the _____

☑⑬ 新しい家具をいくつか買う
buy some new _____

☑⑭ 天井のしみ
spots on the _____

☑⑮ みやげものを売る
_____ souvenirs

☑⑯ 大きな箱を運ぶ
_____ a large box

☑⑰ これらの動物を守る
_____ these animals

☑⑱ 宿題を終える
_____ my homework

☑⑲ 彼女の誕生日を覚えている[思い出す]
_____ her birthday

☑⑳ 彼の名前を忘れる
_____ his name

☑㉑ あなたに同意する
_____ with you

☑㉒ 車で旅行する
_____ by car

☑㉓ そのツアーに 1,000 ドルを支払う
_____ $1,000 for the tour

☑㉔ 髪を切る
_____ my hair

☑㉕ 彼の手に触れる
_____ his hand

☑㉖ かぎを戻す
_____ the key

☑㉗ 勉強を続ける
_____ my study

☑㉘ 新しい世界を創造する
_____ a new world

答え ① court ② custom ③ facilities ④ fridge ⑤ safety ⑥ sale ⑦ manager ⑧ scene ⑨ spot [place]
⑩ chess ⑪ church ⑫ blackboard ⑬ furniture ⑭ ceiling ⑮ sell ⑯ carry ⑰ protect ⑱ finish
⑲ remember ⑳ forget ㉑ agree ㉒ travel ㉓ pay ㉔ cut ㉕ touch ㉖ return ㉗ continue ㉘ create

LEVEL 1
LEVEL 2
LEVEL 3
LEVEL 4
LEVEL 5

550
▽
586

69

3 空所に英単語を書こう

学習日　　月　　日

❶ 日本語の意味を表す英単語を書きなさい。

☑① 防壁，妨げ，障壁

_____

☑② 冷蔵庫

_____

☑③ 飛ぶ，を飛ばす，飛行機で行く

_____

☑④ 黒板

_____

☑⑤ 石炭

_____

☑⑥ 技師，エンジニア

_____

☑⑦ (映画などの)場面，光景

_____

☑⑧ 天井

_____

☑⑨ 教会

_____

☑⑩ に触れる，触る，接触

_____

☑⑪ 施設，設備

_____

☑⑫ クローゼット

_____

❷ 日本語と同じ意味を表すように，空所に英単語を書きなさい。

☑① インターネットで　　　　　　　　　on the _____

☑② 世界中を旅行する　　　　　　_____ around the world

☑③ 老齢で死ぬ　　　　　　　　　_____ of old age

☑④ 彼に腕時計を売る　　　　　　_____ him the watch

☑⑤ その計画に同意する　　　　　_____ to the plan

☑⑥ 窓を閉め忘れる　　　　　　　_____ to close the window

☑⑦ 忘れずに彼に電話をする　　　_____ to call him

☑⑧ それを使い続ける　　　　　　_____ to use it

☑⑨ 疲れを覚え始める　　　　　　_____ to feel tired

☑⑩ そのアイディアを実行する　　_____ out the idea

答え ❶ ① barrier　② fridge　③ fly　④ blackboard　⑤ coal　⑥ engineer　⑦ scene　⑧ ceiling　⑨ church
　　　⑩ touch　⑪ facility　⑫ closet
　　❷ ① Net [net, Internet]　② travel　③ die　④ sell　⑤ agree　⑥ forget　⑦ remember　⑧ continue
　　　⑨ begin [start]　⑩ carry

❸ 日本文と同じ意味を表すように，英文の空所に英単語を書きなさい。

☑① 卵を冷蔵庫に入れてください。 | Put the eggs in the _____.

☑② 廊下を走らないように。 | Do not run in the _____.

☑③ 私は網で魚を捕まえた。 | I caught fish with a _____.

☑④ それらの作品は売りものではない。 | Those works are not for _____.

☑⑤ 支配人とお話がしたいのですが。 | I'd like to speak to the _____.

☑⑥ 私は黒板にその答えを書いた。 | I wrote the answer on the _____.

☑⑦ 彼の部屋には家具があまりない。 | There is not much _____ in his room.

☑⑧ 天井に黒いしみが見える。 | I see a black spot on the _____.

☑⑨ 私はその店に古い漫画本を売った。 | I _____ my old comic books to the store.

☑⑩ 私は皿を洗い終わった。 | I _____ washing the dishes.

☑⑪ 私はその人たちのことを忘れない。 | I will not _____ those people.

☑⑫ 私はこれについては彼らに同意する。 | I _____ with them about this.

☑⑬ その女王は 2022 年に亡くなった。 | The queen _____ in 2022.

☑⑭ 私はそのＴシャツに 10 ドルを支払った。 | I _____ $10 for the T-shirt.

☑⑮ ペンギンがなぜ飛ぶことができないか知っていますか。 | Do you know why penguins can't _____?

☑⑯ 私は５歳のときにテニスをし始めた。 | I _____ playing tennis when I was five.

☑⑰ 彼は明日の午後カナダに帰る。 | He will _____ to Canada tomorrow afternoon.

☑⑱ その祭りは１週間続いた。 | The festival _____ for a week.

答え ❸ ① fridge　② hallway　③ net　④ sale　⑤ manager　⑥ blackboard　⑦ furniture　⑧ ceiling
⑨ sold　⑩ finished　⑪ forget　⑫ agree　⑬ died　⑭ paid　⑮ fly　⑯ began [started]　⑰ return
⑱ continued

LEVEL 1
LEVEL 2
LEVEL 3
LEVEL 4
LEVEL 5

550
▼
586

	単語	意味	書いてみよう
587	realize ③ [rí(ː)əlàiz] リ(ー)アらイズ	動 ①に気づく ②を実現する	
588	design ③ [dizáin] ディザイン	動 を設計[デザイン]する 名 デザイン, 設計	
589	produce ③ [prədjúːs] プロデュース ⑦	動 を生産する	
590	spend ④ [spénd] スペンド	動 ①(時間)を過ごす ②(お金)を使う	
591	lose ④ [lúːz] るーズ 発	動 ①を失う ②(に)負ける	
592	miss ③ [mís] ミス	動 ①がいなくてさびしく思う ②に乗り遅れる ③を見逃す	
593	climb ④ [kláim] クらイム 発	動 (に)登る	
594	foreign ③ [fɔ́ːrin] ふォーリン 発	形 外国の	
595	different ④ [dífərənt] ディふァレント	形 ①異なる ②さまざまの	
596	same ④ [séim] セイム	形 〈the +〉同じ 名 〈the +〉同じもの[こと]	
597	each ④ [íːtʃ] イーチ	形 どの〜もみな, 毎〜 代 それぞれ, みな	
598	own ④ [óun] オウン	形 自分自身の 動 を所有している	
599	young ⑤ [jʌ́ŋ] ヤング 発	形 若い, 年下の	
600	plastic ④ [plǽstik] ぷらぁスティック ⑦	形 プラスチック(製)の 名 プラスチック	
601	crowded ③ [kráudid] クラウディッド	形 混み合った	
602	junior [dʒúːnjər] ヂューニャ	形 年少の, 下級の 名 年少者	
603	elementary [èləméntəri] エれメンタリ	形 初等の, 初歩の	
604	wild ③ [wáild] ワイるド	形 野生の 名 〈the +〉野生	
605	smart ③ [smáːrt] スマート	形 りこうな, 賢い	
606	ancient ③ [éinʃənt] エインシェント	形 古代の	
607	bored [bɔ́rd] ボード	形 退屈した, うんざりした	
608	boring ③ [bɔ́ːriŋ] ボーリング	形 退屈な	
609	everyday [évridèi] エヴリデイ	形 毎日の, 日常の	
610	honest ③ [ánist] アネスト 発	形 正直な	
611	quiet ④ [kwáiət] クワイエット	形 ①静かな ②おだやかな	
612	noisy [nɔ́izi] ノイズィ	形 騒がしい	
613	sacred [séikrid] セイクリッド	形 神聖な	
614	scary [ské(ə)ri] スケ(ア)リ	形 怖い	
615	surprising ③ [sərpráiziŋ] サプライズィング	形 驚くべき	
616	lazy [léizi] れイズィ	形 怠け者の	
617	easygoing [íːzigóuiŋ] イーズィゴウイング	形 のんきな, あくせくしない	
618	number ⑤ [nʌ́mbər] ナンバ	名 ①数 ②番号	
619	hour ⑤ [áuər] アウア 発	名 ①１時間 ②時間(帯)	
620	minute ⑤ [mínit] ミニット	名 ①分 ②ちょっとの間	
621	past ③ [pǽst] パぁスト	名 過去, 昔 形 過去の 前 〜を過ぎて	
622	group ④ [grúːp] グループ	名 集団, グループ	
623	culture ③ [kʌ́ltʃər] カるチャ	名 ①文化 ②教養	

2 フレーズの空所に英単語を書こう

① 間違いに気づく
_____ my mistake

② この家を設計する
_____ this house

③ コンピューターを生産する
_____ computers

④ 彼の仕事を失う
_____ his job

⑤ 木に登る
_____ a tree

⑥ 異なる種類
_____ kinds

⑦ 彼女の自分自身の部屋
her _____ room

⑧ プラスチック(製)の食器類
_____ dishes

⑨ 混み合った店
a _____ store

⑩ 野生の動物
_____ animals

⑪ りこうな[賢い]少女
a _____ girl

⑫ 古代の世界
an _____ world

⑬ 退屈[うんざり]している
be _____

⑭ 退屈な映画
a _____ movie

⑮ 毎日の生活で
in _____ life

⑯ 正直な女性
an _____ woman

⑰ 静かな夜
a _____ night

⑱ 騒がしい通り
a _____ street

⑲ 神聖な場所
a _____ place

⑳ 怖い話
a _____ story

㉑ 驚くべき方法で
in a _____ way

㉒ のんきな人々
_____ people

㉓ 若い男性の数
the _____ of _____ men

㉔ 2時間を過ごす
_____ two _____

㉕ 5分間
for five _____

㉖ 過去のこと[もの]
a thing of the _____

㉗ 同じ集団[グループ]
the _____ _____

㉘ 外国の文化
a _____ _____

答え ① realize ② design ③ produce ④ lose ⑤ climb ⑥ different ⑦ own ⑧ plastic ⑨ crowded ⑩ wild ⑪ smart ⑫ ancient ⑬ bored ⑭ boring ⑮ everyday ⑯ honest ⑰ quiet ⑱ noisy ⑲ sacred ⑳ scary ㉑ surprising ㉒ easygoing ㉓ number, young ㉔ spend, hours ㉕ minutes ㉖ past ㉗ same, group ㉘ foreign, culture

3 空所に英単語を書こう

❶ 日本語の意味を表す英単語を書きなさい。

☑① 自分自身の, を所有している

_____

☑② 神聖な

_____

☑③ を生産する

_____

☑④ 古代の

_____

☑⑤ 異なる, さまざまの

_____

☑⑥ 若い, 年下の

_____

☑⑦ に気づく, を実現する

_____

☑⑧ 年少の, 下級の, 年少者

_____

☑⑨ 正直な

_____

☑⑩ を設計[デザイン]する, デザイン

_____

☑⑪ 文化, 教養

_____

☑⑫ (に)登る

_____

❷ 日本語と同じ意味を表すように, 空所に英単語を書きなさい。

☑① お互い　　　　　　　　　　　_____ other

☑② あなたの電話番号　　　　　　your phone _____

☑③ ビニール袋　　　　　　　　　a _____ bag

☑④ 小学校に通う　　　　　　　　go to _____ school

☑⑤ 中学校　　　　　　　　　　　a _____ high school

☑⑥ 外国語を学ぶ　　　　　　　　learn a _____ language

☑⑦ 昔は　　　　　　　　　　　　in the _____

☑⑧ その試合に負ける　　　　　　_____ the game

☑⑨ 終電に乗り遅れる　　　　　　_____ the last train

☑⑩ 何千ドルも使う　　　　　　　_____ thousands of dollars

答え ❶ ① own　② sacred　③ produce　④ ancient　⑤ different　⑥ young　⑦ realize　⑧ junior　⑨ honest
⑩ design　⑪ culture　⑫ climb
❷ ① each　② number　③ plastic　④ elementary　⑤ junior　⑥ foreign　⑦ past　⑧ lose　⑨ miss
⑩ spend [use]

❸ 日本文と同じ意味を表すように，英文の空所に英単語を書きなさい。

☑①	私はそれが大切だと気づいていなかった。	I didn't _____ that it was important.
☑②	私たちはビーチで週末を過ごした。	We _____ the weekend at the beach.
☑③	あなたが引っ越すと，とてもさびしくなります。	I'll _____ you so much when you move.
☑④	彼の考えはそのほかの人たちのとは大きく異なる。	His ideas are very _____ from the others'.
☑⑤	いとこと私は同じ学校に通っている。	My cousin and I go to the _____ school.
☑⑥	この学校のどの生徒にもコンピューターが与えられている。	_____ student in this school is given a computer.
☑⑦	母は若かったころ，俳優になりたかった。	When my mother was _____, she wanted to be an actor.
☑⑧	駅はとても混んでいた。	The station was very _____.
☑⑨	私は退屈してその部屋を出ていった。	I got _____ and left the room.
☑⑩	その映画はとても退屈だった。	The movie was really _____.
☑⑪	みなさん，静かにしてください。	Everyone, please be _____.
☑⑫	その通りはいつも騒がしい。	The street is always _____.
☑⑬	私は彼女から驚くべきことを聞いた。	I heard a _____ thing from her.
☑⑭	彼はクラスでいちばん怠け者の生徒だと思う。	I think he is the _____ student in the class.
☑⑮	妹は気さくでのんびりしている。	My sister is friendly and _____.
☑⑯	私たちはバスケットボールを2時間練習した。	We practiced basketball for two _____.
☑⑰	5分待ってもらえますか。	Can you wait five _____?
☑⑱	ファンのグループが門のところで待っていた。	A _____ of fans were waiting at the gate.

答え ❸ ① realize　② spent　③ miss　④ different　⑤ same　⑥ Each [Every]　⑦ young　⑧ crowded　⑨ bored
⑩ boring　⑪ quiet　⑫ noisy　⑬ surprising　⑭ laziest　⑮ easygoing　⑯ hours　⑰ minutes　⑱ group

	単語	意味	書いてみよう		単語	意味	書いてみよう
624	**history** 5 [hístəri] ヒスタリ	名 歴史		642	**child** 5 [tʃáild] チャイるド	名 子ども	
625	**money** 5 [mʌ́ni] マニ	名 ①お金 ②通貨		643	**century** 4 [séntʃəri] センチュリ	名 世紀, 100年	
626	**person** 4 [pə́ːrsn] パ〜スン	名 人, 個人		644	**college** 4 [kɑ́lidʒ] カれッヂ	名 (単科)大学	
627	**reason** 4 [ríːzn] リーズン	名 理由		645	**university** 4 [jùːnəvə́ːrsəti] ユーニヴァ〜スィティ	名 (総合)大学	
628	**bird** 5 [bə́ːrd] バ〜ド	名 鳥		646	**power** 4 [páuər] パウア	名 ①力 ②電力	
629	**vegetable** 4 [védʒətəbl] ヴェヂタブる	名 野菜		647	**health** 3 [hélθ] へるす	名 健康	
630	**clothes** 4 [klóuz] クろウズ 発	名 衣服		648	**field** 3 [fíːld] ふィーるド	名 畑, 野原	
631	**care** 4 [kéər] ケア	名 ①世話 ②注意 動 (を)気にする		649	**garden** 5 [gɑ́ːrdn] ガードゥン	名 庭, 庭園	
632	**company** 4 [kʌ́mpəni] カンパニ	名 会社, 企業		650	**office** 5 [ɔ́ːfis] オーふィス	名 事務所, 会社	
633	**building** [bíldiŋ] ビるディング	名 建物		651	**piece** 3 [píːs] ピース	名 部分, かけら	
634	**environment** 3 [inváirənmənt] インヴァイロンメント	名 環境		652	**ticket** 5 [tíkit] ティケット	名 切符, チケット	
635	**point** 3 [pɔ́int] ポイント	名 点, 要点, 論点		653	**price** 3 [práis] プライス	名 値段	
636	**center** 4 [séntər] センタ	名 ①中心 ②(施設の) センター		654	**sign** 3 [sáin] サイン 発	名 ①標識, 看板 ②合図	
637	**message** 3 [mésidʒ] メセッヂ	名 伝言, メッセージ		655	**season** 5 [síːzn] スィーズン	名 ①季節 ②時期	
638	**party** 5 [pɑ́ːrti] パーティ	名 パーティー		656	**holiday** 4 [hɑ́lədèi] ハリデイ	名 休日, 祝日	
639	**area** 3 [éəriə] エ(ア)リア	名 地域, 区域		657	**society** 3 [səsáiəti] ソサイアティ	名 社会	
640	**body** 5 [bɑ́di] バディ	名 体, 胴体		658	**bridge** 4 [brídʒ] ブリッヂ	名 橋	
641	**baby** 5 [béibi] ベイビ	名 赤ん坊		659	**line** 4 [láin] らイン	名 ①線 ②路線 ③列	
				660	**smartphone** 3 [smɑ́ːrtfòun] スマートふォウン	名 スマート フォン	

☑① お金を使う

spend ＿＿＿＿＿＿＿

☑② とてもいい人

a very nice ＿＿＿＿＿＿＿

☑③ あなたの答えの理由

the ＿＿＿＿＿＿＿ for your answer

☑④ 木にとまっている鳥

a ＿＿＿＿＿＿＿ in the tree

☑⑤ 新鮮な野菜を食べる

eat fresh ＿＿＿＿＿＿＿

☑⑥ 衣服を洗う

wash my ＿＿＿＿＿＿＿

☑⑦ イヌの世話をする

take ＿＿＿＿＿＿＿ of my dog

☑⑧ 地元の大会社

a large local ＿＿＿＿＿＿＿

☑⑨ 建物を設計する

design a ＿＿＿＿＿＿＿

☑⑩ 環境を守る

protect the ＿＿＿＿＿＿＿

☑⑪ 重要な点

an important ＿＿＿＿＿＿＿

☑⑫ 伝言[メッセージ]を残す

leave a ＿＿＿＿＿＿＿

☑⑬ パーティーを開く

have [hold] a ＿＿＿＿＿＿＿

☑⑭ その地域の歴史

the ＿＿＿＿＿＿＿ of the ＿＿＿＿＿＿＿

☑⑮ 体の一部

a part of the ＿＿＿＿＿＿＿

☑⑯ 眠っている赤ん坊

a sleeping ＿＿＿＿＿＿＿

☑⑰ 小さな子ども

a small ＿＿＿＿＿＿＿

☑⑱ 21世紀に

in the 21st ＿＿＿＿＿＿＿

☑⑲ 大学に通う

go to ＿＿＿＿＿＿＿

☑⑳ 自然の力

the ＿＿＿＿＿＿＿ of nature

☑㉑ 庭で遊ぶ

play in the ＿＿＿＿＿＿＿

☑㉒ 午後5時に事務所を出る

leave the ＿＿＿＿＿＿＿ at 5 p.m.

☑㉓ そのショーのチケット

a ＿＿＿＿＿＿＿ to the show

☑㉔ 高い値段で

at a high ＿＿＿＿＿＿＿

☑㉕ 私の大好きな季節

my favorite ＿＿＿＿＿＿＿

☑㉖ 社会を変える

change ＿＿＿＿＿＿＿

☑㉗ 橋をかける

build a ＿＿＿＿＿＿＿

☑㉘ スマートフォンで本を読む

read books on my ＿＿＿＿＿＿＿

LEVEL 1 / LEVEL 2 / LEVEL 3 / LEVEL 4 / LEVEL 5

6
2
4
▽
6
6
0

答え ▶ ① money　② person　③ reason　④ bird　⑤ vegetables　⑥ clothes　⑦ care　⑧ company　⑨ building
⑩ environment　⑪ point　⑫ message　⑬ party　⑭ history, area　⑮ body　⑯ baby　⑰ child　⑱ century
⑲ college [university]　⑳ power　㉑ garden　㉒ office　㉓ ticket　㉔ price　㉕ season　㉖ society
㉗ bridge　㉘ smartphone

3 空所に英単語を書こう

❶ 日本語の意味を表す英単語を書きなさい。

☑① 健康

_____

☑② 建物

_____

☑③ 休日，祝日

_____

☑④ 子ども

_____

☑⑤ 庭，庭園

_____

☑⑥ 歴史

_____

☑⑦ 切符，チケット

_____

☑⑧ (総合)大学

_____

☑⑨ (単科)大学

_____

☑⑩ 人，個人

_____

☑⑪ 橋

_____

☑⑫ 畑，野原

_____

☑⑬ 環境

_____

☑⑭ 値段

_____

☑⑮ 野菜

_____

❷ 日本語と同じ意味を表すように，空所に英単語を書きなさい。

☑① 金をもうける　　　　　　　　　make _____

☑② 会社に行く，出勤する　　　　　go to the _____

☑③ 私の体温　　　　　　　　　　　my _____ temperature

☑④ 水力によって　　　　　　　　　by water _____

☑⑤ １切れのパン　　　　　　　　　a _____ of bread

☑⑥ 並んで[列になって]待つ　　　　wait in _____

☑⑦ 着替える　　　　　　　　　　　change my _____

☑⑧ 手話を使う，手話で話す　　　　use _____ language

☑⑨ 雨季，梅雨　　　　　　　　　　the rainy _____

答え ▸ **❶** ① health　② building　③ holiday　④ child　⑤ garden　⑥ history　⑦ ticket　⑧ university　⑨ college
　　　 ⑩ person　⑪ bridge　⑫ field　⑬ environment　⑭ price　⑮ vegetable
　　　 ❷ ① money　② office　③ body　④ power　⑤ piece　⑥ line　⑦ clothes　⑧ sign　⑨ season

❸ 日本文と同じ意味を表すように，英文の空所に英単語を書きなさい。

☑① 私は昨日たくさんお金を使ってしまった。 | I spent a lot of _____ yesterday.

☑② 彼は自分の行為の理由を説明した。 | He explained the _____ for his actions.

☑③ 汚れた服を脱いで，こちらを着なさい。 | Take off your dirty _____ and put these on.

☑④ 彼女は放課後に妹の世話をしている。 | She takes _____ of her sister after school.

☑⑤ あなたの論点はわかりますが，あなたに同意はできません。 | I see your _____, but I don't agree with you.

☑⑥ 私たちの学校は町の中心にある。 | Our school is at the _____ of our town.

☑⑦ 伝言を残しますか。 | Would you like to leave a _____?

☑⑧ この地域には大規模な農場がいくつかある。 | There are some large farms in this _____.

☑⑨ その城は16世紀に建てられた。 | The castle was built in the 16th _____.

☑⑩ 彼女にはみんなを動かす力がある。 | She has the _____ to move everyone.

☑⑪ 食べすぎは健康によくない。 | Eating too much is not good for your _____.

☑⑫ 彼は今畑で作業している。 | He is working in the _____ now.

☑⑬ 母はまだ事務所にいる。 | My mother is still at her _____.

☑⑭ 私の家族は家具を2点買った。 | My family bought two _____ of furniture.

☑⑮ 店の窓の看板には「閉店」と書いてある。 | The _____ in the store window says "CLOSED."

☑⑯ 彼は今月の休日に出勤しなければならない。 | He has to go to the office on a _____ this month.

☑⑰ 私たちのそれぞれが社会の一員である。 | Each of us is a member of _____.

☑⑱ 彼女はその単語の下に線を引いた。 | She drew a _____ under the word.

答え ❸ ① money ② reason ③ clothes ④ care ⑤ point ⑥ center ⑦ message ⑧ area ⑨ century ⑩ power ⑪ health ⑫ field ⑬ office ⑭ pieces ⑮ sign ⑯ holiday ⑰ society ⑱ line

	単語	意味	書いてみよう		単語	意味	書いてみよう
661	**product** ③ [prɑ́dəkt] プラダクト	名 製品		680	**improve** ③ [imprúːv] インプルーヴ	動 ①を改善する, 上達させる ②よくなる	
662	**goods** [gúdz] グッヅ	名 商品		681	**communicate** ④ [kəmjúːnikèit] コミューニケイト ア	動 ①意思を伝える ②を伝える	
663	**item** [áitəm] アイテム	名 項目, 品目		682	**enter** ③ [éntər] エンタ	動 ①に入る ②に入学する	
664	**difference** [dífərəns] ディふァレンス	名 違い		683	**introduce** ③ [intrədʒúːs] イントゥロデュース	動 ①を紹介する ②を導入する	
665	**opinion** ③ [əpínjən] オピニョン	名 意見		684	**paint** ④ [péint] ペイント	動 を描く, を塗る 名 絵の具, ペンキ	
666	**space** ④ [spéis] スペイス	名 ①空間, 場所 ②宇宙		685	**encourage** ② [inkə́ːridʒ] インカ〜リッヂ	動 を励ます, を勇気づける	
667	**grass** ③ [grǽs] グラぁス	名 草, 芝生		686	**invite** ④ [inváit] インヴァイト	動 を招待する	
668	**yard** ④ [jɑ́ːrd] ヤード	名 庭, 中庭		687	**prepare** ④ [pripéər] プリペア	動 (を)準備[用意]する	
669	**scarf** [skɑ́ːrf] スカーふ	名 スカーフ, マフラー		688	**sit** ⑤ [sít] スィット	動 座る	
670	**belt** [bélt] べると	名 ベルト		689	**stand** ⑤ [stǽnd] スタぁンド	動 ①立つ ②をがまんする	
671	**laundry** [lɔ́ːndri] ローンドゥリ	名 ①洗濯もの ②クリーニング店		690	**pass** ④ [pǽs] パぁス	動 ①を手渡す ②(時が)過ぎる ③に合格する	
672	**talent** [tǽlənt] タぁレント	名 才能		691	**develop** ③ [divéləp] ディヴェロプ	動 ①を開発する ②を発展させる, 発展する	
673	**flashlight** [flǽʃlàit] ふらぁッシらイト	名 ①懐中電灯 ②(カメラの)フラッシュ		692	**receive** ③ [risíːv] リスィーヴ	動 を受け取る	
674	**postcard** ⑤ [póustkàːrd] ポウストカード	名 (絵)はがき		693	**cry** ④ [krái] クライ	動 ①泣く ②叫ぶ 名 叫び声	
675	**carpenter** [kɑ́ːrpəntər] カーペンタ	名 大工		694	**burn** ③ [bə́ːrn] バ〜ン	動 燃える, を燃やす 名 やけど	
676	**cartoonist** [kɑːrtúːnist] カートゥーニスト	名 漫画家		695	**spread** ③ [spréd] スプレッド	動 を広げる, 広まる	
677	**yogurt** [jóugərt] ヨウガト 発	名 ヨーグルト		696	**let** ⑤ [lét] れット	動 (人)に〜させる	
678	**mean** ④ [míːn] ミーン	動 を意味する					
679	**pick** ③ [pík] ピック	動 ①を選ぶ ②(花など)をつむ					

☑① 商品を注文する

order ＿＿＿＿＿＿＿＿＿

☑② 項目を選ぶ

choose an ＿＿＿＿＿＿＿＿＿

☑③ それらの間の違い

the ＿＿＿＿＿＿＿＿＿ between them

☑④ それについての私の意見

my ＿＿＿＿＿＿＿＿＿ about it

☑⑤ 家具のための空間[場所]

＿＿＿＿＿＿＿＿＿ for furniture

☑⑥ 庭の芝生[草]

the ＿＿＿＿＿＿＿ in the ＿＿＿＿＿＿＿

☑⑦ ベルトをしている

wear a ＿＿＿＿＿＿＿＿＿

☑⑧ 汚れた洗濯もの

dirty ＿＿＿＿＿＿＿＿＿

☑⑨ 音楽の才能

a ＿＿＿＿＿＿＿＿＿ for music

☑⑩ 懐中電灯で

with a ＿＿＿＿＿＿＿＿＿

☑⑪ 絵はがきを書く

write a ＿＿＿＿＿＿＿＿＿

☑⑫ 新鮮なフルーツヨーグルト

fresh fruit ＿＿＿＿＿＿＿＿＿

☑⑬ 「止まれ」を意味する

＿＿＿＿＿＿＿＿＿ "Stop"

☑⑭ あなたの好きな色を選ぶ

＿＿＿＿＿＿＿＿＿ your favorite color

☑⑮ 健康を改善する

＿＿＿＿＿＿＿＿＿ my health

☑⑯ 友達に意思を伝える

＿＿＿＿＿＿＿＿＿ with friends

☑⑰ 建物に入る

＿＿＿＿＿＿＿＿＿ the building

☑⑱ あなたを彼に紹介する

＿＿＿＿＿＿＿＿＿ you to him

☑⑲ 彼女を励ます[勇気づける]

＿＿＿＿＿＿＿＿＿ her

☑⑳ あなたをパーティーに招待する

＿＿＿＿＿＿＿＿＿ you to the party

☑㉑ 朝食を準備[用意]する

＿＿＿＿＿＿＿＿＿ breakfast

☑㉒ ベッド(の上)に座る

＿＿＿＿＿＿＿＿＿ on the bed

☑㉓ 岩の上に立つ

＿＿＿＿＿＿＿＿＿ on the rock

☑㉔ 彼女にメモを手渡す

＿＿＿＿＿＿＿＿＿ a note to her

☑㉕ 新製品を開発する

＿＿＿＿＿＿＿＿＿ a new ＿＿＿＿＿＿＿＿＿

☑㉖ 彼から手紙を受け取る

＿＿＿＿＿＿＿＿＿ a letter from him

☑㉗ 赤ん坊のように泣く

＿＿＿＿＿＿＿＿＿ like a baby

☑㉘ いくらか木を燃やす

＿＿＿＿＿＿＿＿＿ some wood

LEVEL 1
LEVEL 2
LEVEL 3
LEVEL 4
LEVEL 5

661
▽
696

答え▶ ① goods　② item　③ difference　④ opinion　⑤ space　⑥ grass, yard [garden]　⑦ belt　⑧ laundry
⑨ talent　⑩ flashlight　⑪ postcard　⑫ yogurt　⑬ mean　⑭ pick [choose]　⑮ improve　⑯ communicate
⑰ enter　⑱ introduce　⑲ encourage　⑳ invite　㉑ prepare　㉒ sit　㉓ stand　㉔ pass
㉕ develop, product　㉖ receive [get]　㉗ cry　㉘ burn

3 空所に英単語を書こう

❶ 日本語の意味を表す英単語を書きなさい。

☑① 大工

_____

☑② スカーフ，マフラー

_____

☑③ 製品

_____

☑④ 泣く，叫ぶ，叫び声

_____

☑⑤ 草，芝生

_____

☑⑥ を広げる，広まる

_____

☑⑦ ヨーグルト

_____

☑⑧ 商品

_____

☑⑨ に入る，に入学する

_____

☑⑩ 燃える,を燃やす,やけど

_____

☑⑪ 項目，品目

_____

☑⑫ 漫画家

_____

❷ 日本語と同じ意味を表すように，空所に英単語を書きなさい。

☑① 懐中電灯をつける

turn on a _____

☑② 洗濯をする

do the _____

☑③ 旅行の準備をする

_____ for my trip

☑④ 英語を上達させる

_____ my English

☑⑤ 時がたつ[過ぎる]につれて

as time _____

☑⑥ 彼を見ようと立ち上がる

_____ up to look at him

☑⑦ アイディアを発展させる[展開する]

_____ the idea

☑⑧ 野原で花をつむ

_____ flowers in the field

☑⑨ 帽子を拾い上げる

_____ up a cap

☑⑩ 座りましょう。

_____ _____ down.

答え ❶ ① carpenter　② scarf　③ product　④ cry　⑤ grass　⑥ spread　⑦ yogurt　⑧ goods　⑨ enter
　　⑩ burn　⑪ item　⑫ cartoonist
❷ ① flashlight　② laundry　③ prepare　④ improve　⑤ passes　⑥ stand　⑦ develop　⑧ pick　⑨ pick
　　⑩ Let's, sit

❸ 日本文と同じ意味を表すように，英文の空所に英単語を書きなさい。

	日本文	英文
☑①	私にはこの2つの方法の<u>違い</u>がわからない。	I don't know the _____ between these two ways.
☑②	それがこの本に<u>ついて</u>の私の正直な<u>意見</u>です。	That is my honest _____ of this book.
☑③	それらの箱を置く<u>場所</u>はまったくなかった。	There was no _____ for those boxes.
☑④	このあたりの<u>芝生</u>に座ってランチにしましょう。	Let's sit on the _____ around here and have lunch.
☑⑤	彼女は出かける前に<u>スカーフ</u>を巻いた。	She put on a _____ before she went out.
☑⑥	彼女は歌の<u>才能</u>がある。	She has a _____ for singing.
☑⑦	彼女はパリから私に<u>絵はがき</u>を送ってきた。	She sent me a _____ from Paris.
☑⑧	あの標識は何を<u>意味している</u>のですか。	What does that sign _____?
☑⑨	彼女は彼と話す前に慎重に<u>言葉を選んだ</u>。	She _____ her words with care before she talked to him.
☑⑩	彼らは<u>互いに</u>意思を<u>伝えあ</u>おうとした。	They tried to _____ with each other.
☑⑪	私は彼を家族に<u>紹介した</u>。	I _____ him to my family.
☑⑫	その子どもたちはこれらの花の<u>絵を描いた</u>。	The children _____ these pictures of flowers.
☑⑬	私はチームメイトに<u>励まされた</u>。	I was _____ by my teammates.
☑⑭	彼は家族とのランチに私を<u>招待してくれた</u>。	He _____ me to lunch with his family.
☑⑮	あの本を<u>とって</u>もらえる？	Can you _____ me that book?
☑⑯	私は昨日その店から電話を<u>受けた</u>。	I _____ a phone call from that store yesterday.
☑⑰	父は新聞をテーブルに<u>広げた</u>。	My father _____ a newspaper on the table.
☑⑱	私にその理由を説明<u>させて</u>ください。	_____ me explain the reason.

答え ❸ ① difference ② opinion ③ space ④ grass ⑤ scarf ⑥ talent ⑦ postcard ⑧ mean ⑨ picked [chose] ⑩ communicate ⑪ introduced ⑫ painted [drew] ⑬ encouraged ⑭ invited ⑮ pass ⑯ received [got] ⑰ spread ⑱ Let

STEP 58 ▷ 60 [697 ▷ 732]　　**1** 英単語を書いてつづりを確認しよう　学習日　月　日

	単語		意味	書いてみよう
697	**fight** [fáit] ふァイト	3	動 戦う 名 戦い	
698	**invent** [invént] インヴェント	3	動 を発明する	
699	**kill** [kíl] キる	4	動 を殺す	
700	**laugh** [lǽf] らぁふ 発	3	動 笑う	
701	**reach** [ríːtʃ] リーチ	3	動 に到着する, に届く	
702	**bad** [bǽd] バぁッド	5	形 ①悪い ②下手な	
703	**few** [fjúː] ふュー	3	形 ①⟨a +⟩少数の　②ほとんど～ない 代 ⟨a +⟩少数の人[物]	
704	**little** [lítl] リトゥる	5	形 ①小さい ②⟨a +⟩少量の　③ほとんど～ない 副 ⟨a +⟩少し	
705	**sick** [sík] スィック	4	形 病気の	
706	**able** [éibl] エイブる	3	形 (be able to ～で) ～することができる	
707	**poor** [púər] プア	4	形 ①貧しい ②下手な	
708	**rich** [rítʃ] リッチ	4	形 ①裕福な ②豊かな	
709	**ready** [rédi] レディ	4	形 用意[準備]ができて	
710	**afraid** [əfréid] あふレイド	3	形 心配して, 恐れて	
711	**several** [sévrəl] セヴラる	3	形 いくつかの	
712	**American** [əmérikən] アメリカン	5	形 アメリカ(人)の 名 アメリカ人	
713	**healthy** [hélθi] へるすィ	3	形 健康な, 健康によい	
714	**strong** [strɔ́ːŋ] ストゥローング	4	形 強い	
715	**weak** [wíːk] ウィーク	4	形 弱い	
716	**expensive** [ikspénsiv] イクスペンスィヴ	4	形 高価な	
717	**cheap** [tʃíːp] チープ	4	形 (思っていたより)安い	
718	**necessary** [nésəsèri] ネセセリ	3	形 必要な	
719	**helpful** [hélpfl] へるプふる	3	形 役に立つ	
720	**various** [véəriəs] ヴェ(ア)リアス	2	形 さまざまな	
721	**perfect** [páːrfikt] パ〜ふェクト	3	形 完ぺきな, 最適の	
722	**wrong** [rɔ́ːŋ] ローング 発	4	形 ①間違った ②(具合が)悪い	
723	**angry** [ǽŋgri] あングリ	3	形 怒った, 腹を立てて	
724	**similar** [símələr] スィミら	3	形 似た, 同じような	
725	**cultural** [kʌ́ltʃərəl] カるチュラる	3	形 文化の	
726	**toy** [tɔ́i] トイ	4	名 おもちゃ	
727	**website** [wébsàit] ウェップサイト	3	名 ウェブサイト	
728	**sky** [skái] スカイ	5	名 ⟨the +⟩空	
729	**airport** [éərpɔ̀ːrt] エアポート	4	名 空港	
730	**hometown** [hóumtáun] ホウムタウン	4	名 故郷	
731	**visitor** [vízitər] ヴィズィタ	3	名 訪問者, 観光客	
732	**trouble** [trʌ́bl] トゥラブる	3	名 困難, 問題, 面倒なこと	

☑① 彼らのために戦う
_____ for them

☑② インターネットを発明する
_____ the Internet

☑③ 人々を殺す
_____ people

☑④ 悪い[ひどい] １日
a _____ day

☑⑤ 少数の生徒たち
a _____ students

☑⑥ すてきな小さな家
a nice _____ house

☑⑦ 少量の塩
a _____ salt

☑⑧ うちの病気のイヌ
my _____ dog

☑⑨ 貧しい子どもたちを助ける
help _____ children

☑⑩ 裕福な国
a _____ country

☑⑪ いくつかのアメリカの大学
_____ _____ universities

☑⑫ 健康によい食べ物
_____ food

☑⑬ 大きくて強い男性
a big _____ man

☑⑭ 弱点[弱い点]
a _____ point

☑⑮ 高価な服
_____ clothes

☑⑯ 安い商品
_____ goods

☑⑰ さまざまな方法で
in _____ ways

☑⑱ 完ぺきな英語を話す
speak _____ English

☑⑲ 間違った答え
the _____ answer

☑⑳ 同じような製品
_____ products

☑㉑ 文化の違い
_____ differences

☑㉒ おもちゃで遊ぶ
play with a _____

☑㉓ 役に立つウェブサイト
a _____ _____

☑㉔ 空に
in the _____

☑㉕ 空港に到着する
_____ the _____

☑㉖ 故郷に戻る
return to my _____

☑㉗ 海外からの訪問者
a _____ from abroad

☑㉘ 多くの困難[問題]
a lot of _____

LEVEL 1
LEVEL 2
LEVEL 3
LEVEL 4
LEVEL 5

697 ▽ 732

答え ① fight　② invent　③ kill　④ bad　⑤ few　⑥ little [small]　⑦ little　⑧ sick　⑨ poor　⑩ rich
⑪ several [some], American　⑫ healthy　⑬ strong　⑭ weak　⑮ expensive　⑯ cheap　⑰ various [different]
⑱ perfect　⑲ wrong　⑳ similar　㉑ cultural　㉒ toy　㉓ helpful [useful], website [site]　㉔ sky
㉕ reach, airport　㉖ hometown　㉗ visitor　㉘ trouble

3 空所に英単語を書こう

❶ 日本語の意味を表す英単語を書きなさい。

☑① 間違った，（具合が）悪い

_____

☑② さまざまな

_____

☑③ 貧しい，下手な

_____

☑④ 困難, 問題, 面倒なこと

_____

☑⑤ 心配して，恐れて

_____

☑⑥ 文化の

_____

☑⑦ 戦う，戦い

_____

☑⑧ 必要な

_____

☑⑨ 弱い

_____

☑⑩ 健康な，健康によい

_____

☑⑪ 高価な

_____

☑⑫ 訪問者，観光客

_____

☑⑬ 完ぺきな，最適の

_____

☑⑭ を発明する

_____

☑⑮ 空

_____

❷ 日本語と同じ意味を表すように，空所に英単語を書きなさい。

☑① 病気になる   get _____

☑② 私のことを笑う   _____ at me

☑③ 昼食の用意[準備]ができている be _____ for lunch

☑④ それを守ることができる   be _____ to protect it

☑⑤ 彼に腹を立てる   get _____ with him

☑⑥ 料理が不得意だ   be _____ at cooking

☑⑦ ほとんど時間がない   have _____ time

☑⑧ ほとんど問題がない   have _____ problems

☑⑨ それはお気の毒です。   That's too _____.

❸ 日本文と同じ意味を表すように，英文の空所に英単語を書きなさい。

☑① 何百万人もの人々がその戦争で殺された。 | Millions of people were ＿＿＿＿＿ in that war.

☑② あなたによい知らせと悪い知らせがあります。 | I have some good news and ＿＿＿＿＿ news for you.

☑③ いくつか質問をしてもよろしいでしょうか。 | May I ask you a ＿＿＿＿＿ questions?

☑④ 私たちは将来，宇宙旅行をすることができるだろう。 | We will be ＿＿＿＿＿ to travel in space in the future.

☑⑤ 彼女の家族は裕福だが，彼女は幸せそうに見えない。 | Her family is ＿＿＿＿＿, but she doesn't look happy.

☑⑥ 私たちはあと3分で準備できます。 | We'll be ＿＿＿＿＿ in three minutes.

☑⑦ あなたは何も恐れる必要はありません。 | You don't have to be ＿＿＿＿＿ of anything.

☑⑧ 私は昨年あの映画を何度か見た。 | I saw that movie ＿＿＿＿＿ times last year.

☑⑨ 風が強くなってきた。 | The wind is getting ＿＿＿＿＿.

☑⑩ 私は視力が弱いので，あの標識がよく見えない。 | I can't see that sign well because I have ＿＿＿＿＿ eyes.

☑⑪ 私は安いチケットを手に入れることができた。 | I was able to get a ＿＿＿＿＿ ticket.

☑⑫ 私たちは今すぐにそれを始める必要がある。 | It is ＿＿＿＿＿ for us to start it right now.

☑⑬ この本はあなたの役に立つでしょう。 | This book will be ＿＿＿＿＿ to you.

☑⑭ 私は昨日，間違った電車に乗った。 | I took the ＿＿＿＿＿ train yesterday.

☑⑮ 彼は彼女の言葉に腹を立てた。 | He got ＿＿＿＿＿ at her words.

☑⑯ 彼の自転車は私のものと似ている。 | His bicycle is ＿＿＿＿＿ to mine.

☑⑰ そのウェブサイトでより多くの写真が見つかります。 | You can find more pictures on the ＿＿＿＿＿.

☑⑱ 彼は友人たちとのことで問題を抱えている。 | He's having ＿＿＿＿＿ with his friends.

答え ❸ ① killed　② bad　③ few　④ able　⑤ rich　⑥ ready　⑦ afraid　⑧ several　⑨ stronger　⑩ weak　⑪ cheap　⑫ necessary　⑬ helpful [useful]　⑭ wrong　⑮ angry　⑯ similar　⑰ website [site]　⑱ trouble

	単語		意味	書いてみよう
733	**poster** [póustə*r*] ポウスタ	5	名 ポスター	
734	**trash** [trǽʃ] トゥラ ぁッシ	3	名 ごみ，くず	
735	**boat** [bóut] ボウト	5	名 ①ボート，小舟 ②船	
736	**side** [sáid] サイド	5	名 ①側 ②側面	
737	**fact** [fǽkt] ふぁクト	3	名 事実	
738	**magazine** [mǽɡəzìːn] マ ぁガズィーン	5	名 雑誌	
739	**photo** [fóutou] ふォウトウ	5	名 写真	
740	**air** [éə*r*] エア	5	名 ①空気 ②〈the +〉空中	
741	**island** [áilənd] アイらンド 発	3	名 島	
742	**ocean** [óuʃn] オウシャン	4	名 海，大洋	
743	**forest** [fɔ́ːrist] ふォーレスト	3	名 森	
744	**hole** [hóul] ホウる	3	名 穴	
745	**earthquake** [ə́ː*r*θkwèik] ア～すクウェイク	3	名 地震	
746	**government** [ɡʌ́və*r*nmənt] ガヴァ(ン)メント	4	名 政府	
747	**percent** [pə*r*sént] パセント	4	名 パーセント	
748	**corner** [kɔ́ː*r*nər] コーナ	4	名 角，すみ	
749	**character** [kǽriktə*r*] キ ぁラクタ	3	名 ①登場人物 ②性格	
750	**solution** [səlúːʃn] ソるーシャン		名 解決(策)	

	単語		意味	書いてみよう
751	**topic** [tápik] タピック	3	名 話題，トピック	
752	**textbook** [tékstbùk] テクストブック	5	名 教科書	
753	**grade** [ɡréid] グレイド	4	名 ①学年 ②成績	
754	**drill** [dríl] ドゥリる		名 ①訓練，ドリル ②きり	
755	**war** [wɔ́ː*r*] ウォーア 発	4	名 戦争	
756	**bomb** [bám] バム 発		名 爆弾	
757	**arm** [áː*r*m] アーム	4	名 腕	
758	**metal** [métl] メトゥる	4	名 金属	
759	**match** [mǽtʃ] マ ぁッチ	準2	名 ①試合 ②マッチ(棒)	
760	**wind** [wínd] ウィンド	5	名 風	
761	**Christmas** [krísməs] クリスマス	5	名 クリスマス	
762	**meat** [míːt] ミート	4	名 肉	
763	**peace** [píːs] ピース	3	名 平和	
764	**athlete** [ǽθliːt] あすリート ア	3	名 運動選手	
765	**movement** [múːvmənt] ムーヴメント		名 ①動き ②(社会的)運動	
766	**moment** [móumənt] モウメント	4	名 瞬間，ちょっとの間	
767	**uniform** [júːnəfɔ̀ː*r*m] ユーニふォーム	4	名 制服，ユニフォーム	
768	**bench** [béntʃ] ベンチ		名 ベンチ	

☑① コンサート(のため)のポスター

a ＿＿＿＿＿＿＿＿ for the concert

☑② ごみを出す

take out the ＿＿＿＿＿＿＿＿

☑③ こちら側に

on this ＿＿＿＿＿＿＿＿

☑④ 興味深い事実

an interesting ＿＿＿＿＿＿＿＿

☑⑤ 雑誌を読む

read a ＿＿＿＿＿＿＿＿

☑⑥ 写真を撮る

take a ＿＿＿＿＿＿＿＿

☑⑦ 新鮮な空気

fresh ＿＿＿＿＿＿＿＿

☑⑧ 海で泳ぐ

swim in the ＿＿＿＿＿＿＿＿

☑⑨ 森の中を歩く

walk in the ＿＿＿＿＿＿＿＿

☑⑩ 壁の穴

a ＿＿＿＿＿＿＿＿ in the wall

☑⑪ 強い地震

a strong ＿＿＿＿＿＿＿＿

☑⑫ いくつかの外国政府

several foreign ＿＿＿＿＿＿＿＿

☑⑬ クラスの20パーセント

20 ＿＿＿＿＿＿＿＿ of the class

☑⑭ 最初の角に[で，を]

at the first ＿＿＿＿＿＿＿＿

☑⑮ その小説の登場人物

a ＿＿＿＿＿＿＿＿ in the novel

☑⑯ その問題の解決策

a ＿＿＿＿＿＿＿＿ to the problem

☑⑰ おもな話題[トピック]

the main ＿＿＿＿＿＿＿＿

☑⑱ 歴史の教科書

a history ＿＿＿＿＿＿＿＿

☑⑲ 防火訓練

a fire ＿＿＿＿＿＿＿＿

☑⑳ 戦争に勝つ[負ける]

win [lose] the ＿＿＿＿＿＿＿＿

☑㉑ 箱を両腕に抱える

carry a box in my ＿＿＿＿＿＿＿＿

☑㉒ ボクシングの試合

a boxing ＿＿＿＿＿＿＿＿

☑㉓ 強い風，強風

a strong ＿＿＿＿＿＿＿＿

☑㉔ クリスマスに

at ＿＿＿＿＿＿＿＿ (time)

☑㉕ 1切れの肉

a piece of ＿＿＿＿＿＿＿＿

☑㉖ 平和に

in ＿＿＿＿＿＿＿＿

☑㉗ 学校の制服

a school ＿＿＿＿＿＿＿＿

☑㉘ 公園のベンチに座る

sit on a park ＿＿＿＿＿＿＿＿

LEVEL 1 LEVEL 2 LEVEL 3 LEVEL 4 LEVEL 5

733 ▽ 768

答え ① poster ② trash [garbage] ③ side ④ fact ⑤ magazine ⑥ photo [picture] ⑦ air ⑧ ocean [sea]
⑨ forest [wood(s)] ⑩ hole ⑪ earthquake ⑫ governments ⑬ percent ⑭ corner ⑮ character
⑯ solution ⑰ topic ⑱ textbook ⑲ drill ⑳ war ㉑ arms ㉒ match ㉓ wind ㉔ Christmas
㉕ meat ㉖ peace ㉗ uniform ㉘ bench

3 空所に英単語を書こう

❶ 日本語の意味を表す英単語を書きなさい。

☑① 森

☑② 爆弾

☑③ クリスマス

☑④ 試合，マッチ(棒)

☑⑤ 動き，(社会的)運動

☑⑥ 政府

☑⑦ 訓練，ドリル，きり

☑⑧ 島

☑⑨ ベンチ

☑⑩ ポスター

☑⑪ 風

☑⑫ 平和

☑⑬ 制服，ユニフォーム

☑⑭ 運動選手

☑⑮ 教科書

❷ 日本語と同じ意味を表すように，空所に英単語を書きなさい。

☑① 雑誌を定期購読する　　take a _____

☑② 空中で　　in the _____

☑③ ボートで川を下る　　go down the river in a _____

☑④ よい成績をとる　　get a good _____

☑⑤ ちょっとの間　　for a _____

☑⑥ 主人公，主役　　the main _____

☑⑦ 第二次世界大戦　　World _____ II

☑⑧ 実際は，実は　　in _____

☑⑨ 東日本大震災　　the Great East Japan _____

答え **❶** ① forest [wood(s)] ② bomb ③ Christmas ④ match ⑤ movement ⑥ government ⑦ drill ⑧ island ⑨ bench ⑩ poster ⑪ wind ⑫ peace ⑬ uniform ⑭ athlete ⑮ textbook
❷ ① magazine ② air ③ boat ④ grade ⑤ moment [minute] ⑥ character ⑦ War ⑧ fact ⑨ Earthquake

❸ 日本文と同じ意味を表すように，英文の空所に英単語を書きなさい。

☑①	父は毎週月曜日の朝に<u>ごみ</u>出しをする。	My father takes out the ＿＿＿＿ on Monday mornings.
☑②	湖にはたくさんの<u>ボート</u>が浮かんでいた。	There were many ＿＿＿＿ on the lake.
☑③	その事務所は銀行の<u>反対側</u>に見つかりますよ。	You can find the office on the other ＿＿＿＿ of the bank.
☑④	彼女は<u>写真</u>を撮るのが上手だ。	She is good at taking ＿＿＿＿.
☑⑤	窓を開けると，冷たい<u>空気</u>が入ってきた。	When I opened the window, cold ＿＿＿＿ came in.
☑⑥	私は沖縄の<u>ある島で</u> 3 日間過ごす予定だ。	I'm going to spend three days on an ＿＿＿＿ in Okinawa.
☑⑦	<u>海</u>では多くの人が船で釣りをしていた。	Many people were fishing in boats on the ＿＿＿＿.
☑⑧	私は靴の片方に<u>穴</u>が開いているのを見つけた。	I found a ＿＿＿＿ in one of my shoes.
☑⑨	昨晩大きな<u>地震</u>があった。	There was a big ＿＿＿＿ last night.
☑⑩	<u>クラス</u>の約 90 <u>パーセント</u>が試験に合格した。	About 90 ＿＿＿＿ of the class passed the test.
☑⑪	<u>次の角</u>を左に曲がってください。	Turn left at the next ＿＿＿＿.
☑⑫	私たちはその問題のよい<u>解決策</u>を見つけた。	We found a good ＿＿＿＿ to that problem.
☑⑬	彼は彼女の話の<u>話題</u>を変えようとしていた。	He was trying to change the ＿＿＿＿ of her speech.
☑⑭	彼女の弟は 6 <u>年生</u>だ。	Her brother is in the sixth ＿＿＿＿.
☑⑮	彼女は<u>両腕</u>にイヌを抱えていた。	She had a dog in her ＿＿＿＿.
☑⑯	これらのおもちゃは<u>金属製</u>だ。	These toys are made of ＿＿＿＿.
☑⑰	まず<u>肉</u>の片面によく火を通してください。	First, cook one side of the ＿＿＿＿ well.
☑⑱	準備するのに少し<u>時間</u>をくれませんか。	Can you give me a few ＿＿＿＿ to get ready?

LEVEL 1
LEVEL 2
LEVEL 3
LEVEL 4
LEVEL 5

733
▼
768

答え ❸ ① trash [garbage]　② boats　③ side　④ photos [pictures]　⑤ air　⑥ island　⑦ ocean [sea]　⑧ hole
⑨ earthquake　⑩ percent　⑪ corner　⑫ solution　⑬ topic　⑭ grade　⑮ arms　⑯ metal　⑰ meat
⑱ moments

1 英単語を書いてつづりを確認しよう　学習日　月　日

	単語		意味	書いてみよう
769	**pleasure** [pléʒər] プれジャ	3	名 ①楽しみ，喜び ②楽しいこと	
770	**speaker** [spíːkər] スピーカ	3	名 話す人，演説者	
771	**tower** [táuər] タウア	4	名 塔	
772	**glass** [glǽs] グらぁス	5	名 ①ガラス ②コップ	
773	**pocket** [pákit] パケット	5	名 ポケット	
774	**wish** [wíʃ] ウィッシ	3	動 ①を願う ②であればと思う 名 願い	
775	**count** [káunt] カウント	3	動 (を)数える 名 数えること	
776	**gather** [gǽðər] ギぁざ	3	動 を集める，集まる	
777	**wrap** [rǽp] ラぁップ 発	3	動 を包む	
778	**drop** [dráp] ドゥラップ	4	動 落ちる，を落とす 名 しずく	
779	**appear** [əpíər] アピア	3	動 現れる	
780	**wake** [wéik] ウェイク	4	動 目を覚ます，を起こす	
781	**rise** [ráiz] ライズ	3	動 ①昇る ②上がる	
782	**deliver** [dilívər] デリヴァ	3	動 (を)配達する	
783	**fold** [fóuld] ふォウるド		動 (を)折る，折りたたむ	
784	**hang** [hǽŋ] ハぁング	4	動 を掛ける，つるす	
785	**pray** [préi] プレイ		動 祈る	
786	**recommend** [rèkəménd] レコメンド		動 を勧める	
787	**translate** [trænsléit] トゥラぁンスれイト		動 (を)翻訳する	

	単語		意味	書いてみよう
788	**today** [tədéi] トゥデイ	5	副 ①今日(は) ②現在(では) 名 今日	
789	**off** [ɔ́ːf] オーふ	5	副 ①離れて ②(機器などが)止まって 前 〜から離れて	
790	**only** [óunli] オウンリ 発	5	副 ただ〜だけ，ほんの〜 形 唯一の	
791	**late** [léit] れイト	5	副 遅く 形 遅い，遅れた	
792	**so** [sóu] ソウ	5	副 ①そんなに ②とても 接 それで，だから	
793	**well** [wél] ウェる	5	副 上手に，よく 形 健康で 間 ①ええと ②さて	
794	**again** [əgén] アゲン	5	副 もう1度，再び	
795	**however** [hauévər] ハウエヴァ	3	副 しかしながら	
796	**never** [névər] ネヴァ	4	副 ①〜したことが(1度も)ない ②決して〜しない	
797	**even** [íːvn] イーヴン	4	副 ①〜でさえ ②いっそう	
798	**finally** [fáinəli] ふァイナリ	4	副 ①ついに，ようやく ②最後に	
799	**quickly** [kwíkli] クウィックリ	4	副 すばやく，すぐに	
800	**fast** [fǽst] ふぁスト	5	副 速く 形 速い	
801	**already** [ɔ́ːlrédi] オーるレディ	4	副 もう，すでに	
802	**ever** [évər] エヴァ	3	副 これまでに	
803	**hint** [hínt] ヒント		名 ヒント，暗示	

☑① 楽しみのために

for ＿＿＿＿＿＿＿＿

☑② 英語を話す人

an English ＿＿＿＿＿＿＿＿

☑③ テレビ塔

a TV ＿＿＿＿＿＿＿＿

☑④ 一片のガラス

a piece of ＿＿＿＿＿＿＿＿

☑⑤ シャツのポケット

a shirt ＿＿＿＿＿＿＿＿

☑⑥ 空の星を数える

＿＿＿＿＿＿＿＿ the stars in the sky

☑⑦ 彼のまわりに集まる

＿＿＿＿＿＿＿＿ around him

☑⑧ タオルで髪を包む

＿＿＿＿＿＿＿＿ my hair in a towel

☑⑨ コップを落とす

＿＿＿＿＿＿＿＿ a ＿＿＿＿＿＿＿＿

☑⑩ 早く目を覚ます[起きる]

＿＿＿＿＿＿＿＿ up early

☑⑪ その商品を配達する

＿＿＿＿＿＿＿＿ the goods

☑⑫ ランタンをつるす

＿＿＿＿＿＿＿＿ the lantern

☑⑬ 平和を祈る

＿＿＿＿＿＿＿＿ for peace

☑⑭ そのカフェを勧める

＿＿＿＿＿＿＿＿ the café

☑⑮ 日本語を英語に翻訳する

＿＿＿＿＿＿＿＿ Japanese into English

☑⑯ 今日は宿題がある

have homework ＿＿＿＿＿＿＿＿

☑⑰ ほんの少数の人々

＿＿＿＿＿＿＿＿ a few people

☑⑱ 唯一の方法

the ＿＿＿＿＿＿＿＿ way

☑⑲ そんなに遅く来る

come ＿＿＿＿＿＿＿＿ ＿＿＿＿＿＿＿＿

☑⑳ よく眠る

sleep ＿＿＿＿＿＿＿＿

☑㉑ 彼女にもう1度電話する

call her ＿＿＿＿＿＿＿＿

☑㉒ 彼に会ったことが1度もない

have ＿＿＿＿＿＿＿＿ seen him

☑㉓ 子どもでさえ

＿＿＿＿＿＿＿＿ a child

☑㉔ ついに[ようやく]到着した

＿＿＿＿＿＿＿＿ arrived

☑㉕ すばやく[すぐに]広まる

spread ＿＿＿＿＿＿＿＿

☑㉖ 速く走る

run ＿＿＿＿＿＿＿＿

☑㉗ もう[すでに]始まっている

have ＿＿＿＿＿＿＿＿ started

☑㉘ そのクイズに関するヒント

a ＿＿＿＿＿＿＿＿ about the quiz

LEVEL 1
LEVEL 2
LEVEL 3
LEVEL 4
LEVEL 5

769
▼
803

答え ▶ ① pleasure　② speaker　③ tower　④ glass　⑤ pocket　⑥ count　⑦ gather　⑧ wrap　⑨ drop, glass
⑩ wake　⑪ deliver　⑫ hang　⑬ pray　⑭ recommend　⑮ translate　⑯ today　⑰ only　⑱ only
⑲ so, late　⑳ well　㉑ again　㉒ never　㉓ even　㉔ finally　㉕ quickly　㉖ fast　㉗ already　㉘ hint

3 空所に英単語を書こう

❶ 日本語の意味を表す英単語を書きなさい。

☑① もう，すでに

_____

☑② 塔

_____

☑③ これまでに

_____

☑④ しかしながら

_____

☑⑤ すばやく，すぐに

_____

☑⑥ 祈る

_____

☑⑦ (〜から)離れて,(機器などが)止まって

_____

☑⑧ 現れる

_____

☑⑨ 上手に, よく, 健康で, ええと

_____

☑⑩ 話す人，演説者

_____

☑⑪ を願う,であればと思う,願い

_____

☑⑫ ヒント，暗示

_____

☑⑬ 〜でさえ，いっそう

_____

☑⑭ を集める，集まる

_____

☑⑮ ついに,ようやく,最後に

_____

❷ 日本語と同じ意味を表すように，空所に英単語を書きなさい。

☑① 遅い昼食

a _____ lunch

☑② 何度も何度も

_____ and _____

☑③ コップ1杯の水

a _____ of water

☑④ 私の楽しみの1つ

one of my _____

☑⑤ 私を起こす

_____ me up

☑⑥ 紙を2つに折る

_____ the paper in two

☑⑦ 秒読みする

_____ down

☑⑧ 元気になる

get _____

☑⑨ アメリカに行ったことが1度もない

have _____ been to America

❸ 日本文と同じ意味を表すように，英文の空所に英単語を書きなさい。

☑①	これらの**ガラス**の破片を触ってはいけません。	Don't touch these <u>pieces</u> <u>of</u> _____.
☑②	彼女はスマートフォンを**ポケット**に入れた。	She put her smartphone in her _____.
☑③	彼女はあなたのご協力すべて**に感謝したいと思っています**。	She _____ to <u>thank</u> <u>you</u> for all your help.
☑④	店員は紙でそれらのグラス**を包んだ**。	The clerk _____ those glasses <u>in</u> paper.
☑⑤	すみません，何か**落としました**よ。	Excuse me, you _____ something.
☑⑥	雨がやんで虹が**現れた**。	The rain stopped and a rainbow _____.
☑⑦	太陽が山の上から**昇った**。	The sun _____ over the mountain.
☑⑧	その手紙は昨日事務所**に配達された**。	The letter <u>was</u> _____ to the office yesterday.
☑⑨	彼はジャケットをクローゼット**に掛けた**。	He _____ his jacket <u>in</u> the closet.
☑⑩	私はその本**を**クラスメートたち**に勧めた**。	I _____ the book to my classmates.
☑⑪	彼女は英語のEメール**を**日本語**に翻訳した**。	She _____ the English e-mail <u>into</u> Japanese.
☑⑫	私は**今日は**医者に行かなくてはいけない。	I have to go to the doctor _____.
☑⑬	その部屋は電気が**消えていた**。	The lights <u>were</u> _____ in that room.
☑⑭	このレストランは**ほんの**3日前に開店したばかりだ。	This restaurant opened _____ three days ago.
☑⑮	どうか**そんなに**怒らないで。	Please don't be _____ angry.
☑⑯	それが唯一の方法だった。**しかし**，うまくいかなかった。	That was the only way. _____, it didn't go well.
☑⑰	彼女は兄**より速く**泳ぐことができる。	She can swim _____ <u>than</u> her brother.
☑⑱	**これまでに**彼の歌を聞いたことがありますか。	Have you _____ listened to his songs?

答え ❸ ① glass ② pocket ③ wishes [wants] ④ wrapped ⑤ dropped ⑥ appeared ⑦ rose ⑧ delivered ⑨ hung ⑩ recommended ⑪ translated ⑫ today ⑬ off ⑭ only ⑮ so ⑯ However ⑰ faster ⑱ ever

単語	意味	書いてみよう	単語	意味	書いてみよう
804 **blog** [blɔ́:g] ブラーグ	名 ブログ		820 **fire** 4 [fáiər] ふァイア	名 ①火 ②火事	
805 **report** 4 [ripɔ́:rt] リポート	名 ①報告(書), レポート ②報道 動 を報告する		821 **result** 3 [rizʌ́lt] リザるト	名 結果 動 〈＋in〉という結果になる	
806 **dream** 4 [drí:m] ドゥリーム	名 夢 動 夢を見る		822 **rule** 3 [rú:l] ルーる	名 規則 動 を支配する	
807 **mirror** [mírər] ミラ	名 鏡		823 **half** 4 [hǽf] ハぁふ	名 半分 形 半分の	
808 **step** 4 [stép] ステップ	名 ①段階, 一歩 ②歩み ③段, 階段		824 **human** 3 [hjú:mən] ヒューマン	名 人間 形 人間の, 人間的な	
809 **stair** [stéər] ステア	名 〈複数形で〉階段		825 **Chinese** 3 [tʃàiní:z] チャイニーズ	名 中国人, 中国語 形 中国(人)の, 中国語の	
810 **end** 4 [énd] エンド	名 終わり, 最後 動 終わる, を終える		826 **east** 4 [í:st] イースト	名 〈the＋〉東, 東部 形 東の 副 東へ	
811 **crossing** [krɔ́:siŋ] クロースィング	名 交差点, 横断歩道, 踏切		827 **mark** 3 [má:rk] マーク	名 ①印 ②点数 動 に印をつける	
812 **seafood** [sí:fù:d] スィーふード	名 シーフード, 海産物		828 **present** 5 [préznt] プレズント ⑦	名 プレゼント 形 現在の	
813 **crane** [kréin] クレイン	名 ①ツル ②クレーン		829 **lot** 5 [lát] らット	名 たくさん	
814 **dancer** 4 [dǽnsər] ダぁンサ	名 ダンサー, 踊る人		830 **paper** 4 [péipər] ペイパ	名 ①紙 ②新聞	
815 **age** 5 [éidʒ] エイヂ	名 ①年齢 ②時代		831 **guest** [gést] ゲスト	名 客	
816 **middle** 3 [mídl] ミドゥる	名 〈the＋〉真ん中, 中央, 中間 形 真ん中の, 中間の		832 **wheelchair** 3 [hwí:ltʃèər] (ホ)ウィーるチェア ⑦	名 車いす	
817 **information** 4 [ìnfərméiʃn] インふォメイシャン	名 情報		833 **hand** 5 [hǽnd] ハぁンド	名 手 動 を手渡す	
818 **news** 5 [njú:z] ニューズ 発	名 ニュース, 知らせ		834 **bell** 4 [bél] べる	名 ベル(の音), 鐘(の音)	
819 **rest** 3 [rést] レスト	名 休息 動 休む		835 **apron** [éiprən] エイプロン 発	名 エプロン	
			836 **coat** 4 [kóut] コウト	名 コート	

① スポーツに関する**ブログ**

a ＿＿＿＿＿＿＿ about sports

② その研究に関する**報告(書)[レポート]**

a ＿＿＿＿＿＿＿ on the study

③ あなたの**夢を見る**

have a ＿＿＿＿＿＿＿ about you

④ 次の**段階**

the next ＿＿＿＿＿＿＿

⑤ **階段**を上る

climb [go up] the ＿＿＿＿＿＿＿

⑥ 3 月の**終わりに**

at the ＿＿＿＿＿＿＿ of March

⑦ 地元の**海産物[シーフード]**

the local ＿＿＿＿＿＿＿

⑧ 彼と同じ**年齢**

the same ＿＿＿＿＿＿＿ as him

⑨ **交差点**の**真ん中[中央]**に

in the ＿＿＿＿＿＿ of the ＿＿＿＿＿＿

⑩ その製品の**情報**

＿＿＿＿＿＿＿ about the product

⑪ **ニュース[知らせ]**を聞く

hear the ＿＿＿＿＿＿＿

⑫ 少し**休息をとる[休む]**

get some ＿＿＿＿＿＿＿

⑬ **火**をおこす

make a ＿＿＿＿＿＿＿

⑭ その試合の**結果**

the ＿＿＿＿＿＿＿ of the match

⑮ **規則**を守る

follow a ＿＿＿＿＿＿＿

⑯ **スタッフ**の半分

＿＿＿＿＿＿＿ of the staff

⑰ **人間**と動物

＿＿＿＿＿＿＿ and animals

⑱ **中国語**を学ぶ

learn ＿＿＿＿＿＿＿

⑲ **東[東部]**に

in the ＿＿＿＿＿＿＿

⑳ **印**をつける

make a ＿＿＿＿＿＿＿

㉑ あなたへの**プレゼント**

a ＿＿＿＿＿＿＿ for you

㉒ たくさんの**ツル**

a ＿＿＿＿＿＿＿ of ＿＿＿＿＿＿＿

㉓ 1 枚の**紙**

a piece of ＿＿＿＿＿＿＿

㉔ 100 人の**客**を招待する

invite 100 ＿＿＿＿＿＿＿

㉕ **車いす**で

in a ＿＿＿＿＿＿＿

㉖ **ベル[鐘]**を鳴らす

ring a ＿＿＿＿＿＿＿

㉗ **エプロン**をつける

put on an ＿＿＿＿＿＿＿

㉘ **コート**を掛ける

hang a ＿＿＿＿＿＿＿

答え ① blog ② report ③ dream ④ step ⑤ stairs ⑥ end ⑦ seafood ⑧ age ⑨ middle, crossing ⑩ information ⑪ news ⑫ rest ⑬ fire ⑭ result(s) ⑮ rule ⑯ half ⑰ humans ⑱ Chinese ⑲ east ⑳ mark ㉑ present ㉒ lot, cranes ㉓ paper ㉔ guests ㉕ wheelchair ㉖ bell ㉗ apron ㉘ coat

LEVEL 1 LEVEL 2 LEVEL 3 LEVEL 4 LEVEL 5

804 ▽ 836

❶ 日本語の意味を表す英単語を書きなさい。

☑① ニュース，知らせ

_____

☑② 印，点数，に印をつける

_____

☑③ 規則，を支配する

_____

☑④ 車いす

_____

☑⑤ 鏡

_____

☑⑥ 紙，新聞

_____

☑⑦ プレゼント，現在の

_____

☑⑧ (衣類の)コート

_____

☑⑨ 手，を手渡す

_____

☑⑩ 火，火事

_____

☑⑪ 客

_____

☑⑫ ベル(の音)，鐘(の音)

_____

❷ 日本語と同じ意味を表すように，空所に英単語を書きなさい。

☑① 一休みする　　　　　　　　　　take a _____

☑② 半年[半分の年]　　　　　　　　_____ a year

☑③ 人体の動き　　　　　　　　　　the movement of _____ body

☑④ 折り鶴の折り方　　　　　　　　how to fold a paper _____

☑⑤ 6月の中ごろに　　　　　　　　in the _____ of June

☑⑥ 結果として　　　　　　　　　　as a _____

☑⑦ 感想文を書く　　　　　　　　　write a book _____

☑⑧ 踊りがうまい　　　　　　　　　*be* a good _____

☑⑨ 新しい時代　　　　　　　　　　a new _____

☑⑩ 他方では　　　　　　　　　　　on the other _____

答え ❶ ① news　② mark　③ rule　④ wheelchair　⑤ mirror　⑥ paper　⑦ present　⑧ coat　⑨ hand　⑩ fire
⑪ guest　⑫ bell
❷ ① rest　② half　③ human　④ crane　⑤ middle　⑥ result　⑦ report　⑧ dancer　⑨ age　⑩ hand

❸ 日本文と同じ意味を表すように，英文の空所に英単語を書きなさい。

☑① 私は趣味に関する**ブログ**を書いている。 | I write a _____ about my hobbies.

☑② 彼は新製品に関する**報告書**を書き終えた。 | He finished writing a _____ on the new product.

☑③ 私の**夢**は科学者になることだ。 | My _____ is to be a scientist.

☑④ うちのネコは**鏡**に映った自分の姿を見ていた。 | My cat was looking at himself in the _____.

☑⑤ それが戦争を止める最初の**一歩**となった。 | That was the first _____ to stop the war.

☑⑥ 彼らは１年の**終わり**はいつも忙しい。 | They are always busy at the _____ of the year.

☑⑦ 次の**交差点**を右に曲がってください。 | Turn right at the next _____.

☑⑧ その町は**海産物**で有名だ。 | That town is famous for its _____.

☑⑨ 彼は 22 **歳**のときに教師になった。 | He became a teacher at the _____ of 22.

☑⑩ 公園の**真ん中**に小さなベンチがある。 | There is a small bench in the _____ of the park.

☑⑪ 私はその大学についての**情報**が必要だ。 | I need some _____ about the university.

☑⑫ これはみんなの懸命な努力の**結果**だ。 | This is the _____ of everyone's hard work.

☑⑬ あなたはラグビーの**ルール**がわかりますか。 | Do you understand the _____ of rugby?

☑⑭ それらの言葉は**中国語**から来ている。 | These words come from _____.

☑⑮ 彼は東京の**東部**に住んでいる。 | He lives in the _____ of Tokyo.

☑⑯ 私は昨日はやることが**たくさん**あった。 | I had a _____ to do yesterday.

☑⑰ 子どもたちは**手**をつないで歌っていた。 | The children were holding _____ and singing.

☑⑱ 父は**エプロン**姿が似合っている。 | My father looks good in an _____.

答え ❸ ① blog　② report　③ dream　④ mirror　⑤ step　⑥ end　⑦ crossing　⑧ seafood　⑨ age
⑩ middle [center]　⑪ information　⑫ result　⑬ rules　⑭ Chinese　⑮ east　⑯ lot　⑰ hands　⑱ apron

	単語	意味	書いてみよう
837	**blanket** [blǽŋkit] ブらぁンケット	名 毛布	
838	**carpet** [kάːrpit] カーペット	名 じゅうたん, カーペット	
839	**dam** [dǽm] ダぁム	名 ダム	
840	**lucky** 5 [lʌ́ki] らキ	形 幸運な	
841	**real** 4 [ríːəl] リー(ア)る	形 ①本当の, **本物の** ②実在の, **現実の**	
842	**dangerous** 4 [déindʒərəs] デインヂャラス 発	形 危険な	
843	**safe** 4 [séif] セイふ	形 安全な	
844	**strange** 4 [stréindʒ] ストゥレインヂ	形 ①奇妙な, 不思議な ②見知らぬ	
845	**amazing** 3 [əméiziŋ] アメイズィング	形 ①驚くべき ②すばらしい	
846	**wide** 4 [wáid] ワイド	形 広い	
847	**daily** 4 [déili] デイリ	形 毎日の, 日常の	
848	**professional** 3 [prəféʃənl] プロふェショヌる	形 プロの, 専門職の	
849	**full** 4 [fúl] ふる	形 ①いっぱいの ②満腹の	
850	**empty** 3 [émpti] エンプティ	形 からの	
851	**dark** 4 [dάːrk] ダーク	形 ①暗い ②濃い	
852	**dead** 4 [déd] デッド 発	形 死んだ	
853	**scared** [skéərd] スケアド	形 怖がって	

	単語	意味	書いてみよう
854	**terrible** 4 [térəbl] テリブる	形 ①恐ろしい ②ひどい	
855	**dry** 4 [drái] ドゥライ	形 ①乾いた ②乾燥した 動 を乾かす, 乾く	
856	**wet** 3 [wét] ウェット	形 ①ぬれた ②雨降りの	
857	**bright** 3 [bráit] ブライト	形 輝いている, 明るい	
858	**positive** 3 [pάzitiv] パズィティヴ	形 ①積極的な, 前向きの ②肯定的な	
859	**medium** [míːdiəm] ミーディアム	形 中くらいの, Mサイズの	
860	**deep** 4 [díːp] ディープ	形 ①深い ②(色が)濃い 副 深く	
861	**powerful** 3 [páuərfl] パウアふる	形 力強い, 影響力のある	
862	**thick** 5 [θík] すィック	形 ①厚い ②(液体が)濃い	
863	**thin** 3 [θín] すィン	形 ①薄い ②やせた	
864	**colorful** 4 [kʌ́lərfl] カらふる	形 色彩豊かな	
865	**atomic** [ətάmik] アタミック ア	形 原子力の	
866	**round** 3 [ráund] ラウンド	形 丸い 副 周りに, ぐるりと回って	
867	**alone** 4 [əlóun] アろウン	副 1人で, 自分たちだけで	
868	**almost** 3 [ɔ́ːlmoust] オーるモウスト	副 ほとんど	
869	**actually** 3 [ǽktʃuəli] あクチュアリ	副 ①実際に, 本当に ②実は	

☑① 毛布を広げる

spread a _____

☑② ダムを建造する

build a _____

☑③ 幸運な日，ついてる日

my _____ day

☑④ 本当の問題

the _____ problem

☑⑤ 危険な場所

a _____ place

☑⑥ 安全な水

_____ water

☑⑦ 奇妙な[不思議な]経験

a _____ experience

☑⑧ 驚くべき事実

_____ facts

☑⑨ 広い川

a _____ river

☑⑩ 日常の生活

my _____ life

☑⑪ プロのスタッフ，専門職員

_____ staff

☑⑫ からのコップ[グラス]

an _____ glass

☑⑬ 暗い部屋

a _____ room

☑⑭ 死んだ動物

_____ animals

☑⑮ 怖がって見える

look _____

☑⑯ 恐ろしいニュース

the _____ news

☑⑰ 冷たく乾いた空気

cold and _____ air

☑⑱ ぬれた衣服

_____ clothes

☑⑲ 輝いている[明るい]星

_____ stars

☑⑳ 積極的な[前向きの]行動を起こす

take _____ action

☑㉑ 深い海，深海

the _____ ocean

☑㉒ 力強い演説

a _____ speech

☑㉓ 厚いカーペット

a _____ _____

☑㉔ 薄いコート

a _____ coat

☑㉕ たくさんの色彩豊かな魚

many _____ fish

☑㉖ 丸いケーキ

a _____ cake

☑㉗ 1人で旅をする

travel _____

☑㉘ ほとんど毎朝

_____ every morning

LEVEL 1
LEVEL 2
LEVEL 3
LEVEL 4
LEVEL 5

837
▼
869

答え ▶ ① blanket ② dam ③ lucky ④ real ⑤ dangerous ⑥ safe ⑦ strange ⑧ amazing [surprising] ⑨ wide ⑩ daily [everyday] ⑪ professional ⑫ empty ⑬ dark ⑭ dead ⑮ scared ⑯ terrible ⑰ dry ⑱ wet ⑲ bright ⑳ positive ㉑ deep ㉒ powerful ㉓ thick, carpet ㉔ thin ㉕ colorful ㉖ round ㉗ alone ㉘ almost

❶ 日本語の意味を表す英単語を書きなさい。

☑① 安全な

_____

☑② ダム

_____

☑③ 積極的な, 前向きの, 肯定的な

_____

☑④ 毛布

_____

☑⑤ からの

_____

☑⑥ 薄い, やせた

_____

☑⑦ 驚くべき, すばらしい

_____

☑⑧ 中くらいの, M サイズの

_____

☑⑨ 輝いている, 明るい

_____

☑⑩ 危険な

_____

☑⑪ 実際に, 本当に, 実は

_____

☑⑫ 奇妙な, 不思議な, 見知らぬ

_____

☑⑬ 乾いた, を乾かす, 乾く

_____

☑⑭ プロの, 専門職の

_____

☑⑮ 色彩豊かな

_____

❷ 日本語と同じ意味を表すように, 空所に英単語を書きなさい。

☑① 原子力

_____ power [energy]

☑② 最も影響力のある人物の１人

one of the most _____ people

☑③ 濃い緑色[深緑色]のじゅうたん

a _____ green _____

☑④ 実在の人物

a _____ person

☑⑤ ぬれる

get _____

☑⑥ ほとんどすべての場合において

in _____ all cases

☑⑦ ひどい間違いをする

make a _____ mistake

☑⑧ １人で行くのが怖い

be _____ to go _____

☑⑨ おなかがいっぱいだ。

I'm _____ .

答え ❶ ① safe　② dam　③ positive　④ blanket　⑤ empty　⑥ thin　⑦ amazing　⑧ medium　⑨ bright
⑩ dangerous　⑪ actually　⑫ strange　⑬ dry　⑭ professional　⑮ colorful
❷ ① atomic　② powerful　③ dark [deep], carpet　④ real　⑤ wet　⑥ almost　⑦ terrible
⑧ scared [afraid], alone　⑨ full

❸ 日本文と同じ意味を表すように，英文の空所に英単語を書きなさい。

☑① あなたはそんなすてきな友達がいるとは幸運ですね。

You are _____ to have such nice friends.

☑② 私は今日学校で奇妙な経験をした。

I had a _____ experience at school today.

☑③ スーパーマーケットの前の道はとても広い。

The road in front of the supermarket is very _____.

☑④ インターネットは私たちの日常生活の一部となっている。

The Internet has become a part of our _____ lives.

☑⑤ その店は人でいっぱいだった。

The store was _____ of people.

☑⑥ 暗くなる前に帰ろう。

Let's go home before it gets _____.

☑⑦ 祖父は亡くなっています。彼は2年前に亡くなりました。

My grandfather is _____. He died two years ago.

☑⑧ その男の子はイヌを見たときとても怖がった。

The boy was very _____ when he saw the dog.

☑⑨ 私は彼らの恐ろしいニュースを聞いて悲しくなった。

I was sad to hear the _____ news about them.

☑⑩ 彼女はぬれた髪を手早く乾かした。

She dried her _____ hair quickly.

☑⑪ 今夜は星がより明るく見える。

The stars look _____ tonight.

☑⑫ 彼女は何事にも前向きだ。

She is _____ about everything.

☑⑬ Mサイズでこの色はありますか。

Do you have this color in a _____ size?

☑⑭ 彼らは深い雪の中を歩かなければならなかった。

They had to walk in _____ snow.

☑⑮ 彼は分厚い本を読んでいる。

He is reading a _____ book.

☑⑯ 原子爆弾はアメリカで最初に開発された。

The _____ bomb was first developed in America.

☑⑰ 私たちは中華料理店で丸いテーブルについた。

We sat at a _____ table in a Chinese restaurant.

☑⑱ 私たちはそのイベントの準備がほぼできていた。

We were _____ ready for the event.

答え ❸ ① lucky ② strange ③ wide ④ daily [everyday] ⑤ full ⑥ dark ⑦ dead ⑧ scared ⑨ terrible ⑩ wet ⑪ brighter ⑫ positive ⑬ medium ⑭ deep ⑮ thick ⑯ atomic ⑰ round ⑱ almost

	単語		意味	書いてみよう
870	**twice** [twáis] トゥ**ワ**イス	4	副 ①２度[回] ②２倍	
871	**o'clock** [əklák] オ**ク**らック	5	副 〜時	
872	**tonight** [tənáit] トゥ**ナ**イト	5	副 今夜(は)	
873	**instead** [instéd] インス**テ**ッド	3	副 その代わり に	
874	**suddenly** [sʌ́dnli] **サ**ドゥンリ	3	副 突然	
875	**outside** [àutsáid] アウト**サ**イド	4	副 外に[で] 名 外側 前 〜の外に [で]	
876	**maybe** [méibi:] **メ**イビー	4	副 たぶん，も しかすると	
877	**exactly** [igzǽktli] イグ**ザ**ぁクトリ	3	副 正確に， ちょうど， まさに	
878	**anyway** [éniwèi] **エ**ニウェイ	3	副 とにかく	
879	**slowly** [slóuli] ス**ろ**ウリ	4	副 ゆっくりと	
880	**sincerely** [sinsíərli] スィン**スィ**アリ		副 心から	
881	**about** [əbáut] ア**バ**ウト	5	副 およそ，約 前 〜について	
882	**out** [áut] **ア**ウト	5	副 外へ[に，で]	
883	**over** [óuvər] **オ**ウヴァ	5	前 ①〜の真上 に ②〜を越え て 副 終わって	
884	**until** [əntíl] アン**ティ**る	4	前 〜まで(ずっ と) 接 〜するまで (ずっと)	
885	**since** [síns] **スィ**ンス	3	前 〜以来 接 〜して以来	
886	**than** [ðǽn] **ざ**ァン	4	前 接 〜よりも	
887	**across** [əkrɔ́:s] ア**ク**ロース	4	前 〜を横切っ て，〜を渡っ て	
888	**inside** [ìnsáid] イン**サ**イド	4	前 〜の中に [で] 副 内側に[で]	
889	**because** [bikɔ́:z] ビ**コー**ズ	3	接 (なぜなら) 〜だから	
890	**if** [íf] **イ**ふ	4	接 もし〜なら	
891	**these** [ðí:z] **ずィ**ーズ	5	代 これら 形 これらの	
892	**everybody** [évribàdi] **エ**ヴリバディ	4	代 だれでも， みんな	
893	**everything** [évriθìŋ] **エ**ヴリすィング	5	代 何でも	
894	**someone** [sʌ́mwàn] **サ**ムワン	5	代 だれか	
895	**anyone** [éniwàn] **エ**ニワン	4	代 ①(疑問文で) だれか ②(否定文で) だれも	
896	**nothing** [nʌ́θìŋ] **ナ**すィング	4	代 何も〜ない	
897	**have** [hǽv] **ハ**ぁヴ	5	助 現在完了 (進行)形を 作る 動 ①を持って いる ②を食べる ③を過ごす	
898	**might** [máit] **マ**イト	4	助 ①〜かもし れない ②〜しても よい	
899	**shall** [ʃǽl] **シ**ぁる	4	助 (Shall I [we] 〜? で) 〜しま しょうか	
900	**welcome** [wélkəm] **ウェ**るカム	5	間 ようこそ 形 歓迎される 動 を歓迎する	

2 フレーズの空所に英単語を書こう

☑① 1日2回

_____ a day

☑② 2時に

at two _____

☑③ 今夜花火を見る

watch the fireworks _____

☑④ 突然現れる

_____ appear

☑⑤ 外で遊ぶ

play _____

☑⑥ ちょうど10年前に

_____ 10 years ago

☑⑦ とにかくそれをやってみる

try it _____

☑⑧ ゆっくりと歩く

walk _____

☑⑨ 心から願う

_____ hope

☑⑩ およそ[約]600段の階段

_____ 600 steps

☑⑪ 私の夢について

_____ my dream

☑⑫ 外に出る，出かける

go _____

☑⑬ 湖の(真)上にかかる虹

a rainbow _____ the lake

☑⑭ 明日まで滞在する

stay _____ tomorrow

☑⑮ そのとき以来

_____ then

☑⑯ あなたよりも速く泳ぐ

swim faster _____ you

☑⑰ 通りを横切って[渡って]

_____ the street

☑⑱ 建物の中で待つ

wait _____ the building

☑⑲ もし1人で旅をするなら

_____ you travel alone

☑⑳ これらのプレゼント

_____ presents

☑㉑ みんなから愛されている

be loved by _____

☑㉒ 彼に何でも話す

tell him _____

☑㉓ だれか私を助けてくれる人

_____ to help me

☑㉔ それについて何も知らない

know _____ about it

☑㉕ お金を少し持っている

_____ a little money

☑㉖ 楽しい時を過ごす

_____ a good time

☑㉗ 危険かもしれない

_____ be dangerous

☑㉘ 客を歓迎する

_____ the guests

答え ① twice　② o'clock　③ tonight　④ suddenly　⑤ outside　⑥ exactly [just]　⑦ anyway　⑧ slowly
⑨ sincerely　⑩ about　⑪ about　⑫ out　⑬ over　⑭ until　⑮ since　⑯ than　⑰ across　⑱ inside [in]
⑲ if　⑳ these　㉑ everybody [everyone]　㉒ everything [anything]　㉓ someone　㉔ nothing　㉕ have
㉖ have　㉗ might [may]　㉘ welcome

3 空所に英単語を書こう

❶ 日本語の意味を表す英単語を書きなさい。

☑① 突然

_____

☑② 心から

_____

☑③ とにかく

_____

☑④ ～の中に[で], 内側に[で]

_____

☑⑤ その代わりに

_____

☑⑥ 2度[回], 2倍

_____

☑⑦ (疑問文で)だれか, (否定文で)だれも

_____

☑⑧ 今夜(は)

_____

☑⑨ ゆっくりと

_____

☑⑩ 外に[で], 外側, ～の外に[で]

_____

☑⑪ (肯定文で)だれか

_____

☑⑫ たぶん, もしかすると

_____

❷ 日本語と同じ意味を表すように, 空所に英単語を書きなさい。

☑① 外を見る

look _____

☑② 通りを歩いて渡る

walk _____ the street

☑③ 悪天候のために

_____ of bad weather

☑④ 私の代わりに

_____ of me

☑⑤ 向こうに

_____ there

☑⑥ まさに家を出るところだ

be _____ to leave home

☑⑦ 暗くなるまで

_____ it gets dark

☑⑧ 私が彼女に会って以来

_____ I saw her

☑⑨ どういたしまして。

You're _____.

☑⑩ 私がそれを開けましょうか。

_____ I open it?

答え ❶ ① suddenly ② sincerely ③ anyway ④ inside ⑤ instead ⑥ twice ⑦ anyone ⑧ tonight
⑨ slowly ⑩ outside ⑪ someone ⑫ maybe
❷ ① out ② across ③ because ④ instead ⑤ over ⑥ about ⑦ until ⑧ since ⑨ welcome
⑩ Shall

❸ 日本文と同じ意味を表すように，英文の空所に英単語を書きなさい。

☑① 私は広島に 2 回行ったことがある。	I have been to Hiroshima _____.
☑② 姉がそこに行けなかったので，私が代わりに行った。	My sister couldn't go there, so I went _____.
☑③ もしかすると私は名古屋に引っ越すかもしれない。	_____ I will move to Nagoya.
☑④ その列車は 10 時ちょうどに出発した。	The train left at _____ ten o'clock.
☑⑤ 彼は来週金曜日まで神戸にいます。	He will be in Kobe _____ next Friday.
☑⑥ 私は今朝から何も食べていない。	I haven't eaten anything _____ this morning.
☑⑦ 彼女はほかの人たちよりもゆっくりと話す。	She speaks more slowly _____ the others.
☑⑧ 私はとても疲れていたので早めに寝た。	I went to bed early _____ I was very tired.
☑⑨ もし私に明日暇な時間があれば，あなたを手伝いましょう。	_____ I have free time tomorrow, I will help you.
☑⑩ これらはあなたの靴ですか。	Are _____ your shoes?
☑⑪ だれでも時には間違いをする。	_____ makes mistakes sometimes.
☑⑫ 何もかもうまく行きますよ。	_____ is going to be fine.
☑⑬ 私は今日はだれとも話していない。	I haven't talked to _____ today.
☑⑭ この部屋には何も食べるものがない。	There is _____ to eat in this room.
☑⑮ 私は彼とは 10 年間ずっと友達だ。	I _____ been friends with him for ten years.
☑⑯ 彼女は私たちといっしょに来るかもしれませんが，よくわかりません。	She _____ come with us, but I'm not sure.
☑⑰ 一休みしませんか。	_____ we take a rest?
☑⑱ 我が家へようこそ！	_____ to my house!

答え ❸ ① twice　② instead　③ Maybe　④ exactly　⑤ until　⑥ since　⑦ than　⑧ because　⑨ If　⑩ these
⑪ Everybody [Everyone]　⑫ Everything　⑬ anyone　⑭ nothing　⑮ have　⑯ might [may]　⑰ Shall　⑱ Welcome

LEVEL 1　LEVEL 2　LEVEL 3　LEVEL 4　LEVEL 5

870 ▼ 900

□ 英単語を書いて動詞の活用を確認しよう

学習日　月　日

規則変化

通常は最後に ed をつける。末尾によっては規則が異なる。

	原形／意味	過去形	過去分詞形
67	look 見る，に見える	looked	looked
71	play （競技など）をする	played	played
70	use を用いる	used 末尾が e → d をつける	used
88	stop 止まる	stopped 〈短母音1つ＋子音字〉→最後の子音字を重ねて ed	stopped
90	study （を）勉強する	studied 〈子音字＋y〉→ y を i に変えて ed をつける	studied

A-B-A タイプ

原形と過去分詞形が同じ形。

	原形／意味	過去形	過去分詞形
62	come 来る	came	come
93	run 走る	ran	run
193	become になる	became	become

A-A-A タイプ

原形・過去形・過去分詞形がすべて同じ形。

	原形／意味	過去形	過去分詞形
89	put を置く	put	put
95	read を読む	read 発音は過去形・過去分詞形とも [réd] レッド	read

A-B-B タイプ

過去形と過去分詞形が同じ形。

	原形／意味	過去形	過去分詞形
65	make を作る	made	made
69	think （と）思う，考える	thought	thought
79	hear が聞こえる	heard	heard
82	win （に）勝つ	won	won
85	keep を保管する，を保つ	kept	kept
94	buy を買う	bought	bought
97	leave 出発する，を置き忘れる	left 「左」「左へ[に]」「左の」(No.451) と同じ形	left

原形／意味	過去形	過去分詞形
107 **say** と言う	said	said
171 **teach** を教える	taught	taught
172 **tell** に話す, 伝える	told	told
174 **bring** を持ってくる	brought	brought
175 **find** を見つける	found	found
177 **feel** 感じる	felt	felt
182 **meet** (に)会う, 出会う	met	met
185 **send** を送る	sent	sent
188 **hold** を持っている, 抱く	held	held
196 **catch** をつかまえる	caught	caught

A-B-C タイプ

原形・過去形・過去分詞形ともすべて異なる形。

原形／意味	過去形	過去分詞形
61 **go** 行く	went	gone
64 **know** を知っている	knew	known
66 **see** が見える, に会う	saw	seen
74 **eat** (を)食べる	ate	eaten
75 **get** を得る	got	gotten / got
76 **take** に乗っていく	took	taken
83 **fall** 落ちる, 倒れる	fell	fallen
84 **sing** (を)歌う	sang	sung
86 **draw** (を)描く, (線を)引く	drew	drawn
87 **write** を書く	wrote	written

	単語	意味	書いてみよう
901	**chance** 4 [tʃǽns] チャンス	名 機会, チャンス	
902	**member** 5 [mémbər] メンバ	名 一員, メンバー	
903	**activity** 3 [æktívəti] アクティヴィティ	名 活動	
904	**plan** 4 [plǽn] プらぁン	名 計画, 予定 動 を計画する	
905	**program** 3 [próuɡræm] プロウグラぁム	名 ①番組 ②計画, プログラム	
906	**earth** 4 [ə́ːrθ] ア〜す	名 ①地球 ②地面	
907	**sun** 5 [sʌ́n] サン	名 ①太陽 ②日光	
908	**moon** 5 [múːn] ムーン	名 月	
909	**planet** 3 [plǽnit] プらぁネット	名 ①惑星 ②地球	
910	**energy** 3 [énərdʒi] エナヂィ 発	名 ①エネルギー ②活力	
911	**worker** 4 [wə́ːrkər] ワ〜カ	名 労働者, 働く人	
912	**lesson** 5 [lésn] れスン	名 ①授業 ②(教科書などの)課	
913	**bottle** 3 [bátl] バトゥる	名 ボトル, びん	
914	**customer** 3 [kʌ́stəmər] カスタマ	名 客, 顧客	
915	**map** 5 [mǽp] マぁップ	名 地図	
916	**graph** 4 [ɡrǽf] グラぁふ	名 グラフ, 図表	
917	**meeting** 3 [míːtiŋ] ミーティング	名 会合, 会議	
918	**race** 4 [réis] レイス	名 ①競争, レース ②人種	

	単語	意味	書いてみよう
919	**host** 3 [hóust] ホウスト 発	名 (招待客をもてなす)主人(役)	
920	**plant** 4 [plǽnt] プらぁント	名 ①植物 ②工場, 発電所 動 を植える	
921	**amount** 3 [əmáunt] アマウント	名 量, 額	
922	**project** 3 [prádʒekt] プラヂェクト ア	名 計画, 企画, 事業	
923	**skill** 3 [skíl] スキる	名 技能, 技術	
924	**technology** 3 [teknálədʒi] テクナらヂィ	名 科学技術, テクノロジー	
925	**tool** 3 [túːl] トゥーる	名 道具, 工具, 手段	
926	**advice** 3 [ədváis] アドヴァイス ア	名 助言, アドバイス	
927	**communication** 3 [kəmjùːnikéiʃn] コミューニケイシャン	名 伝達, コミュニケーション	
928	**stone** 4 [stóun] ストウン	名 ①石 ②石材	
929	**article** 2 [áːrtikl] アーティクる	名 記事	
930	**date** 4 [déit] デイト	名 ①日, 日付 ②デート	
931	**dictionary** 5 [díkʃənèri] ディクショネリ	名 辞書	
932	**disaster** 3 [dizǽstər] ディザぁスタ	名 災害, 大惨事	
933	**emergency** 準2 [imə́ːrdʒənsi] イマ〜ヂェンスィ	名 緊急[非常]事態	
934	**effort** 3 [éfərt] エふォト	名 努力, 骨折り	
935	**leader** 4 [líːdər] リーダ	名 指導者, リーダー	
936	**period** 3 [píəriəd] ピ(ア)リオド	名 ①(授業の)時限 ②時代 ③期間	

☑① 彼女に会う**機会**がある

have a ＿＿＿＿＿＿＿＿ to meet her

☑② そのグループの**一員[メンバー]**

a ＿＿＿＿＿＿＿＿ of the group

☑③ 学校のクラブ**活動**

school club ＿＿＿＿＿＿＿＿

☑④ 私たちの週末の**計画[予定]**

our ＿＿＿＿＿＿＿＿ for the weekend

☑⑤ テレビ**番組**を見る

watch a TV ＿＿＿＿＿＿＿＿

☑⑥ 昇る**太陽**，朝日

the rising ＿＿＿＿＿＿＿＿

☑⑦ **月**の上**[月面]**を歩く

walk on the ＿＿＿＿＿＿＿＿

☑⑧ **地球**のような**惑星**

a ＿＿＿＿＿＿＿＿ like the ＿＿＿＿＿＿＿＿

☑⑨ **エネルギー**を節約する

save ＿＿＿＿＿＿＿＿

☑⑩ 農場**労働者**

a farm ＿＿＿＿＿＿＿＿

☑⑪ ペット**ボトル**

a plastic ＿＿＿＿＿＿＿＿

☑⑫ **地図**でそれを見つける

find it on the ＿＿＿＿＿＿＿＿

☑⑬ **グラフ**を描く

draw a ＿＿＿＿＿＿＿＿

☑⑭ **競争[レース]**に勝つ

win a ＿＿＿＿＿＿＿＿

☑⑮ さまざまな**植物**を育てる

grow various ＿＿＿＿＿＿＿＿

☑⑯ 情報**量**

the ＿＿＿＿＿＿＿＿ of information

☑⑰ 新しい**科学技術[テクノロジー]**を開発する

develop a new ＿＿＿＿＿＿＿＿

☑⑱ 調理**道具**

a cooking ＿＿＿＿＿＿＿＿

☑⑲ その**計画[企画]**への**助言[アドバイス]**

＿＿＿＿＿＿＿＿ on the ＿＿＿＿＿＿＿＿

☑⑳ **コミュニケーション**能力**[技能・技術]**

＿＿＿＿＿＿＿＿ ＿＿＿＿＿＿＿＿

☑㉑ **石**の階段，石段

＿＿＿＿＿＿＿＿ steps

☑㉒ その問題に関する**記事**

an ＿＿＿＿＿＿＿＿ on the issue

☑㉓ **会合[会議]**の日取り**[日・日付]**

the ＿＿＿＿＿＿＿＿ of the ＿＿＿＿＿＿＿＿

☑㉔ **英和辞書**

an English-Japanese ＿＿＿＿＿＿＿＿

☑㉕ 自然**災害**

a natural ＿＿＿＿＿＿＿＿

☑㉖ **緊急事態**に備える

prepare for an ＿＿＿＿＿＿＿＿

☑㉗ **努力**する

make an ＿＿＿＿＿＿＿＿

☑㉘ 新しい**指導者[リーダー]**を選ぶ

choose a new ＿＿＿＿＿＿＿＿

答え ① chance　② member　③ activities　④ plan(s)　⑤ program　⑥ sun　⑦ moon [Moon]
⑧ planet, earth [Earth]　⑨ energy　⑩ worker　⑪ bottle　⑫ map　⑬ graph　⑭ race　⑮ plants
⑯ amount　⑰ technology　⑱ tool　⑲ advice, project　⑳ communication, skills　㉑ stone　㉒ article
㉓ date, meeting　㉔ dictionary　㉕ disaster　㉖ emergency　㉗ effort　㉘ leader

3 空所に英単語を書こう

❶ 日本語の意味を表す英単語を書きなさい。

☑① 計画, 企画, 事業　　　☑② エネルギー, 活力　　　☑③ 客, 顧客

＿＿＿＿＿＿＿＿＿＿　　　＿＿＿＿＿＿＿＿＿＿　　　＿＿＿＿＿＿＿＿＿＿

☑④ 番組, 計画, プログラム　☑⑤ 石, 石材　　　☑⑥ 災害, 大惨事

＿＿＿＿＿＿＿＿＿＿　　　＿＿＿＿＿＿＿＿＿＿　　　＿＿＿＿＿＿＿＿＿＿

☑⑦ 労働者, 働く人　　　☑⑧ 競争, レース, 人種　　　☑⑨ 活動

＿＿＿＿＿＿＿＿＿＿　　　＿＿＿＿＿＿＿＿＿＿　　　＿＿＿＿＿＿＿＿＿＿

☑⑩ 科学技術, テクノロジー　☑⑪ 授業, (教科書などの)課　☑⑫ 辞書

＿＿＿＿＿＿＿＿＿＿　　　＿＿＿＿＿＿＿＿＿＿　　　＿＿＿＿＿＿＿＿＿＿

☑⑬ (天体の)月　　　☑⑭ 指導者, リーダー　　　☑⑮ 惑星, 地球

＿＿＿＿＿＿＿＿＿＿　　　＿＿＿＿＿＿＿＿＿＿　　　＿＿＿＿＿＿＿＿＿＿

❷ 日本語と同じ意味を表すように, 空所に英単語を書きなさい。

☑① 宇宙計画[プログラム]　　　the space ＿＿＿＿＿＿＿＿＿＿

☑② パーティーの主人(役)　　　the ＿＿＿＿＿＿＿＿＿＿ of the party

☑③ 1 びんのジュース　　　a ＿＿＿＿＿＿＿＿＿＿ of juice

☑④ 発電所　　　a power ＿＿＿＿＿＿＿＿＿＿

☑⑤ 大量の仕事　　　a large ＿＿＿＿＿＿＿＿＿＿ of work

☑⑥ 江戸時代に　　　in the Edo ＿＿＿＿＿＿＿＿＿＿

☑⑦ 防災訓練　　　an ＿＿＿＿＿＿＿＿＿＿ drill

☑⑧ 短期間　　　for a short ＿＿＿＿＿＿＿＿＿＿

☑⑨ 留学する計画をしている　　　be ＿＿＿＿＿＿＿＿＿＿ to study abroad

答え **❶** ① project　② energy　③ customer　④ program　⑤ stone　⑥ disaster　⑦ worker　⑧ race　⑨ activity
⑩ technology　⑪ lesson　⑫ dictionary　⑬ moon　⑭ leader　⑮ planet
❷ ① program　② host　③ bottle　④ plant　⑤ amount　⑥ period　⑦ emergency　⑧ period　⑨ planning

❸ 日本文と同じ意味を表すように，英文の空所に英単語を書きなさい。

☑① 彼女はそのボランティア団体の<u>一員</u>となった。

She became a _____ of that volunteer group.

☑② あなたの明日の<u>予定</u>はどうなっていますか。

What are your _____ for tomorrow?

☑③ 地球は<u>太陽</u>のまわりを移動している。

The earth moves around the _____.

☑④ <u>空きびん</u>はこの箱に入れてください。

Please put empty _____ in this box.

☑⑤ この<u>地図</u>で私がどこにいるのか教えていただけますか。

Could you tell me where I am on this _____?

☑⑥ 次の<u>グラフ</u>を見てください。

Look at the next _____.

☑⑦ 私たちは練習後に毎回，<u>クラブのミーティング</u>をしている。

We have a club _____ after every practice.

☑⑧ 私は<u>ホストファミリー</u>から多くのことを学んだ。

I learned a lot from my _____ family.

☑⑨ 彼女は必要とする食料の<u>量</u>しか買わない。

She only buys the _____ of food she needs.

☑⑩ その<u>プロジェクト</u>を１人で始めるのは私には困難だった。

It was difficult for me to start the _____ alone.

☑⑪ 私は将来，役に立つ<u>技術</u>を身につけたい。

I want to learn useful _____ in the future.

☑⑫ 私は自分の健康<u>について</u>彼の<u>助言</u>に従った。

I followed his _____ about my health.

☑⑬ 私たちは長い歴史においてさまざまな<u>コミュニケーション</u>手段を用いてきた。

We've used various _____ tools in our long history.

☑⑭ 私はその戦争に関する新聞<u>記事</u>を読んだ。

I read a newspaper _____ about the war.

☑⑮ 彼女はその<u>日時</u>をウェブサイトで確認した。

She checked the _____ and time on the website.

☑⑯ 私たちは<u>緊急時</u>に身を守る方法について話し合った。

We talked about how to protect ourselves in an _____.

☑⑰ だれもがあなたの<u>努力</u>について知っているよ。

Everyone knows about your _____.

☑⑱ 私は３<u>時間目</u>にはすでにおなかがすいていた。

I was already hungry in the third _____.

答え ❸ ① member　② plans　③ sun [Sun]　④ bottles　⑤ map　⑥ graph　⑦ meeting　⑧ host　⑨ amount
⑩ project　⑪ skills　⑫ advice　⑬ communication　⑭ article　⑮ date　⑯ emergency　⑰ efforts
⑱ period

1 英単語を書いてつづりを確認しよう 学習日 月 日

単語	意味	書いてみよう	単語	意味	書いてみよう
937 **prefecture** ③ [príːfektʃər] プリーふェクチャ	名 県，府		956 **community** ③ [kəmjúːnəti] コミューニティ	名 地域社会 [住民]	
938 **presentation** ② [prèzntéiʃn] プレズンテイシャン	名 発表，プレゼンテーション		957 **convenience** [kənvíːnjəns] コンヴィーニャンス	名 便利(さ)	
939 **tournament** ② [túərnəmənt] トゥアナメント	名 トーナメント，勝ち抜き戦		958 **solve** ③ [sálv] サるブ	動 ①を解決する ②を解く	
940 **costume** [kástjuːm] カsteューム	名 衣装，仮装		959 **borrow** ③ [bárou] バロウ	動 を借りる	
941 **expression** ③ [ikspréʃn] イクスプレシャン	名 ①表現 ②表情		960 **collect** ③ [kəlékt] コれクト	動 を集める	
942 **foreigner** ④ [fɔ́ːrinər] ふォーリナ	名 外国人		961 **rain** ⑤ [réin] レイン	動 雨が降る 名 雨	
943 **noon** ⑤ [núːn] ヌーン	名 正午		962 **snow** ⑤ [snóu] スノウ	動 雪が降る 名 雪	
944 **yen** ⑤ [jén] イェン	名 (貨幣単位)円		963 **throw** ④ [θróu] すロウ	動 を投げる	
945 **patient** ③ [péiʃnt] ペイシェント	名 患者 形 忍耐強い		964 **increase** ④ [動 inkríːs] [名 ínkriːs] インクリース / インクリース ⑦	動 増える，を増やす 名 増加	
946 **ice** ⑤ [áis] アイス	名 氷		965 **decrease** 準2 [動 dikríːs] [名 díːkriːs] ディクリース / ディクリース ⑦	動 減る，を減らす 名 減少	
947 **research** ③ [risə́ːrtʃ] リサ〜チ	名 研究，調査 動 を研究する		966 **reduce** ③ [ridjúːs] リデュース	動 を減らす	
948 **conversation** ⑤ [kànvərséiʃn] カンヴァセイシャン	名 会話		967 **support** ③ [səpɔ́ːrt] サポート	動 ①を支援する ②を支持する 名 支援	
949 **relationship** ③ [riléiʃnʃip] りれイシャンシップ	名 関係，間柄		968 **respect** ③ [rispékt] リスペクト	動 を尊敬[尊重]する 名 尊重，敬意	
950 **role** ③ [róul] ロウる	名 ①役割 ②役		969 **add** ③ [ǽd] アッド	動 ①(を)加える ②つけ加えて言う	
951 **astronaut** ③ [ǽstrənɔ̀ːt] あストゥロノート ⑦	名 宇宙飛行士		970 **recycle** ③ [riːsáikl] リーサイクる	動 を再生利用する，リサイクルする	
952 **distance** ③ [dístəns] ディスタンス	名 ①距離，道のり ②遠距離		971 **close** ⑤ [動 klóuz] [形 klóus] クロウズ / クロウス ⑦	動 を閉じる，閉まる 形 ①近い ②親しい	
953 **ceremony** ④ [sérəmòuni] セレモウニ	名 式，式典，儀式		972 **push** ③ [púʃ] プッシ	動 (を)押す	
954 **chart** [tʃáːrt] チャート	名 図表				
955 **cloth** ③ [klɔ́ːθ] クロ〜す ⑦	名 ①布，生地 ②布切れ				

☑① 最も小さい[狭い]県
the smallest ＿＿＿＿＿＿＿＿

☑② プレゼンテーションをする
give a ＿＿＿＿＿＿＿＿

☑③ トーナメント[勝ち抜き戦]に勝つ
win the ＿＿＿＿＿＿＿＿

☑④ 伝統衣装を着る
wear a traditional ＿＿＿＿＿＿＿＿

☑⑤ 新しい表現
a new ＿＿＿＿＿＿＿＿

☑⑥ 正午に
at ＿＿＿＿＿＿＿＿

☑⑦ 500円を支払う
pay 500 ＿＿＿＿＿＿＿＿

☑⑧ 患者を診察する
see a ＿＿＿＿＿＿＿＿

☑⑨ 厚い氷
thick ＿＿＿＿＿＿＿＿

☑⑩ 研究[調査]をする
do ＿＿＿＿＿＿＿＿

☑⑪ その計画についての会話
a ＿＿＿＿＿＿＿＿ about the project

☑⑫ 彼らとの関係
a ＿＿＿＿＿＿＿＿ with them

☑⑬ 長距離を飛ぶ
fly a long ＿＿＿＿＿＿＿＿

☑⑭ 式[式典]でのスピーチ
a speech at the ＿＿＿＿＿＿＿＿

☑⑮ 1枚の布
a piece of ＿＿＿＿＿＿＿＿

☑⑯ 地域社会の一員
a member of the ＿＿＿＿＿＿＿＿

☑⑰ 問題を解決する[解く]
＿＿＿＿＿＿＿＿ the problem

☑⑱ 本を彼女から借りる
＿＿＿＿＿＿＿＿ a book from her

☑⑲ 情報を集める
＿＿＿＿＿＿＿＿ information

☑⑳ 大雨のために
because of heavy ＿＿＿＿＿＿＿＿

☑㉑ 雪の中で遊ぶ
play in the ＿＿＿＿＿＿＿＿

☑㉒ 石を投げる
＿＿＿＿＿＿＿＿ a stone

☑㉓ 子どもたちを支援する
＿＿＿＿＿＿＿＿ children

☑㉔ 先生を尊敬する
＿＿＿＿＿＿＿＿ the teacher

☑㉕ 塩をスープに加える
＿＿＿＿＿＿＿＿ salt to the soup

☑㉖ プラスチックを再生利用[リサイクル]する
＿＿＿＿＿＿＿＿ plastic

☑㉗ 窓を閉じる
＿＿＿＿＿＿＿＿ the window

☑㉘ 自転車を押す
＿＿＿＿＿＿＿＿ my bike

LEVEL 1
LEVEL 2
LEVEL 3
LEVEL 4
LEVEL 5

937
▽
972

答え ① prefecture　② presentation　③ tournament　④ costume　⑤ expression　⑥ noon　⑦ yen　⑧ patient
⑨ ice　⑩ research　⑪ conversation　⑫ relationship　⑬ distance　⑭ ceremony　⑮ cloth　⑯ community
⑰ solve　⑱ borrow　⑲ collect [gather]　⑳ rain　㉑ snow　㉒ throw　㉓ support　㉔ respect　㉕ add
㉖ recycle　㉗ close　㉘ push

3 空所に英単語を書こう

❶ 日本語の意味を表す英単語を書きなさい。

☑① 便利(さ)

_____

☑② 衣装，仮装

_____

☑③ 宇宙飛行士

_____

☑④ 表現，表情

_____

☑⑤ を集める

_____

☑⑥ 患者，忍耐強い

_____

☑⑦ 増える，を増やす，増加

_____

☑⑧ 図表

_____

☑⑨ を解決する，を解く

_____

☑⑩ 布，生地，布切れ

_____

☑⑪ 会話

_____

☑⑫ 県，府

_____

☑⑬ 外国人

_____

☑⑭ 減る，を減らす，減少

_____

☑⑮ 地域社会[住民]

_____

❷ 日本語と同じ意味を表すように，空所に英単語を書きなさい。

☑① コンビニエンスストア　　　　　　　a _____ store

☑② 会話に加わる　　　　　　　　　　　join a _____

☑③ ごみの量を減らす　　　　　　　　　_____ the amount of trash

☑④ 他人に対する敬意　　　　　　　　　_____ for others

☑⑤ 王の役を演じる　　　　　　　　　　play the _____ of the king

☑⑥ その工場に近い　　　　　　　　　　be _____ to the plant

☑⑦ 空き缶を捨てる　　　　　　　　　　_____ away empty cans

☑⑧ 遠くに　　　　　　　　　　　　　　in the _____

☑⑨ 茶道　　　　　　　　　　　　　　　the tea _____

答え ❶ ① convenience　② costume　③ astronaut　④ expression　⑤ collect [gather]　⑥ patient　⑦ increase
　⑧ chart　⑨ solve　⑩ cloth　⑪ conversation　⑫ prefecture　⑬ foreigner　⑭ decrease　⑮ community
❷ ① convenience　② conversation　③ reduce　④ respect　⑤ role　⑥ close　⑦ throw　⑧ distance
　⑨ ceremony

❸ **日本文と同じ意味を表すように，英文の空所に英単語を書きなさい。**

☑①	私は文化の違いについてプレゼンテーションをした。	I gave a _____ on cultural differences.
☑②	彼女はテニストーナメントで1等賞をとった。	She won first prize in the tennis _____.
☑③	このグラフは日本に住む外国人の数を示している。	This graph shows the number of _____ living in Japan.
☑④	明日の正午にあなたの学校に行きます。	I'll come to your school at _____ tomorrow.
☑⑤	私は1,000円持っていたが何も買わなかった。	I had 1,000 _____ but didn't buy anything.
☑⑥	ジュースに氷を入れてください。	Please put some _____ in my juice.
☑⑦	彼は地震に関する研究をしている。	He does _____ on earthquakes.
☑⑧	彼らは顧客とのよい関係を築いた。	They made good _____ with their customers.
☑⑨	彼はこのプロジェクトで重要な役割を果たした。	He played an important _____ in this project.
☑⑩	地球から月までの距離は約38万キロだ。	The _____ from the earth to the moon is about 380,000 km.
☑⑪	私は昨日先生から傘を借りた。	I _____ an umbrella from my teacher yesterday.
☑⑫	今日の午後には雨が降りやむといいのですが。	I hope it will stop _____ this afternoon.
☑⑬	雪が降っていたので，私は外に出なかった。	I didn't go out because it was _____.
☑⑭	球場で彼はファンたちにボールを投げた。	He _____ the ball to the fans in the stadium.
☑⑮	この町の赤ちゃんの数は増えている。	The number of babies in this town is _____.
☑⑯	今週この湖の水量は減少した。	The amount of water in this lake has _____ this week.
☑⑰	彼はカードにメッセージをつけ加えた。	He _____ a message to his card.
☑⑱	その店が何時に閉まるか知っていますか。	Do you know what time the store _____?

答え ❸ ① presentation　② tournament　③ foreigners　④ noon　⑤ yen　⑥ ice　⑦ research　⑧ relationships
⑨ role　⑩ distance　⑪ borrowed　⑫ raining　⑬ snowing　⑭ threw　⑮ increasing　⑯ decreased
⑰ added　⑱ closes

LEVEL 1　LEVEL 2　**LEVEL 3**　LEVEL 4　LEVEL 5

937 ▽ 972

	単語	意味	書いてみよう
973	third [θə́:rd] さ〜ド	形 3番目の 副 第3に 名 3番目, 3日, 3分の1	
974	billion [bíljən] ビリョン	形 10億の 名 10億	
975	enough [ináf] イナふ 発	形 十分な 副 十分に	
976	worried [wə́:rid] ワ〜リド	形 心配そうな	
977	international [ìntərnǽʃənl] インタナぁショヌる	形 国際的な	
978	global [glóubl] グ**ろ**ウブる	形 世界的な, 地球上の	
979	overseas [òuvərsí:z] オウヴァ**スィ**ーズ	形 海外の 副 海外へ[で, に]	
980	living [lívin] リヴィング	形 ①生きている ②生活上の	
981	original [ərídzənl] オリジヌる	形 ①独創的な, 独自の ②元の ③最初の 名 原物, 原作	
982	elderly [éldərli] エるダリ	形 年配の, 初老の	
983	lost [lɔ́:st] **ろ**ースト	形 ①道に迷った ②なくした	
984	whole [hóul] ホウる	形 全体の, 全〜	
985	simple [símpl] **スィ**ンプる	形 簡単な, 平易な, 単純な	
986	feeling [fí:lin] ふィーリング	名 感情, 気持ち	
987	film [fílm] ふぃるム	名 ①映画 ②(写真の) フィルム	
988	hall [hɔ́:l] ホーる	名 ①会館, ホール ②玄関	
989	mall [mɔ́:l] モーる	名 ショッピングモール	
990	entrance [éntrəns] エントゥランス	名 ①入口, 玄関 ②入場, 入学	
991	menu [ménju:] メニュー	名 メニュー	
992	hamburger [hǽmbə̀:rgər] ハぁンバ〜ガ	名 ハンバーガー, ハンバーグ	
993	taste [téist] テイスト	名 味 動 ①の味がする ②を味わう	
994	leaflet [lí:flit] リーふレット	名 ちらし, (宣伝用)小冊子	
995	pictogram [píktəgræm] ピクタトグラぁム	名 ピクトグラム, 絵文字	
996	test [tést] テスト	名 試験, 検査 動 を検査する	
997	meal [mí:l] ミーる	名 食事	
998	camp [kǽmp] キぁンプ	名 キャンプ, 合宿 動 キャンプする	
999	guide [gáid] ガイド	名 案内人[書], ガイド 動 を案内する	
1000	mind [máind] マインド	名 ①心, 精神 ②意見, 考え 動 をいやだと思う	
1001	list [líst] リスト	名 一覧表, リスト 動 をリスト[一覧表]にする	
1002	view [vjú:] ヴュー	名 ①眺め ②(特定の)見方	
1003	adult [ədʌ́lt] アダるト	名 成人, 大人 形 成人の, 大人の	
1004	son [sʌ́n] サン	名 息子	
1005	attention [əténʃn] アテンシャン	名 注意, 注目	
1006	luck [lʌ́k] らック	名 幸運, 運	
1007	system [sístəm] **スィ**ステム	名 ①体系, 装置 ②制度	
1008	business [bíznəs] ビズネス 発	名 ①仕事 ②商売, 事業	

☑① 太陽から 3 番目の惑星

the ＿＿＿＿＿＿ planet from the sun

☑② 十分なお金

＿＿＿＿＿＿ money

☑③ 心配そうな表情

a ＿＿＿＿＿＿ expression

☑④ 国際(的な)ニュース

＿＿＿＿＿＿ news

☑⑤ 世界的な問題

a ＿＿＿＿＿＿ problem

☑⑥ 海外の国々

＿＿＿＿＿＿ countries

☑⑦ 生きている動物

＿＿＿＿＿＿ animals

☑⑧ 独創的なデザイン

an ＿＿＿＿＿＿ design

☑⑨ 年配の患者

＿＿＿＿＿＿ patients

☑⑩ 全世界(の人々)

the ＿＿＿＿＿＿ world

☑⑪ 簡単な[平易な]方法で

in a ＿＿＿＿＿＿ way

☑⑫ 私の本当の気持ち

my true ＿＿＿＿＿＿

☑⑬ 短編映画

a short ＿＿＿＿＿＿

☑⑭ コンサートホール

a concert ＿＿＿＿＿＿

☑⑮ ショッピングモールで買い物をする

shop at the ＿＿＿＿＿＿

☑⑯ 正面入口[玄関]

the main ＿＿＿＿＿＿

☑⑰ メニューを見る

look at the ＿＿＿＿＿＿

☑⑱ 甘い味がする

have a sweet ＿＿＿＿＿＿

☑⑲ クラブに関するちらし

a ＿＿＿＿＿＿ about the club

☑⑳ 試験に合格する

pass the ＿＿＿＿＿＿

☑㉑ 食事を作る

make a ＿＿＿＿＿＿

☑㉒ サマーキャンプ，夏の合宿

a summer ＿＿＿＿＿＿

☑㉓ 観光ガイド

a tour ＿＿＿＿＿＿

☑㉔ 私の心の中で[に]

in my ＿＿＿＿＿＿

☑㉕ 一覧表[リスト]を作る

make a ＿＿＿＿＿＿

☑㉖ 海の眺めを楽しむ

enjoy the ocean ＿＿＿＿＿＿

☑㉗ 大人になる

become an ＿＿＿＿＿＿

☑㉘ 2 人の息子がいる

have two ＿＿＿＿＿＿

LEVEL 1 / LEVEL 2 / LEVEL 3 / LEVEL 4 / LEVEL 5

973 ▽ 1008

答え ① third ② enough ③ worried ④ international ⑤ global ⑥ overseas ⑦ living ⑧ original ⑨ elderly
⑩ whole ⑪ simple ⑫ feelings ⑬ film [movie] ⑭ hall ⑮ mall ⑯ entrance ⑰ menu ⑱ taste
⑲ leaflet ⑳ test ㉑ meal ㉒ camp ㉓ guide ㉔ mind [heart] ㉕ list ㉖ view ㉗ adult ㉘ sons

❶ 日本語の意味を表す英単語を書きなさい。

☑① 簡単な，平易な，単純な　　☑② 年配の，初老の　　　　☑③ 成人(の)，大人(の)

＿＿＿＿＿＿＿＿＿　　　　＿＿＿＿＿＿＿＿＿　　　　＿＿＿＿＿＿＿＿＿

☑④ ちらし，(宣伝用)小冊子　　☑⑤ 案内人[書]，ガイド，を案内する　☑⑥ 感情，気持ち

＿＿＿＿＿＿＿＿＿　　　　＿＿＿＿＿＿＿＿＿　　　　＿＿＿＿＿＿＿＿＿

☑⑦ 10億の，10億　　　　　☑⑧ ピクトグラム，絵文字　　☑⑨ 体系，装置，制度

＿＿＿＿＿＿＿＿＿　　　　＿＿＿＿＿＿＿＿＿　　　　＿＿＿＿＿＿＿＿＿

☑⑩ 映画，(写真の)フィルム　　☑⑪ ハンバーガー，ハンバーグ　☑⑫ 仕事，商売，事業

＿＿＿＿＿＿＿＿＿　　　　＿＿＿＿＿＿＿＿＿　　　　＿＿＿＿＿＿＿＿＿

❷ 日本語と同じ意味を表すように，空所に英単語を書きなさい。

☑① キャンプに行く　　　　　　　　　　go ＿＿＿＿＿＿＿＿＿

☑② 地球温暖化　　　　　　　　　　　　＿＿＿＿＿＿＿＿＿ warming

☑③ すべての生き物[生物]　　　　　　　all ＿＿＿＿＿＿＿＿＿ things

☑④ 公民館　　　　　　　　　　　　　　a community ＿＿＿＿＿＿＿＿＿

☑⑤ 自分の健康に注意を向ける　　　　　pay ＿＿＿＿＿＿＿＿＿ to my health

☑⑥ おいしい　　　　　　　　　　　　　＿＿＿＿＿＿＿＿＿ good

☑⑦ 異なるものの見方　　　　　　　　　a different point of ＿＿＿＿＿＿＿＿＿

☑⑧ 間食する　　　　　　　　　　　　　eat between ＿＿＿＿＿＿＿＿＿

☑⑨ 気が変わる，考えを変える　　　　　change my ＿＿＿＿＿＿＿＿＿

☑⑩ 幸運を！，がんばって！　　　　　　Good ＿＿＿＿＿＿＿＿＿！

答え ❶ ① simple　② elderly　③ adult　④ leaflet　⑤ guide　⑥ feeling　⑦ billion　⑧ pictogram　⑨ system
　　⑩ film　⑪ hamburger　⑫ business
❷ ① camping　② global　③ living　④ hall　⑤ attention　⑥ taste　⑦ view　⑧ meals　⑨ mind　⑩ luck

❸ 日本文と同じ意味を表すように，英文の空所に英単語を書きなさい。

☑① その店はビルの3階にあります。	The store is <u>on the</u> _____ <u>floor</u> of the building.
☑② 地球は約46億年前にどのように始まったのだろう。	How did the earth start about 4.6 _____ <u>years</u> ago?
☑③ 私は昨日は食事をとる十分な時間がなかった。	I didn't have _____ <u>time to eat</u> yesterday.
☑④ 彼は明日の発表のことを心配している。	He is _____ about the presentation tomorrow.
☑⑤ その独創的な製品は開発するのに何年もかかった。	The _____ product took many years to develop.
☑⑥ 私はその国際空港で道に迷ってしまった。	I <u>got</u> _____ at the international airport.
☑⑦ 私は病気で丸1週間寝込んでしまった。	I was sick in bed <u>for a</u> _____ week.
☑⑧ 市役所の入口で会いましょう。	I'll meet you <u>at the</u> _____ of the city hall.
☑⑨ メニューにはたくさんの種類のサラダがあった。	There were many kinds of salads <u>on the</u> _____.
☑⑩ 彼は緑茶の味が好きではない。	He does not like the _____ of green tea.
☑⑪ 私は今夜は数学のテスト勉強をするつもりだ。	I'm going to <u>study</u> <u>for the</u> <u>math</u> _____ tonight.
☑⑫ 一部の国では，昼食が1日のうちの主要な食事だ。	In some countries, lunch is the <u>main</u> _____ of the day.
☑⑬ 健康によい食べ物は心と体をより強くしてくれる。	Healthy food makes your _____ and body stronger.
☑⑭ 私はやることのリストを作った。	I <u>made a</u> _____ of things to do.
☑⑮ 塔からの眺めはすばらしかった。	The _____ from the tower was amazing.
☑⑯ このデザインはお客さまの注目を引くでしょう。	This design will get customers' _____.
☑⑰ 運がよければ，すばらしい景色を見られるでしょう。	<u>If you have good</u> _____, you'll get a great view.
☑⑱ 彼女は仕事で来日した。	She came to Japan <u>on</u> _____.

答え ❸ ① third　② billion　③ enough　④ worried　⑤ original　⑥ lost　⑦ whole　⑧ entrance　⑨ menu
⑩ taste　⑪ test　⑫ meal　⑬ mind　⑭ list　⑮ view　⑯ attention　⑰ luck　⑱ business

LEVEL 1　LEVEL 2　**LEVEL 3**　LEVEL 4　LEVEL 5

973 ▼ 1008

	単語	意味	書いてみよう		単語	意味	書いてみよう
1009	coin [kɔ́in] コイン ⑤	名 コイン, 硬貨		1028	instrument [ínstrəmənt] インストゥルメント ④	名 ①楽器 ②道具	
1010	education [èdʒəkéiʃn] エヂュケイシャン ③	名 教育		1029	tradition [trədíʃn] トゥラディシャン ③	名 伝統	
1011	sentence [séntəns] センテンス ③	名 文		1030	cafeteria [kæ̀fətíriə] キぁふェティリア ④	名 カフェテリア	
1012	ground [gráund] グラウンド ④	名 ①地面 ②運動場		1031	plate [pléit] プれイト ③	名 皿	
1013	shape [ʃéip] シェイプ ③	名 形, 形状 動 を形作る		1032	medicine [médəsn] メディスン ③	名 ①薬 ②医学	
1014	elevator [éləvèitər] エれヴェイタ ⑦ ④	名 エレベーター		1033	tablet [tǽblit] タぁブれット	名 ①タブレット(型コンピューター) ②錠剤	
1015	electricity [ilèktrísəti] イれクトゥリスィティ ⑦ ③	名 電気, 電力		1034	choice [tʃɔ́is] チョイス ②	名 ①選択, 選ぶこと ②選択肢	
1016	factory [fǽktəri] ふぁクトリ ④	名 工場		1035	owner [óunər] オウナ ③	名 所有者, 持ち主	
1017	machine [məʃíːn] マシーン ③	名 機械		1036	villager [vílidʒər] ヴィれヂャ	名 村人	
1018	operation [àpəréiʃn] アペレイシャン ③	名 ①手術 ②操作		1037	desert [dézərt] デザト ⑦ ③	名 砂漠	
1019	plane [pléin] プれイン ④	名 飛行機		1038	hill [híl] ひる ③	名 丘	
1020	pollution [pəlúːʃn] ぽるーシャン ③	名 汚染		1039	device [diváis] ディヴァイス ②	名 装置, 機器	
1021	disease [dizíːz] ディズィーズ 発 ③	名 病気		1040	fee [fíː] ふィー 準②	名 料金, 報酬, 謝礼	
1022	friendship [fréndʃip] ふレン(ド)シップ ③	名 友情, 友好関係		1041	mask [mǽsk] マぁスク	名 マスク, 仮面, 覆面	
1023	importance [impɔ́ːrtns] インポータンス ③	名 重要性, 重大さ		1042	bakery [béikəri] ベイカリ ④	名 パン屋	
1024	courage [kə́ːridʒ] カ〜リッヂ ③	名 勇気		1043	candle [kǽndl] キぁンドゥる ③	名 ろうそく	
1025	market [máːrkit] マーケット ③	名 市場, 市		1044	career [kəríər] カリア 発	名 ①職業 ②経歴	
1026	loss [lɔ́ːs] ろース	名 なくなること, 喪失					
1027	band [bǽnd] バぁンド ④	名 ①バンド, 楽団 ②帯, ひも					

☑① 100円硬貨, 100円玉
a hundred yen _____

☑② 教育を受ける
get [receive] an _____

☑③ 文を書く
write a _____

☑④ 地面に座る
sit on the _____

☑⑤ ハートの形をした
in the _____ of a heart

☑⑥ エレベーターに乗る
take an _____

☑⑦ 工場で働く
work in a _____

☑⑧ 機械を動かす
run a _____

☑⑨ 飛行機に乗り遅れる
miss the _____

☑⑩ 大気汚染
air _____

☑⑪ 病気にかかっている
have a _____

☑⑫ 彼との友情
a _____ with him

☑⑬ 勇気を持って
with _____

☑⑭ 市場で卵を買う
buy eggs at the _____

☑⑮ 吹奏楽団, ブラスバンド
a brass _____

☑⑯ 楽器を演奏する
play an _____

☑⑰ 日本の伝統
Japanese _____

☑⑱ 紙皿
a paper _____

☑⑲ 薬を飲む
take _____

☑⑳ タブレットで勉強する
study on a _____

☑㉑ 最善の選択
the best _____

☑㉒ その車の所有者
the _____ of the car

☑㉓ 砂漠地帯
a _____ area

☑㉔ 丘を登る
climb a _____

☑㉕ 安全装置
a safety _____

☑㉖ 入場料金
an entrance _____

☑㉗ マスクを着用する
wear a _____

☑㉘ ろうそくに火をつける
light a _____

答え ① coin ② education ③ sentence ④ ground ⑤ shape ⑥ elevator ⑦ factory [plant] ⑧ machine ⑨ plane
⑩ pollution ⑪ disease ⑫ friendship ⑬ courage ⑭ market ⑮ band ⑯ instrument ⑰ tradition ⑱ plate
⑲ medicine ⑳ tablet ㉑ choice ㉒ owner ㉓ desert ㉔ hill ㉕ device ㉖ fee ㉗ mask ㉘ candle

LEVEL 1
LEVEL 2
LEVEL 3
LEVEL 4
LEVEL 5

1009 ▽ 1044

3 空所に英単語を書こう

❶ 日本語の意味を表す英単語を書きなさい。

☑① 楽器，道具

_____

☑② 砂漠

_____

☑③ 工場

_____

☑④ 伝統

_____

☑⑤ マスク，仮面，覆面

_____

☑⑥ エレベーター

_____

☑⑦ コイン，硬貨

_____

☑⑧ 丘

_____

☑⑨ ろうそく

_____

☑⑩ 装置，機器

_____

☑⑪ カフェテリア

_____

☑⑫ 汚染

_____

☑⑬ パン屋

_____

☑⑭ なくなること，喪失

_____

☑⑮ 村人

_____

❷ 日本語と同じ意味を表すように，空所に英単語を書きなさい。

☑① 朝市

a morning _____

☑② すばらしい経歴を持っている

have a great _____

☑③ 発電する

produce _____

☑④ 2国間の友好関係

a _____ between the two countries

☑⑤ 医学を勉強する

study _____

☑⑥ 薬を2錠飲む

take two _____

☑⑦ 店主

a shop _____

☑⑧ 2つの選択肢がある

have two _____

☑⑨ その機械の操作

the _____ of the _____

答え **❶** ① instrument ② desert ③ factory [plant] ④ tradition ⑤ mask ⑥ elevator ⑦ coin ⑧ hill
⑨ candle ⑩ device ⑪ cafeteria ⑫ pollution ⑬ bakery ⑭ loss ⑮ villager
❷ ① market ② career ③ electricity ④ friendship ⑤ medicine ⑥ tablets ⑦ owner ⑧ choices
⑨ operation, machine

❸ 日本文と同じ意味を表すように，英文の空所に英単語を書きなさい。

☑① 私は<u>文中</u>のその表現の意味を推測できなかった。

I couldn't guess the meaning of that expression <u>in the</u> _____.

☑② 私たちは<u>地面</u>に座って休んだ。

We sat <u>on the</u> _____ and rested.

☑③ 私は星の<u>形</u>をしたクッキーを作った。

I made cookies <u>in the</u> _____ of stars.

☑④ 3階まで<u>エレベーター</u>に乗ってください。

Take <u>the</u> _____ to the third floor.

☑⑤ その工場の<u>機械</u>は 24 時間稼働している。

The _____ in that factory work 24 hours a day.

☑⑥ その選手は昨日ひざの<u>手術</u>を受けた。

The player <u>had an</u> _____ on his knee yesterday.

☑⑦ 父は<u>飛行機</u>で移動するのが好きではない。

My father doesn't like to travel by _____.

☑⑧ 彼女は重い<u>心臓病</u>にかかっていた。

She <u>had a serious heart</u> _____.

☑⑨ 彼はそのチームのリーダーと親密な<u>友情</u>を築いた。

He <u>built a close</u> _____ <u>with</u> the leader of the team.

☑⑩ 先生は私たちに教育の<u>重要性</u>について教えてくれた。

Our teacher taught us about the _____ of education.

☑⑪ 彼は<u>勇気</u>を振り絞って彼女に話しかけた。

He spoke to her <u>with all his</u> _____.

☑⑫ あなたはスマートフォンの<u>紛失</u>を届け出ましたか。

Did you report <u>the</u> _____ of your smartphone?

☑⑬ 彼女は学校の<u>吹奏楽団</u>でフルートを演奏している。

She plays the flute in the school <u>brass</u> _____.

☑⑭ 私は食べ物を<u>皿</u>に盛って，それを彼に渡した。

I put the food <u>on a</u> _____ and passed it to him.

☑⑮ 私は 1 日 3 回食後にこの<u>薬</u>を飲まなければならない。

I have to <u>take this</u> _____ three times a day after meals.

☑⑯ 彼女は<u>タブレット</u>で英語の宿題をした。

She did her English homework <u>on a</u> _____.

☑⑰ その動物園の<u>入場料</u>は大人 500 円です。

The <u>entrance</u> _____ to that zoo is 500 yen for adults.

☑⑱ 彼は警察官としての<u>仕事</u>を始めた。

He began his _____ as a police officer.

答え ❸ ① sentence　② ground　③ shape　④ elevator　⑤ machines　⑥ operation　⑦ plane　⑧ disease
⑨ friendship　⑩ importance　⑪ courage　⑫ loss　⑬ band　⑭ plate [dish]　⑮ medicine　⑯ tablet
⑰ fee　⑱ career

	単語	意味	書いてみよう		単語	意味	書いてみよう
1045	**fossil** ③ [fá:sl] ふァスる	名 化石		1064	**environmental** ③ [invàirənméntl] インヴァイロンメントゥる	形 環境の	
1046	**imagine** ③ [imǽdʒin] イマぁヂン	動 を想像する		1065	**social** ③ [sóuʃl] ソウシャる	形 社会の	
1047	**express** ③ [iksprés] イクスプレス	動 を表現する, 述べる		1066	**western** ③ [wéstərn] ウェスタン	形 ①(Western で)西洋の ②西の	
1048	**celebrate** ③ [séləbrèit] セれブレイト	動 (を)祝う		1067	**impressed** [imprést] インプレスト	形 感動して	
1049	**preserve** ③ [prizə́:rv] プリザ〜ヴ	動 を保存する, 保護する		1068	**shocked** [ʃákt] シャックト	形 衝撃[ショック] を受けて	
1050	**serve** ③ [sə́:rv] サ〜ヴ	動 ①(飲食物)を 出す ②に仕える		1069	**excellent** [éksələnt] エクセレント	形 非常にすぐ れた	
1051	**accept** ③ [əksépt] アクセプト	動 を受け入れ る		1070	**common** ③ [kámən] カモン	形 ①ありふれ た, ふつう の ②共通の	
1052	**depend** ③ [dipénd] ディペンド	動 頼る		1071	**generation** ③ [dʒènəréiʃn] ヂェネレイシャン	名 世代	
1053	**graduate** ③ [grǽdʒuèit] グラぁヂュエイト 発	動 卒業する		1072	**organization** 準2 [ɔ́:rgənəzéiʃn] オーガニゼイシャン	名 組織, 団体	
1054	**repair** ③ [ripéər] リペア	動 を修理する		1073	**schedule** ③ [skédʒu:l] スケヂューる	名 予定(表), スケジュー ル	
1055	**attract** 準2 [ətrǽkt] アトゥラぁクト	動 を引きつける, 魅了する		1074	**seat** ④ [sí:t] スィート	名 座席, 席	
1056	**repeat** ③ [ripí:t] リピート	動 (を)繰り返 す, 繰り返 して言う		1075	**tunnel** ③ [tʌ́nl] タヌる 発	名 トンネル	
1057	**bake** ③ [béik] ベイク	動 (パンなど)を 焼く		1076	**flag** [flǽg] ふらぁッグ	名 旗	
1058	**import** 準2 [impɔ́:rt] インポート ア	動 (を)輸入す る		1077	**homeroom** ③ [hóumrù:m] ホウムルーム	名 ホームルー ム	
1059	**rescue** 準2 [réskju:] レスキュー	動 を救助する 名 救助		1078	**memory** ③ [méməri] メモリ	名 ①思い出 ②記憶(力)	
1060	**hit** ③ [hít] ヒット	動 ①をぶつける ②を襲う ③(ボール)を打つ		1079	**opening** [óupniŋ] オウプニング	名 ①開始, 開 くこと, 開 店 ②冒頭部分	
1061	**average** ③ [ǽvəridʒ] アヴェレッヂ	形 平均の 名 平均		1080	**pause** [pɔ́:z] ポーズ	名 小休止, 間	
1062	**following** ③ [fálouiŋ] ふァろウイング	形 ⟨the +⟩次に 続く					
1063	**proud** ③ [práud] プラウド	形 誇りを持っ た					

☑① その状況を想像する
_____ the situation

☑② 自分の感情を表現する
_____ my feelings

☑③ 彼女の誕生日を祝う
_____ her birthday

☑④ 化石を保存する
_____ the _____

☑⑤ 温かい食事を出す
_____ hot meals

☑⑥ 留学生を受け入れる
_____ international students

☑⑦ あなたに頼る
_____ on you

☑⑧ 大学を卒業する
_____ from college

☑⑨ その機器を修理する
_____ the device

☑⑩ 観光客を引きつける
_____ tourists

☑⑪ 質問を繰り返す[繰り返して言う]
_____ the question

☑⑫ パンを焼く
_____ the bread

☑⑬ 自動車を輸入する
_____ cars

☑⑭ 子どもたちを救助する
_____ the children

☑⑮ 平均(の)気温
the _____ temperature

☑⑯ 次の[次に続く]記事，以下の記事
the _____ article

☑⑰ 環境(の)問題
_____ problems

☑⑱ 大きな社会(の)変化
great _____ change

☑⑲ 西洋(の)文化
_____ cultures

☑⑳ 非常にすぐれた選手
an _____ player

☑㉑ ありふれた[ふつうの]名前
a _____ name

☑㉒ 次の世代
the next _____

☑㉓ 全国組織
a national _____

☑㉔ 忙しい予定[スケジュール]
a busy _____

☑㉕ 空いている(座)席，空席
an empty _____

☑㉖ 学校の旗，校旗
a school _____

☑㉗ 私のいちばんの思い出
my favorite _____

☑㉘ 会話での間
a _____ in the conversation

答え ① imagine ② express ③ celebrate ④ preserve, fossil(s) ⑤ serve ⑥ accept ⑦ depend ⑧ graduate
⑨ repair ⑩ attract ⑪ repeat ⑫ bake ⑬ import ⑭ rescue ⑮ average ⑯ following
⑰ environmental ⑱ social ⑲ Western ⑳ excellent ㉑ common ㉒ generation ㉓ organization
㉔ schedule ㉕ seat ㉖ flag ㉗ memory ㉘ pause

LEVEL 1
LEVEL 2
LEVEL 3
LEVEL 4
LEVEL 5

1045 ▼ 1080

3 空所に英単語を書こう

❶ 日本語の意味を表す英単語を書きなさい。

☑① を保存する，保護する

☑② トンネル

☑③ 非常にすぐれた

☑④ 化石

☑⑤ 小休止，間

☑⑥ （を）輸入する

☑⑦ 組織，団体

☑⑧ （を）祝う

☑⑨ 卒業する

☑⑩ 環境の

☑⑪ を修理する

☑⑫ 西洋の，西の

❷ 日本語と同じ意味を表すように，空所に英単語を書きなさい。

☑① 平均して　　　　　　　　　　　on ＿＿＿＿＿＿＿＿＿

☑② 共通言語　　　　　　　　　　　a ＿＿＿＿＿＿＿＿＿ language

☑③ 社会科　　　　　　　　　　　　＿＿＿＿＿＿＿＿＿ studies

☑④ 記憶力がよい　　　　　　　　　have a good ＿＿＿＿＿＿＿＿＿

☑⑤ 私たちの担任教師　　　　　　　our ＿＿＿＿＿＿＿＿＿ teacher

☑⑥ 世代を超えて　　　　　　　　　from ＿＿＿＿＿＿＿ to ＿＿＿＿＿＿＿

☑⑦ 注意を引く　　　　　　　　　　＿＿＿＿＿＿＿＿＿ attention

☑⑧ 営業時間　　　　　　　　　　　the ＿＿＿＿＿＿＿＿＿ hours

☑⑨ 座る　　　　　　　　　　　　　take [have] a ＿＿＿＿＿＿＿＿＿

☑⑩ 英語で自分の考えを表現する　　＿＿＿＿＿＿＿＿＿ myself in English

答え ❶ ① preserve　② tunnel　③ excellent　④ fossil　⑤ pause　⑥ import　⑦ organization　⑧ celebrate
　　 ⑨ graduate　⑩ environmental　⑪ repair　⑫ western
　　❷ ① average　② common　③ social　④ memory　⑤ homeroom　⑥ generation, generation　⑦ attract
　　 ⑧ opening　⑨ seat　⑩ express

❸ 日本文と同じ意味を表すように，英文の空所に英単語を書きなさい。

☑① 私はそんな退屈な生活を想像することができない。

I can't _____ such a boring life.

☑② その会社は従業員に昼食を出している。

The company _____ lunch to its workers.

☑③ 地元の人たちは喜んで彼のことを受け入れた。

The local people were happy to _____ him.

☑④ きみの未来はきみの努力次第だ。

Your future _____ on your effort.

☑⑤ 彼はもうすぐカナダの大学を卒業する。

He will soon _____ from college in Canada.

☑⑥ 美しい浜辺が私たちの町に多くの観光客を引きつけている。

The beautiful beaches _____ a lot of tourists to our town.

☑⑦ 私たちは同じ間違いを繰り返すべきではない。

We should not _____ the same mistakes.

☑⑧ パンを 15 分間焼いてください。

_____ the bread for fifteen minutes.

☑⑨ 日本はバナナのほとんどを外国から輸入している。

Japan _____ most of its bananas from foreign countries.

☑⑩ 3 人が燃えている建物から救助された。

Three people were _____ from the burning building.

☑⑪ 私はドアに頭をぶつけてしまった。

I _____ my head on the door.

☑⑫ 次の文章を読んで質問に答えなさい。

Read the _____ sentences and answer the questions.

☑⑬ 私は自分のチームを誇りに思っている。

I am _____ of my team.

☑⑭ 私たちはみな彼女の勇気に感動した。

We were all _____ with her courage.

☑⑮ 私はその写真を見てショックを受けた。

I was _____ to see the photo.

☑⑯ 今週の予定を確認しよう。

Let's check the _____ for this week.

☑⑰ これが私たちの国の国旗です。

This is the national _____ of our country.

☑⑱ その新しいモールの開業はもうすぐだ。

The _____ of that new mall is coming soon.

答え ❸ ① imagine　② serves　③ accept　④ depends　⑤ graduate　⑥ attract　⑦ repeat　⑧ Bake　⑨ imports
⑩ rescued　⑪ hit　⑫ following　⑬ proud　⑭ impressed　⑮ shocked　⑯ schedule　⑰ flag
⑱ opening

LEVEL 1
LEVEL 2
LEVEL 3
LEVEL 4
LEVEL 5

1045 ▼ 1080

	単語	意味	書いてみよう		単語	意味	書いてみよう
1081	slide 準2 [sláid] スらイド	名 (映写機の) スライド		1099	top 4 [táp] タップ	名 ①頂上 ②最高位 形 いちばん上 [上位]の	
1082	nest 3 [nést] ネスト	名 巣		1100	French 3 [fréntʃ] ふレンチ	名 フランス語[人] 形 フランス(語 [人])の	
1083	soap [sóup] ソウプ	名 せっけん		1101	total 3 [tóutl] トウトゥる	名 合計 形 総計の	
1084	monument [mánjəmənt] マニュメント	名 記念碑, 記念像		1102	interpreter [intə́ːrpritər] インタ〜プリタ	名 通訳者	
1085	escalator [éskəlèitər] エスカれイタ ア	名 エスカレー ター		1103	translator [trǽnsleitər] トゥラぁンすれいタ	名 翻訳家	
1086	evacuation [ivǽkjuéiʃn] イヴぁキュエイシャン	名 避難, 退避		1104	population 3 [pàpjəléiʃn] パピュれイシャン	名 人口	
1087	exhibition 3 [èksibíʃn] エクスィビシャン 発	名 展覧会, 展示		1105	traffic 4 [trǽfik] トゥラぁふィック	名 交通(量)	
1088	homestay 4 [hóumstèi] ホウムステイ	名 ホームステ イ		1106	accident 3 [ǽksidənt] あクスィデント	名 事故	
1089	nursery [nə́ːrsəri] ナ〜サリ	名 保育園, 託児所		1107	road 5 [róud] ロウド	名 道路	
1090	assistance [əsístəns] アスィスタンス	名 援助, 助力		1108	railroad [réilròud] レイるロウド	名 鉄道(会社)	
1091	ton [tán] タン 発	名 (重量の単位) トン		1109	flight 3 [fláit] ふライト	名 ①(飛行機の)便 ②飛行機旅行 ③飛ぶこと	
1092	kilometer 4 [kilámitər] キらミタ ア	名 キロメート ル		1110	brain 3 [bréin] ブレイン	名 ①脳 ②頭脳	
1093	interview 3 [íntərvjùː] インタヴュー	名 面接, イン タビュー 動 に インタ ビューする		1111	climate 3 [kláimit] クらイメット	名 気候	
1094	heat [híːt] ヒート	名 ①熱 ②暑さ 動 を熱する, 温める		1112	condition 3 [kəndíʃn] コンディシャン	名 ①状態 ②(複数形で) 状況, 環境	
1095	influence 3 [ínfluəns] インふるエンス	名 影響(力) 動 に影響を及 ぼす		1113	experiment 3 [ikspérimənt] イクスペリメント	名 実験	
1096	page 5 [péidʒ] ペイヂ	名 ページ		1114	difficulty 3 [dífikəlti] ディふィカるティ	名 難しさ, 困難	
1097	wave 3 [wéiv] ウェイヴ	名 波 動 (手など)を振る, 手を振る		1115	level 3 [lévl] れヴる	名 ①程度, 水準, レベル ②階	
1098	stage 3 [stéidʒ] ステイヂ	名 舞台, ステー ジ, 段階		1116	radio 5 [réidiòu] レイディオウ 発	名 ラジオ	

① せっけん１個
a cake of ＿＿＿＿＿＿＿＿

② 彼の記念碑
a ＿＿＿＿＿＿＿＿ to him

③ エスカレーターで
by ＿＿＿＿＿＿＿＿

④ 避難訓練
an ＿＿＿＿＿＿＿＿ drill

⑤ 展覧会を開催する
hold an ＿＿＿＿＿＿＿＿

⑥ ホームステイをする
do a ＿＿＿＿＿＿＿＿

⑦ 100キロ(メートル)を歩く
walk 100 ＿＿＿＿＿＿＿＿

⑧ 仕事の面接
a job ＿＿＿＿＿＿＿＿

⑨ 太陽の熱
the ＿＿＿＿＿＿＿＿ of the sun

⑩ 強い影響(力)
a strong ＿＿＿＿＿＿＿＿

⑪ 次のページに[で]
on the following ＿＿＿＿＿＿＿＿

⑫ 波乗りをする
ride the ＿＿＿＿＿＿＿＿

⑬ 丘の頂上
the ＿＿＿＿＿＿＿＿ of the hill

⑭ とても上手にフランス語を話す
speak excellent ＿＿＿＿＿＿＿＿

⑮ 合計で
in ＿＿＿＿＿＿＿＿

⑯ 手話通訳者
a sign language ＿＿＿＿＿＿＿＿

⑰ プロの翻訳家
a professional ＿＿＿＿＿＿＿＿

⑱ 総計の人口, 総人口
the ＿＿＿＿＿＿＿＿ ＿＿＿＿＿＿＿＿

⑲ 多い交通量
heavy ＿＿＿＿＿＿＿＿

⑳ 事故にあう
have an ＿＿＿＿＿＿＿＿

㉑ 主要[幹線]道路
a main ＿＿＿＿＿＿＿＿

㉒ 鉄道駅
a ＿＿＿＿＿＿＿＿ station

㉓ 東京への(航空)便
a ＿＿＿＿＿＿＿＿ to Tokyo

㉔ 人間の脳
the human ＿＿＿＿＿＿＿＿

㉕ 世界的な気候変動
global ＿＿＿＿＿＿＿＿ change

㉖ 実験をする
do an ＿＿＿＿＿＿＿＿

㉗ 高い教育水準[レベル]
a high ＿＿＿＿＿＿＿＿ of education

㉘ ラジオを聞く
listen to the ＿＿＿＿＿＿＿＿

LEVEL 1
LEVEL 2
LEVEL 3
LEVEL 4
LEVEL 5

1081 ▽ 1116

答え ① soap ② monument ③ escalator ④ evacuation ⑤ exhibition ⑥ homestay ⑦ kilometers ⑧ interview ⑨ heat ⑩ influence ⑪ page ⑫ waves ⑬ top ⑭ French ⑮ total ⑯ interpreter ⑰ translator ⑱ total, population ⑲ traffic ⑳ accident ㉑ road ㉒ railroad ㉓ flight ㉔ brain ㉕ climate ㉖ experiment ㉗ level ㉘ radio

3 空所に英単語を書こう

学習日 月 日

❶ 日本語の意味を表す英単語を書きなさい。

☑① 脳, 頭脳 _____

☑② エスカレーター _____

☑③ 実験 _____

☑④ 展覧会, 展示 _____

☑⑤ 通訳者 _____

☑⑥ キロメートル _____

☑⑦ (飛行機の)便, 飛行機旅行 _____

☑⑧ せっけん _____

☑⑨ 避難, 退避 _____

☑⑩ 難しさ, 困難 _____

☑⑪ 鉄道(会社) _____

☑⑫ 巣 _____

❷ 日本語と同じ意味を表すように, 空所に英単語を書きなさい。

☑① ラジオでニュースを聞く　　hear the news on the _____

☑② 交通信号　　a _____ light

☑③ この段階において　　at this _____

☑④ 私たちの生活に影響を及ぼす　　_____ our lives

☑⑤ 石碑　　a stone _____

☑⑥ 保育士　　a _____ (school) teacher

☑⑦ 補助犬　　an _____ dog

☑⑧ その翻訳家へのインタビュー　　an _____ with the _____

☑⑨ 旗を振る　　_____ a flag

☑⑩ 苦労する　　have _____

答え ❶ ① brain ② escalator ③ experiment ④ exhibition ⑤ interpreter ⑥ kilometer ⑦ flight ⑧ soap ⑨ evacuation ⑩ difficulty ⑪ railroad ⑫ nest
❷ ① radio ② traffic ③ stage ④ influence ⑤ monument ⑥ nursery ⑦ assistance ⑧ interview, translator ⑨ wave ⑩ difficulties

❸ 日本文と同じ意味を表すように，英文の空所に英単語を書きなさい。

☑①	このスライドは日本が中国から輸入しているものを示している。	This _____ shows the things Japan imports from China.
☑②	私はホームステイの間にたくさんのことを経験しようと思う。	I want to experience a lot during my _____.
☑③	母親は息子を保育園に連れていった。	The mother took her son to _____ school.
☑④	その子どもはタブレットを使うのに手助けがいらなかった。	The child didn't need _____ to use the tablet.
☑⑤	彼らは2トンのごみを集めた。	They collected about two _____ of trash.
☑⑥	私は来週ボランティア活動の面接がある。	I have an _____ for volunteer work next week.
☑⑦	私は冬の寒さよりも夏の暑さのほうが好きだ。	I like the summer _____ better than the winter cold.
☑⑧	人々の行動は自然に悪い影響を及ぼすことが多い。	People's actions often have a bad _____ on nature.
☑⑨	15ページのグラフを見てください。	Look at the graph on _____ 15.
☑⑩	私は舞台の上でとても緊張していた。	I was very nervous on the _____.
☑⑪	私たちは山の頂上で写真を撮った。	We took pictures at the _____ of the mountain.
☑⑫	世界の人口は80億人を超えている。	The world's _____ is over eight billion.
☑⑬	今朝その大通りの交通量は多かった。	There was a lot of _____ on the main street this morning.
☑⑭	彼は学校の前で自動車事故にあった。	He had a car _____ in front of the school.
☑⑮	彼女が道路の反対側から手を振っている。	She is waving from the other side of the _____.
☑⑯	私の町は冬は寒くて乾燥した気候です。	My city has a cold and dry _____ in winter.
☑⑰	彼が10年前に買ったジャケットはまだ状態がよい。	The jacket he bought 10 years ago is still in good _____.
☑⑱	彼らには高いレベルの語学力がある。	They have a high _____ of language skills.

LEVEL 1 LEVEL 2 **LEVEL 3** LEVEL 4 LEVEL 5

1081 ▼ 1116

答え ❸ ① slide　② homestay　③ nursery　④ assistance [help]　⑤ tons　⑥ interview　⑦ heat　⑧ influence　⑨ page　⑩ stage　⑪ top　⑫ population　⑬ traffic　⑭ accident　⑮ road　⑯ climate　⑰ condition　⑱ level

	単語	意味	書いてみよう
1117	**service** 4 [sə́:rvis] サ〜ヴィス	名 サービス（業務）	
1118	**wing** 3 [wíŋ] ウィング	名 翼，羽	
1119	**matter** 4 [mǽtər] マぁタ	名 ①事柄，問題 ②困難，やっかいごと	
1120	**value** 3 [vǽlju:] ヴぁりュー	名 価値	
1121	**danger** 3 [déindʒər] デインヂャ	名 危険(性)	
1122	**delivery** [dilívəri] デリヴァリ	名 配達	
1123	**picnic** [píknik] ピクニック	名 ピクニック	
1124	**captain** 3 [kǽptən] キぁプテン	名 ①主将，キャプテン ②船長	
1125	**audience** 3 [ɔ́:diəns] オーディエンス	名 聴衆，観客	
1126	**president** 3 [prézidənt] プレズィデント	名 ①大統領 ②社長，会長	
1127	**damage** 3 [dǽmidʒ] ダぁメッヂ	名 被害，損害 動 に損害を与える	
1128	**roof** 3 [rú:f] ルーふ	名 屋根	
1129	**bean** 3 [bí:n] ビーン	名 豆	
1130	**cancer** 3 [kǽnsər] キぁンサ	名 がん	
1131	**notice** 3 [nóutis] ノウティス	動 に気がつく 名 掲示，告知	
1132	**belong** 3 [bilɔ́:ŋ] ビろーング	動 〈+ to〉に所属する	
1133	**cause** 3 [kɔ́:z] コーズ	動 の原因となる，を引き起こす 名 原因	
1134	**drive** 5 [dráiv] ドゥライヴ	動 を運転する，車で行く 名 ドライブ	
1135	**connect** 3 [kənékt] コネクト	動 をつなぐ，接続する，つながる	
1136	**discuss** 準2 [diskás] ディスカス	動 について話し合う	
1137	**destroy** 3 [distrɔ́i] ディストゥロイ	動 を破壊する	
1138	**compare** 3 [kəmpéər] コンペア	動 を比べる，比較する	
1139	**raise** 4 [réiz] レイズ 発	動 ①を上げる ②を育てる	
1140	**cover** 3 [kávər] カヴァ	動 をおおう 名 カバー，表紙	
1141	**wonder** 3 [wándər] ワンダ	動 ①だろうかと思う ②を不思議に思う 名 驚き，不思議	
1142	**allow** 3 [əláu] アらウ 発	動 を許可する	
1143	**seem** 3 [sí:m] スィーム	動 のように思われる	
1144	**boil** [bɔ́il] ボイる	動 ①をゆでる，煮る ②を沸かす，沸く	
1145	**smell** 3 [smél] スメる	動 のにおいがする 名 におい	
1146	**possible** 3 [pásəbl] パスィブる	形 ①可能な ②ありうる	
1147	**convenient** [kənví:njənt] コンヴィーニャント	形 便利な，都合のよい	
1148	**worse** 3 [wə́:rs] ワ〜ス	形 より悪い	
1149	**usual** 4 [jú:ʒuəl] ユージュアる	形 いつもの，ふだんの	
1150	**low** 5 [lóu] ろウ	形 ①低い ②安い	
1151	**disappointed** [disəpɔ́intid] ディスアポインティド	形 失望して，がっかりして	

☑① サービスを改善する

improve ＿＿＿＿＿＿＿＿

☑② 健康の価値

the ＿＿＿＿＿＿＿＿ of health

☑③ ピクニックをする

have a ＿＿＿＿＿＿＿＿

☑④ 私たちのチームの主将[キャプテン]

the ＿＿＿＿＿＿＿＿ of our team

☑⑤ 大勢の聴衆[観客]

a large ＿＿＿＿＿＿＿＿

☑⑥ フランス大統領

the ＿＿＿＿＿＿＿＿ of France

☑⑦ 屋根(の上)に

on the ＿＿＿＿＿＿＿＿

☑⑧ コーヒー豆を買う

buy coffee ＿＿＿＿＿＿＿＿

☑⑨ がんにかかっている

have ＿＿＿＿＿＿＿＿

☑⑩ そのクラブに所属する

＿＿＿＿＿＿＿＿ to the club

☑⑪ 深刻な被害[損害]を引き起こす

＿＿＿＿＿＿＿＿ serious ＿＿＿＿＿＿＿＿

☑⑫ 車を運転する

＿＿＿＿＿＿＿＿ a car

☑⑬ 2つの都市をつなぐ[接続する]

＿＿＿＿＿＿＿＿ the two cities

☑⑭ その事柄[問題]について話し合う

＿＿＿＿＿＿＿＿ the ＿＿＿＿＿＿＿＿

☑⑮ 環境を破壊する

＿＿＿＿＿＿＿＿ the environment

☑⑯ 答えを比べる[比較する]

＿＿＿＿＿＿＿＿ the answers

☑⑰ 手を挙げる

＿＿＿＿＿＿＿＿ my hand

☑⑱ 顔をおおう

＿＿＿＿＿＿＿＿ my face

☑⑲ ここでキャンプすることを許可する

＿＿＿＿＿＿＿＿ camping here

☑⑳ 卵をゆでる

＿＿＿＿＿＿＿＿ eggs

☑㉑ 甘い[いい]においがする

＿＿＿＿＿＿＿＿ sweet

☑㉒ そのにおいに気がつく

＿＿＿＿＿＿＿＿ the ＿＿＿＿＿＿＿＿

☑㉓ 可能なように思われる

＿＿＿＿＿＿＿＿ ＿＿＿＿＿＿＿＿

☑㉔ 便利な[都合のよい]場所

a ＿＿＿＿＿＿＿＿ place

☑㉕ 以前よりもより悪い

be ＿＿＿＿＿＿＿＿ than before

☑㉖ いつもの[ふだんの]料金

the ＿＿＿＿＿＿＿＿ fee

☑㉗ 低い気温, 低温

＿＿＿＿＿＿＿＿ temperatures

☑㉘ 失望した[がっかりした]ファン

＿＿＿＿＿＿＿＿ fans

答え ① service ② value ③ picnic ④ captain ⑤ audience ⑥ president [President] ⑦ roof ⑧ beans ⑨ cancer ⑩ belong ⑪ cause, damage ⑫ drive ⑬ connect ⑭ discuss, matter ⑮ destroy ⑯ compare ⑰ raise ⑱ cover ⑲ allow ⑳ boil ㉑ smell ㉒ notice, smell ㉓ seem, possible ㉔ convenient ㉕ worse ㉖ usual ㉗ low ㉘ disappointed

3 空所に英単語を書こう

❶ 日本語の意味を表す英単語を書きなさい。

☑① を上げる，を育てる

_____

☑② ピクニック

_____

☑③ 豆

_____

☑④ 大統領，社長，会長

_____

☑⑤ を破壊する

_____

☑⑥ 危険(性)

_____

☑⑦ 屋根

_____

☑⑧ をゆでる，を沸かす，沸く

_____

☑⑨ 低い，安い

_____

☑⑩ 主将，キャプテン

_____

☑⑪ だろうかと思う，驚き，不思議

_____

☑⑫ 聴衆，観客

_____

☑⑬ 被害，損害，に被害を与える

_____

☑⑭ 価値

_____

☑⑮ がん

_____

❷ 日本語と同じ意味を表すように，空所に英単語を書きなさい。

☑① ドライブに行く　　go for a _____

☑② 配送サービスを利用する　　use a _____ _____

☑③ 動物を育てる　　_____ animals

☑④ 私の考えを彼女のと比べる　　_____ my idea with hers

☑⑤ 私たちに問題をもたらす　　_____ problems for us

☑⑥ 雪でおおわれている　　*be* _____ with snow

☑⑦ できるだけ早く　　as soon as _____

☑⑧ 悪くなる　　get _____

☑⑨ それを知っているようだ[知っているらしい]　　_____ to know it

答え ❶ ① raise　② picnic　③ bean　④ president　⑤ destroy　⑥ danger　⑦ roof　⑧ boil　⑨ low
　　⑩ captain　⑪ wonder　⑫ audience　⑬ damage　⑭ value　⑮ cancer
❷ ① drive　② delivery, service　③ raise　④ compare　⑤ cause　⑥ covered　⑦ possible　⑧ worse
　　⑨ seem

❸ 日本文と同じ意味を表すように，英文の空所に英単語を書きなさい。

☑① 翼があって飛べたらいいのに。 | I wish I had _____ and could fly.

☑② これは私たち全員にとって重要な問題だ。 | This is an important _____ for all of us.

☑③ この悪天候では交通事故の危険性がある。 | There is a _____ of traffic accidents in this bad weather.

☑④ 地震はその町に深刻な被害はもたらさなかった。 | The earthquake didn't do any serious _____ to the town.

☑⑤ 私は彼に関して特に何も気づかなかった。 | I didn't _____ anything special about him.

☑⑥ 彼は地域の水泳クラブに所属している。 | He _____ to a local swimming club.

☑⑦ 大雨は農場に大変な被害をもたらした。 | The heavy rain _____ great damage to the farms.

☑⑧ 兄は新しいコンピューターをインターネットにつないだ。 | My brother _____ his new computer to the Internet.

☑⑨ 私たちは彼らとその深刻な問題について話し合った。 | We _____ a serious matter with them.

☑⑩ 雪が町中をおおった。 | Snow _____ the whole town.

☑⑪ 彼に何があったのだろうか。 | I _____ what happened to him.

☑⑫ 美術館内では飲食は許可されていない。 | Eating and drinking are not _____ in the museum.

☑⑬ 私が彼女に会ったとき，彼女はうれしそうだった。 | When I met her, she _____ happy.

☑⑭ それはいいにおいがする。果物のようなにおいがするね。 | It _____ good. It _____ like fruit.

☑⑮ そこに徒歩で行くことは可能でしょうか。 | Is it _____ to get there on foot?

☑⑯ そのウェブサイトは外国人観光客にとって便利だ。 | The website is _____ for foreign tourists.

☑⑰ 今日はいつもより交通量が多い。 | Traffic is heavier than _____ today.

☑⑱ 彼らは富士山が見えないことにがっかりした。 | They were _____ that they could not see Mt. Fuji.

LEVEL 1
LEVEL 2
LEVEL 3
LEVEL 4
LEVEL 5

1
1
1
7
▼
1
1
5
1

答え ❸ ① wings　② matter [problem]　③ danger　④ damage　⑤ notice　⑥ belongs　⑦ caused
⑧ connected　⑨ discussed　⑩ covered　⑪ wonder　⑫ allowed　⑬ seemed [looked]　⑭ smells, smells
⑮ possible　⑯ convenient　⑰ usual　⑱ disappointed

	単語	意味	書いてみよう		単語	意味	書いてみよう
1152	**impossible** ③ [impásəbl] インパスィブる	形 不可能な		1170	**stamp** ⑤ [stæmp] スタぁンプ	名 切手	
1153	**final** ③ [fáinl] ふァィヌる	形 最後の, 最終的な 名 決勝戦		1171	**stomach** ③ [stʌ́mək] スタマック 発	名 ①胃 ②腹部	
1154	**public** ④ [pʌ́blik] パブリック	形 公共の, 公の 名 一般(大衆)		1172	**stomachache** [stʌ́məkèik] スタマックエイク	名 胃痛, 腹痛	
1155	**eco-friendly** [ì:koufréndli] イーコウふレンドリ	形 環境にやさしい		1173	**headache** [hédèik] ヘッドエイク	名 頭痛	
1156	**decision** 準2 [disíʒn] ディスィジャン	名 決定, 決心		1174	**survey** ③ [sə́ːrvei] サ〜ヴェイ ア	名 調査	
1157	**adventure** [ədvéntʃər] アドヴェンチャ	名 冒険		1175	**traveler** ④ [trǽvələr] トゥラぁヴェら	名 旅行者	
1158	**treasure** ③ [tréʒər] トゥレジャ	名 ①宝物, 財宝 ②(歴史的・芸術的)重要品		1176	**typhoon** [taifú:n] タイふーン ア	名 台風	
1159	**medal** ③ [médl] メドゥる	名 メダル		1177	**drone** [dróun] ドゥロウン	名 ドローン	
1160	**phrase** ② [fréiz] ふレイズ	名 ①言い回し, (決まった)表現 ②句		1178	**shower** ④ [ʃáuər] シャウア	名 ①シャワー ②にわか雨	
1161	**direction** ③ [dirékʃn] ディレクシャン	名 ①方向, 方向性 ②(複数形で)指示, 道順		1179	**diary** ④ [dáiəri] ダイアリ	名 日記帳, 日記	
1162	**director** [diréktər] ディレクタ	名 ①監督 ②取締役, 所長		1180	**album** ⑤ [ǽlbəm] あるバム	名 アルバム	
1163	**gesture** ③ [dʒéstʃər] ヂェスチャ	名 身振り, ジェスチャー		1181	**display** ③ [displéi] ディスプれイ	名 ①展示(品) ②ディスプレイ 動 を展示する	
1164	**user** [jú:zər] ユーザ	名 使用者, 利用者		1182	**battery** [bǽtəri] バぁテリ	名 電池, バッテリー	
1165	**charity** 準2 [tʃǽrəti] チぁリティ	名 ①慈善(行為) ②慈善団体		1183	**doll** ⑤ [dál] ダる	名 人形	
1166	**joy** ④ [dʒɔ́i] ヂョイ	名 喜び		1184	**curtain** [kə́ːrtn] カ〜トゥン	名 ①カーテン ②(劇場の)幕	
1167	**reality** [riǽləti] リありティ	名 現実(のこと)		1185	**handkerchief** [hǽŋkərtʃif] ハぁンカチふ 発	名 ハンカチ	
1168	**recipe** [résəpi] レセピ 発	名 レシピ		1186	**stationery** [stéiʃənèri] スティショネリ	名 文房具	
1169	**sofa** [sóufə] ソウふァ 発	名 ソファ		1187	**announcement** [ənáunsmənt] アナウンスメント	名 発表, 知らせ, アナウンス	
				1188	**relay** [rí:lei] リーれイ ア	名 リレー競技	

☑① ほとんど不可能だ
be almost ＿＿＿＿＿＿＿

☑② 最後の[最終的な]段階
the ＿＿＿＿＿＿＿ stage

☑③ 環境にやさしい製品
＿＿＿＿＿＿＿ products

☑④ 決定[決心]する
make a ＿＿＿＿＿＿＿

☑⑤ 冒険物語
an ＿＿＿＿＿＿＿ story

☑⑥ 王の宝物[財宝]
the king's ＿＿＿＿＿＿＿

☑⑦ メダルを獲得する
win a ＿＿＿＿＿＿＿

☑⑧ よくある英語の言い回し[表現]
a common English ＿＿＿＿＿＿＿

☑⑨ 有名な映画監督
a famous film ＿＿＿＿＿＿＿

☑⑩ 身振り[ジェスチャー]で意思を伝える
communicate by ＿＿＿＿＿＿＿

☑⑪ インターネット使用者[利用者]
an Internet ＿＿＿＿＿＿＿

☑⑫ 喜びでいっぱいだ
be full of ＿＿＿＿＿＿＿

☑⑬ 現実に直面する
face ＿＿＿＿＿＿＿

☑⑭ その料理のレシピ
a ＿＿＿＿＿＿＿ for the dish

☑⑮ ソファ(の上)で眠る
sleep on the ＿＿＿＿＿＿＿

☑⑯ 切手を集める
collect ＿＿＿＿＿＿＿

☑⑰ 腹痛がする，胃が痛い
have a ＿＿＿＿＿＿＿

☑⑱ 頭痛がする，頭が痛い
have a ＿＿＿＿＿＿＿

☑⑲ 調査を実施する
do a ＿＿＿＿＿＿＿

☑⑳ 外国人旅行者
a foreign ＿＿＿＿＿＿＿

☑㉑ ドローンを飛ばす
fly a ＿＿＿＿＿＿＿

☑㉒ シャワーを浴びる
take a ＿＿＿＿＿＿＿

☑㉓ 日記をつける
keep a ＿＿＿＿＿＿＿

☑㉔ フォトアルバム
a photo ＿＿＿＿＿＿＿

☑㉕ 残量の少ない電池[バッテリー]
a low ＿＿＿＿＿＿＿

☑㉖ 日本人形
a Japanese ＿＿＿＿＿＿＿

☑㉗ カーテンを開ける
open the ＿＿＿＿＿＿＿

☑㉘ 文房具店
a ＿＿＿＿＿＿＿ store

答え ① impossible　② final　③ eco-friendly　④ decision　⑤ adventure　⑥ treasure　⑦ medal　⑧ phrase
⑨ director　⑩ gesture(s)　⑪ user　⑫ joy　⑬ reality　⑭ recipe　⑮ sofa　⑯ stamps　⑰ stomachache
⑱ headache　⑲ survey　⑳ traveler [tourist]　㉑ drone　㉒ shower　㉓ diary　㉔ album　㉕ battery
㉖ doll　㉗ curtain(s)　㉘ stationery

LEVEL 1 / LEVEL 2 / LEVEL **3** / LEVEL 4 / LEVEL 5

1152 ▽ 1188

3 空所に英単語を書こう

❶ 日本語の意味を表す英単語を書きなさい。

☑① 冒険

_____

☑② 文房具

_____

☑③ 使用者，利用者

_____

☑④ 切手

_____

☑⑤ 言い回し，表現，句

_____

☑⑥ 台風

_____

☑⑦ レシピ

_____

☑⑧ 胃痛，腹痛

_____

☑⑨ 人形

_____

☑⑩ アルバム

_____

☑⑪ カーテン，（劇場の）幕

_____

☑⑫ ソファ

_____

☑⑬ 環境にやさしい

_____

☑⑭ 調査

_____

☑⑮ 発表, 知らせ, アナウンス

_____

❷ 日本語と同じ意味を表すように，空所に英単語を書きなさい。

☑① ハンカチをたたむ　　　　　　　　　fold a _____

☑② チャリティーイベント，慈善行事　　a _____ event

☑③ リレーで走る　　　　　　　　　　　run in the _____

☑④ 喜んで[うれしくて]とびはねる　　　jump for _____

☑⑤ 国宝　　　　　　　　　　　　　　　a national _____

☑⑥ 公立図書館　　　　　　　　　　　　a _____ library

☑⑦ 空腹時に　　　　　　　　　　　　　on an empty _____

☑⑧ 指示に従う　　　　　　　　　　　　follow the _____

☑⑨ 花火大会　　　　　　　　　　　　　a fireworks _____

答え ❶ ① adventure　② stationery　③ user　④ stamp　⑤ phrase　⑥ typhoon　⑦ recipe　⑧ stomachache
　　　⑨ doll　⑩ album　⑪ curtain　⑫ sofa　⑬ eco-friendly　⑭ survey [research]　⑮ announcement
　　❷ ① handkerchief　② charity　③ relay　④ joy　⑤ treasure　⑥ public　⑦ stomach　⑧ directions
　　　⑨ display

❸ 日本文と同じ意味を表すように，英文の空所に英単語を書きなさい。

☑①	その計画はそのときは**不可能**に思えた。	That plan seemed _____ at the time.
☑②	**公共の場所**にごみを放置してはいけない。	Do not leave trash in _____ places.
☑③	私たちは彼らの**最終決定**を受け入れた。	We accepted their final _____.
☑④	彼女は合計 10 個の**メダル**を獲得した。	She won ten _____ in total.
☑⑤	彼は入口の**方向**に歩いていった。	He walked in the _____ of the entrance.
☑⑥	彼はその映画の**監督**であり俳優でもある。	He is the _____ and actor in that film.
☑⑦	あなたはあの**身振り**が何を意味するかわかりますか。	Do you understand what that _____ means?
☑⑧	私は家族と**喜び**を分かち合った。	I shared my _____ with my family.
☑⑨	彼の夢は**現実のもの**となった。	His dream became a _____.
☑⑩	父は**胃**が弱くて食も細い。	My father has a weak _____ and doesn't eat much.
☑⑪	私は今朝から**頭痛**がする。	I've had a _____ since this morning.
☑⑫	**大型の台風**がその島を襲った。	A large _____ hit the island.
☑⑬	私は試合のあとに**シャワー**を浴びた。	I took a _____ after the game.
☑⑭	彼女は英語で**日記をつけ**始めた。	She began to keep a _____ in English.
☑⑮	私たちの学校にはメダルでいっぱいの**展示ケース**がある。	There is a _____ case which is full of medals in our school.
☑⑯	私のスマホの**バッテリー**は切れているようだ。	The _____ in my smartphone seems to be dead.
☑⑰	彼女はバッグから**ハンカチ**を取り出した。	She took a _____ out from her bag.
☑⑱	私は**リレーチーム**のメンバーに選ばれた。	I was chosen as a member of the _____ team.

答え ❸ ① impossible　② public　③ decision　④ medals　⑤ direction　⑥ director　⑦ gesture　⑧ joy
⑨ reality　⑩ stomach　⑪ headache　⑫ typhoon　⑬ shower　⑭ diary　⑮ display　⑯ battery
⑰ handkerchief　⑱ relay

	単語	意味	書いてみよう		単語	意味	書いてみよう
1189	**blossom** [blásəm] ブラサム 3	名 (果樹の)花		1209	**section** [sékʃn] セクシャン	名 部分, 区域, 部門	
1190	**fiction** [fíkʃn] ふィクシャン	名 作り話, フィクション, 小説		1210	**address** [ədrés] あドゥレス 3	名 住所, アドレス	
1191	**effect** [ifékt] イふェクト 3	名 ①効果, 影響 ②結果		1211	**airplane** [éərplèin] エアプれイン 4	名 飛行機	
1192	**invention** [invénʃn] インヴェンシャン 3	名 発明(品)		1212	**architect** [áːrkitèkt] アーキテクト	名 建築家	
1193	**oil** [ɔ́il] オイる 3	名 ①石油 ②(食用)油		1213	**border** [bɔ́ːrdər] ボーダ	名 国境, 境界	
1194	**material** [mətíriəl] マティリアる 3	名 物質, 材料, 素材		1214	**bottom** [bátəm] バタム 3	名 底, 最下部	
1195	**sugar** [ʃúgər] シュガ 4	名 砂糖		1215	**cent** [sént] セント	名 セント	
1196	**straw** [strɔ́ː] ストゥロー	名 ①ストロー ②麦わら		1216	**complete** [kəmplíːt] コンプリート 2	動 ①を完成させる, 仕上げる ②に記入する	
1197	**addition** [ədíʃn] アディシャン 2	名 追加		1217	**judge** [dʒʌ́dʒ] ヂャッヂ	動 を判断する, 審査する 名 審査員, 審判	
1198	**pair** [péər] ペア 3	名 ①1対, 1組 ②2人1組		1218	**exchange** [ikstʃéindʒ] イクスチェインヂ 3	動 ①を交換する ②を両替する 名 ①交換 ②交流	
1199	**poem** [póuəm] ポウエム	名 詩		1219	**bloom** [blúːm] ブるーム	動 (花が)咲く, 開花する 名 開花	
1200	**quality** [kwáləti] クワリティ	名 ①質, 品質 ②(人の)資質		1220	**hide** [háid] ハイド 3	動 を隠す, 隠れる	
1201	**weight** [wéit] ウェイト 発 3	名 ①重さ, 体重 ②重いもの		1221	**affect** [əfékt] アふェクト 3	動 に影響を与える	
1202	**success** [səksés] サクセス ア 3	名 成功		1222	**promise** [prámis] プラミス 3	動 (を)約束する 名 約束	
1203	**surprise** [sərpráiz] サプライズ 3	名 驚き, 驚くべきこと 動 を驚かす		1223	**search** [sɔ́ːrtʃ] サ〜チ 準2	動 ①(場所など)をさがす, 調べる ②(ものなどを)さがす 名 ①検索 ②捜索	
1204	**attitude** [ǽtitjùːd] あティテュード	名 態度					
1205	**bacteria** [bæktíriə] バぁクティリア ア	名 バクテリア, 細菌					
1206	**insect** [ínsekt] インセクト ア 3	名 昆虫					
1207	**garage** [gərάːʒ] ガラージ 発	名 車庫, ガレージ		1224	**disappear** [dìsəpíər] ディスアピア 3	動 姿を消す, 見えなくなる, 消える	
1208	**meter** [míːtər] ミータ 発 5	名 メートル					

① 桜の花を見る
see cherry ＿＿＿＿＿＿＿＿

② 好ましい効果[影響]
a positive ＿＿＿＿＿＿＿＿

③ すばらしい発明品
a wonderful ＿＿＿＿＿＿＿＿

④ サラダ油を熱する
heat the salad ＿＿＿＿＿＿＿＿

⑤ さまざまな天然の素材[材料]
various natural ＿＿＿＿＿＿＿＿

⑥ プラスチック製のストロー
a plastic ＿＿＿＿＿＿＿＿

⑦ 1対の手袋
a ＿＿＿＿＿＿＿＿ of gloves

⑧ 2人1組で働く
work in ＿＿＿＿＿＿＿＿

⑨ 詩を書く
write a ＿＿＿＿＿＿＿＿

⑩ 高い品質
high ＿＿＿＿＿＿＿＿

⑪ 雪の重さ
the ＿＿＿＿＿＿＿＿ of snow

⑫ 大成功
a great [big] ＿＿＿＿＿＿＿＿

⑬ バクテリア[細菌]によって引き起こされる
be caused by ＿＿＿＿＿＿＿＿

⑭ 昆虫を捕まえる
catch an ＿＿＿＿＿＿＿＿

⑮ 車庫[ガレージ]で[に]
in the ＿＿＿＿＿＿＿＿

⑯ 500メートル泳ぐ
swim 500 ＿＿＿＿＿＿＿＿

⑰ 飛行機の後方の部分[区域]
the back ＿＿＿＿＿＿＿＿ of the plane

⑱ 自宅の住所
my home ＿＿＿＿＿＿＿＿

⑲ 飛行機で旅行する
travel by ＿＿＿＿＿＿＿＿

⑳ 海の底, 海底
the ＿＿＿＿＿＿＿＿ of the sea

㉑ 68セント切手
68 ＿＿＿＿＿＿＿＿ stamps

㉒ 計画を完成させる[仕上げる]
＿＿＿＿＿＿＿＿ the project

㉓ 人を判断する
＿＿＿＿＿＿＿＿ a person

㉔ 席を彼と交換する
＿＿＿＿＿＿＿＿ seats with him

㉕ お金を隠す
＿＿＿＿＿＿＿＿ money

㉖ 私たちに影響を与える
＿＿＿＿＿＿＿＿ us

㉗ あなたを手伝うことを約束する
＿＿＿＿＿＿＿＿ to help you

㉘ ポケット(の中)をさがす
＿＿＿＿＿＿＿＿ my pocket

LEVEL 1 / LEVEL 2 / LEVEL 3 / LEVEL 4 / LEVEL 5　1189▼1224

答え ① blossoms ② effect ③ invention ④ oil ⑤ materials ⑥ straw ⑦ pair ⑧ pairs ⑨ poem ⑩ quality ⑪ weight ⑫ success ⑬ bacteria ⑭ insect ⑮ garage ⑯ meters ⑰ section ⑱ address ⑲ airplane [plane] ⑳ bottom ㉑ cent ㉒ complete ㉓ judge ㉔ exchange ㉕ hide ㉖ affect [influence] ㉗ promise ㉘ search

3 空所に英単語を書こう

❶ 日本語の意味を表す英単語を書きなさい。

☑① 詩

_____

☑② 昆虫

_____

☑③ 姿を消す, 見えなくなる, 消える

_____

☑④ 態度

_____

☑⑤ 作り話, フィクション, 小説

_____

☑⑥ 建築家

_____

☑⑦ 車庫, ガレージ

_____

☑⑧ 成功

_____

☑⑨ 住所, アドレス

_____

☑⑩ 物質, 材料, 素材

_____

☑⑪ ストロー, 麦わら

_____

☑⑫ に影響を与える

_____

❷ 日本語と同じ意味を表すように, 空所に英単語を書きなさい。

☑① 約束を守る

keep my _____

☑② インドと中国との間の国境

the _____ between India and China

☑③ 交換留学生

an _____ student

☑④ 空想科学小説(SF)の世界

the world of science _____

☑⑤ 原因と結果

cause and _____

☑⑥ 重さで[量り売りで]売られている

be sold by _____

☑⑦ スーパーの果物売り場

the fruit _____ in the supermarket

☑⑧ 驚いて彼女を見る

look at her in [with] _____

☑⑨ 満開で

in full _____

☑⑩ その事実に加えて

in _____ to the fact

答え ❶ ① poem　② insect　③ disappear　④ attitude　⑤ fiction　⑥ architect　⑦ garage　⑧ success
　　　⑨ address　⑩ material　⑪ straw　⑫ affect [influence]
❷ ① promise　② border　③ exchange　④ fiction　⑤ effect　⑥ weight　⑦ section　⑧ surprise　⑨ bloom
　　⑩ addition

❸ 日本文と同じ意味を表すように，英文の空所に英単語を書きなさい。

☑①	彼の話は作り話です，現実ではありません。	His story is ＿＿＿＿＿; not real.
☑②	コーヒーの飲みすぎは胃に悪い影響がありますよ。	Drinking too much coffee will have a bad ＿＿＿＿＿ on your stomach.
☑③	石油は日本で産出されるが，とても少ない。	＿＿＿＿＿ is produced in Japan, but very little.
☑④	紅茶に砂糖を入れますか。	Do you take ＿＿＿＿＿ in your tea?
☑⑤	その店は価格が安い。加えて，サービスがすばらしい。	Prices are low at that store. In ＿＿＿＿＿, the service is excellent.
☑⑥	私は靴を2足買った。	I bought two ＿＿＿＿＿ of shoes.
☑⑦	彼らは自分たちの製品に使用する素材の品質を向上させた。	They improved the ＿＿＿＿＿ of the materials in their products.
☑⑧	その実験結果は大きな驚きだった。	The results of the experiment were a big ＿＿＿＿＿.
☑⑨	彼は先生に対する態度を改めた。	He changed his ＿＿＿＿＿ toward his teacher.
☑⑩	そのビルは高さ300メートルだ。	That building is 300 ＿＿＿＿＿ high.
☑⑪	選手たちはスポーツに国境はないと信じている。	The athletes believe that sports have no ＿＿＿＿＿.
☑⑫	あの階段のいちばん下で待っていますね。	I'll wait for you at the ＿＿＿＿＿ of those stairs.
☑⑬	各文を完成させるのに最も適したフレーズを選びなさい。	Choose the best phrase to ＿＿＿＿＿ each sentence.
☑⑭	読む前に本を判断しないほうがいいよ。	You should not ＿＿＿＿＿ a book before you read it.
☑⑮	早くも桜が咲き始めた。	The cherry blossoms have already begun to ＿＿＿＿＿.
☑⑯	私はその手紙を押し入れに隠した。	I ＿＿＿＿＿ the letter in my closet.
☑⑰	私はインターネットを検索して，その情報を見つけた。	I ＿＿＿＿＿ the Internet and found the information.
☑⑱	なぜ彼は昨日突然いなくなったのだろう。	I wonder why he suddenly ＿＿＿＿＿ yesterday.

LEVEL 1 / LEVEL 2 / LEVEL 3 / LEVEL 4 / LEVEL 5

1189 ▽ 1224

答え ❸ ① fiction　② effect [influence]　③ Oil　④ sugar　⑤ addition　⑥ pairs　⑦ quality　⑧ surprise　⑨ attitude　⑩ meters　⑪ borders　⑫ bottom　⑬ complete　⑭ judge　⑮ bloom　⑯ hid　⑰ searched　⑱ disappeared

STEP 103 ▶ 105 [1225 ▶ 1260]　　**1** 英単語を書いてつづりを確認しよう　　学習日　月　日

	単語		意味	書いてみよう		単語		意味	書いてみよう
1225	cost [kɔ́ːst] コースト 発	3	動 (費用)がかかる 名 値段, 費用		1243	yet [jét] イェット	4	副 ①(否定文で) まだ ②(疑問文で)もう	
1226	lend [lénd] れンド	3	動 を貸す		1244	once [wáns] ワンス	4	副 ①1度 ②かつて	
1227	remove [rimúːv] リムーヴ	3	動 を取り除く		1245	especially [ispéʃəli] イスペシャリ	4	副 特に, とりわけ	
1228	bury [béri] ベリ 発		動 を埋める, 埋葬する		1246	anywhere [énihwèər] エニ(ホ)ウェア	3	副 ①どこ(に)でも ②どこにも ③どこかへ [に]	
1229	include [inklúːd] インクるード	3	動 を含める, 含む		1247	everywhere [évrihwèər] エヴリ(ホ)ウェア	3	副 いたるところに[で], どこでも	
1230	trust [trʌ́st] トゥラスト	3	動 を信頼する 名 信頼		1248	image [ímidʒ] イメッヂ	3	名 ①イメージ, 印象 ②画像	
1231	Olympic [əlímpik] オリンピック	3	形 オリンピックの 名 (the ～s で) オリンピック大会		1249	creature [kríːtʃər] クリーチャ 発		名 生き物	
1232	pop [pɑ́p] パップ	3	形 ①大衆向けの ②ポピュラー音楽の		1250	smoke [smóuk] スモウク	3	名 煙 動 たばこを吸う	
1233	confusing [kənfjúːziŋ] コンふューズィング		形 混乱させる (ような)		1251	gas [gǽs] ギぁス	3	名 ①気体, ガス ②ガソリン	
1234	raw [rɔ́ː] ロー		形 生の, 加工されていない		1252	competition [kàmpitíʃn] カンペティシャン	3	名 ①競技会, コンクール ②競争	
1235	renewable [rinjúːəbl] リニューアブる		形 再生可能な		1253	cotton [kátn] カトゥン		名 綿	
1236	sticky [stíki] スティキ		形 べとべとする		1254	dinosaur [dáinəsɔ̀ːr] ダイナソーア	3	名 恐竜	
1237	exact [igzǽkt] イグザぁクト		形 正確な		1255	habitat [hǽbitæt] ハぁビタぁット		名 生息地, 自生地	
1238	industrial [indʌ́striəl] インダストゥリアる		形 産業の, 工業の		1256	discussion [diskʌ́ʃn] ディスカシャン	3	名 話し合い, 討論	
1239	medical [médikl] メディクる	3	形 医学の, 医療の		1257	explanation [èiksplənéiʃn] エクスプらネイシャン	準2	名 説明	
1240	pretty [príti] プリティ	5	形 ①かわいい ②すてきな, きれいな 副 かなり		1258	journalist [dʒə́ːrnəlist] ヂャ～ナリスト		名 ジャーナリスト	
1241	home [hóum] ホウム	5	副 家に[へ] 名 ①家, 家庭 ②故郷		1259	data [déitə] デイタ	2	名 データ, 資料	
1242	easily [íːzili] イーズィリ	4	副 簡単に, たやすく		1260	forecast [fɔ́ːrkæst] ふォーキぁスト		名 予想, 予測	

☑① しみを取り除く

_____ the spot

☑② 宝を埋める

_____ (the) treasure

☑③ その費用を含める[含む]

_____ the _____

☑④ あなたを信頼する

_____ you

☑⑤ オリンピック大会

the _____ Games

☑⑥ 大衆(向けの)文化

_____ culture

☑⑦ 混乱させる[わかりにくい]メッセージ

a _____ message

☑⑧ 生(の)魚

_____ fish

☑⑨ 再生可能(な)エネルギー

_____ energy

☑⑩ べとべとする手で

with _____ hands

☑⑪ 医学(の)研究

_____ research

☑⑫ かわいい小さな女の子

a _____ little girl

☑⑬ 家にいる

stay _____

☑⑭ 簡単に[たやすく]その問題を解く

_____ solve the problem

☑⑮ それを1度試したことがある

have tried it _____

☑⑯ どこにもそれが見つからない

can't find it _____

☑⑰ いたるところで[どこでも]見られる

_____ can be seen

☑⑱ よいイメージ[印象]

a good _____

☑⑲ 多くの野生の生き物

many wild _____

☑⑳ ガスのにおいがする

smell _____

☑㉑ 競技会[コンクール]で勝つ

win a _____

☑㉒ 綿を栽培する

grow _____

☑㉓ 恐竜の化石

_____ fossils

☑㉔ 鳥の自然生息地

birds' natural _____

☑㉕ 簡単な説明

a simple _____

☑㉖ 外国人ジャーナリスト

a foreign _____

☑㉗ 正確なデータ

the _____ _____

☑㉘ 桜の開花予想

the cherry blossom _____

LEVEL 1
LEVEL 2
LEVEL 3
LEVEL 4
LEVEL 5

1225
▼
1260

答え▶ ① remove　② bury　③ include, cost　④ trust　⑤ Olympic　⑥ pop　⑦ confusing　⑧ raw　⑨ renewable
⑩ sticky　⑪ medical　⑫ pretty [cute]　⑬ home　⑭ easily　⑮ once　⑯ anywhere　⑰ everywhere
⑱ image　⑲ creatures　⑳ gas　㉑ competition　㉒ cotton　㉓ dinosaur　㉔ habitat　㉕ explanation
㉖ journalist　㉗ exact, data　㉘ forecast

3 空所に英単語を書こう

❶ 日本語の意味を表す英単語を書きなさい。

☑① 競技会, コンクール, 競争　☑② 特に, とりわけ　☑③ 産業の, 工業の

_____　_____　_____

☑④ 再生可能な　☑⑤ 生き物　☑⑥ ジャーナリスト

_____　_____　_____

☑⑦ を埋める　☑⑧ 恐竜　☑⑨ を信頼する, 信頼

_____　_____　_____

☑⑩ 生息地, 自生地　☑⑪ 正確な　☑⑫ 綿

_____　_____　_____

❷ 日本語と同じ意味を表すように, 空所に英単語を書きなさい。

☑① 彼に本を貸す　_____ a book to him

☑② 家に帰る, 帰宅する　go _____

☑③ 話し合う, 議論する　have a _____

☑④ (費用が)私に10ドルかかる　_____ me ten dollars

☑⑤ 東京オリンピック(大会)　the Tokyo _____

☑⑥ 原料　_____ material

☑⑦ かなりよい　*be* _____ good

☑⑧ 高齢者の医療　_____ care for elderly people

☑⑨ すぐにそれをする　do it at _____

☑⑩ もう決まりましたか。　Have you decided _____?

答え **❶** ① competition　② especially　③ industrial　④ renewable　⑤ creature　⑥ journalist　⑦ bury
⑧ dinosaur　⑨ trust　⑩ habitat　⑪ exact　⑫ cotton
❷ ① lend　② home　③ discussion　④ cost　⑤ Olympics　⑥ raw　⑦ pretty [very]　⑧ medical　⑨ once
⑩ yet

❸ 日本文と同じ意味を表すように，英文の空所に英単語を書きなさい。

☑① そのサービスは月額 980 円かかる。
The service _____ 980 yen a month.

☑② ハンカチをお貸ししましょうか。
Shall I _____ you a handkerchief?

☑③ 彼女は壁からすべてのポスターをはがした。
She _____ all the posters from the wall.

☑④ 配送費用は価格に含まれています。
Delivery cost is _____ in the price.

☑⑤ この地図は私にはわかりにくい。
This map is _____ to me.

☑⑥ 台所の床が少しべとべとしている。
The kitchen floor is a little _____.

☑⑦ 私はこれらすべての単語を簡単には覚えられない。
I can't remember all these words _____.

☑⑧ メンバーの1人がまだ到着していない。
One of our members has not arrived _____.

☑⑨ チャリティーコンサートが年に1度開かれる。
A charity concert is held _____ a year.

☑⑩ 彼女は日本の文化, 特にポップミュージックが大好きだ。
She loves Japanese culture, _____ pop music.

☑⑪ 彼はどこでもすぐに眠れると言っている。
He says he can sleep easily _____.

☑⑫ 交通事故はいたるところで起こる。
Traffic accidents happen _____.

☑⑬ その企業は自社のイメージをよくしようと努めている。
The company is trying to improve its _____.

☑⑭ 遠くに火事の煙が見えた。
I saw _____ from the fire in the distance.

☑⑮ 教師は生徒たちと校則について討論をした。
The teacher had a _____ with the students about the school rules.

☑⑯ 医師は家族に手術の説明をした。
The doctor gave the family an _____ of the operation.

☑⑰ 彼らは環境汚染に関する新しいデータを収集する必要がある。
They need to collect new _____ on environmental pollution.

☑⑱ 明日の天気予報は雨だ。
The weather _____ for tomorrow is rainy.

答え ❸ ① costs　② lend　③ removed　④ included　⑤ confusing　⑥ sticky　⑦ easily　⑧ yet　⑨ once
⑩ especially　⑪ anywhere　⑫ everywhere　⑬ image　⑭ smoke　⑮ discussion　⑯ explanation　⑰ data
⑱ forecast

LEVEL 1
LEVEL 2
LEVEL 3
LEVEL 4
LEVEL 5

1225 ▽ 1260

	単語	意味	書いてみよう		単語	意味	書いてみよう
1261	jogging [dʒɑ́:giŋ] ヂャギング	名 ジョギング		1280	council 2 [káunsl] カウンスる	名 協議会	
1262	joke [dʒóuk] ヂョウク	名 冗談, ジョーク 動 冗談を言う		1281	discount [dískaunt] ディスカウント	名 割引	
1263	kindergarten [kíndərgɑ̀:rtn] キンダガートゥン	名 幼稚園		1282	herb [hə́:rb] ハ〜ブ	名 ハーブ, 香草, 薬草	
1264	happiness 3 [hǽpinəs] ハぁピネス	名 幸福, 満足		1283	fuel 3 [fjú:əl] ふューエる	名 燃料	
1265	lack [lǽk] らぁック	名 欠乏, 不足		1284	growth [gróuθ] グロウす	名 ①成長 ②増加	
1266	liter [lí:tər] リータ 発	名 リットル		1285	habit 3 [hǽbit] ハぁビット	名 (個人の)習慣, くせ, 習性	
1267	passport [pǽspɔ̀:rt] パぁスポート	名 パスポート		1286	extinction [ikstíŋkʃn] イクスティンクション	名 絶滅	
1268	path [pǽθ] パぁす	名 ①道, 小道 ②進路		1287	horizon [həráizn] ホライズン	名 〈the +〉地平線, 水平線	
1269	port [pɔ́:rt] ポート	名 港, 港町		1288	hunger [hʌ́ŋgər] ハンガ	名 飢え, 空腹	
1270	reader [rí:dər] リーダ	名 読者		1289	master 3 [mǽstər] マぁスタ	名 ①名人, 師匠 ②主人 動 を習得する	
1271	soil [sɔ́il] ソイる	名 土, 土壌		1290	hunting 3 [hʌ́ntiŋ] ハンティング	名 狩り, 狩猟	
1272	teamwork [tí:mwə̀:rk] ティームワ〜ク	名 チームワーク		1291	identity [aidéntəti] アイデンティティ	名 ①アイデンティティ, 独自性, 個性 ②身元	
1273	score 3 [skɔ́:r] スコーア	名 得点, 点数, スコア		1292	kilogram [kíləgræm] キろグラぁム	名 キログラム	
1274	victory [víktəri] ヴィクトゥリ	名 勝利		1293	impression [impréʃn] インプレシャン	名 印象, 感銘	
1275	responsibility [rispὰnsəbíləti] リスパンスィビリティ	名 責任		1294	kindness [káindnəs] カインドネス	名 親切(心)	
1276	wallet 3 [wɑ́lit] ワれット	名 札入れ, 財布		1295	link [líŋk] リンク	名 つながり, 関連(性), 接続 動 をつなぐ	
1277	workplace [wə́:rkplèis] ワ〜クプれイス	名 仕事場		1296	method [méθəd] メそッド	名 方法	
1278	achievement [ətʃí:vmənt] アチーヴメント	名 ①業績, 偉業 ②達成					
1279	cooperation [kouὰpəréiʃn] コウアパレイシャン	名 協力, 共同					

☐① ジョギングシューズを買う

buy ＿＿＿＿＿＿＿＿ shoes

☐② 冗談[ジョーク]を言う

tell a ＿＿＿＿＿＿＿＿

☐③ 幼稚園に入園する

enter ＿＿＿＿＿＿＿＿

☐④ 幸福感

a feeling of ＿＿＿＿＿＿＿＿

☐⑤ 睡眠不足

＿＿＿＿＿＿＿＿ of sleep

☐⑥ 2リットルの水

two ＿＿＿＿＿＿＿＿ of water

☐⑦ 日本のパスポート

a Japanese ＿＿＿＿＿＿＿＿

☐⑧ SFの読者

a ＿＿＿＿＿＿＿＿ of SF

☐⑨ 豊かな土壌

rich ＿＿＿＿＿＿＿＿

☐⑩ よいチームワーク

good ＿＿＿＿＿＿＿＿

☐⑪ 高い得点[点数，スコア]

a high ＿＿＿＿＿＿＿＿

☐⑫ 勝利を収める

win a ＿＿＿＿＿＿＿＿

☐⑬ それに責任がある[を持つ]

have ＿＿＿＿＿＿＿＿ for it

☐⑭ 財布(の中)に

in my ＿＿＿＿＿＿＿＿

☐⑮ 仕事場の外で

outside the ＿＿＿＿＿＿＿＿

☐⑯ すばらしい業績

a great ＿＿＿＿＿＿＿＿

☐⑰ 5パーセントの割引を受ける

get [receive] a 5% ＿＿＿＿＿＿＿＿

☐⑱ 新鮮なハーブを加える

add fresh ＿＿＿＿＿＿＿＿

☐⑲ 化石燃料を燃やす

burn fossil ＿＿＿＿＿＿＿＿

☐⑳ 子どもたちの成長

the ＿＿＿＿＿＿＿＿ of children

☐㉑ 悪い習慣[くせ]

a bad ＿＿＿＿＿＿＿＿

☐㉒ 恐竜の絶滅

the ＿＿＿＿＿＿＿＿ of dinosaurs

☐㉓ 地平線[水平線]に現れる

appear on the ＿＿＿＿＿＿＿＿

☐㉔ チェスの名人

a chess ＿＿＿＿＿＿＿＿

☐㉕ 狩りと釣り

＿＿＿＿＿＿＿＿ and fishing

☐㉖ 文化的アイデンティティ

cultural ＿＿＿＿＿＿＿＿

☐㉗ 10キロ(グラム)の米

ten ＿＿＿＿＿＿＿＿ of rice

☐㉘ その2つのつながり[関連(性)，接続]

a ＿＿＿＿＿＿＿＿ between the two

LEVEL 1
LEVEL 2
LEVEL 3
LEVEL 4
LEVEL 5

1261 ▼ 1296

答え ① jogging　② joke　③ kindergarten　④ happiness　⑤ lack　⑥ liters　⑦ passport　⑧ reader　⑨ soil
⑩ teamwork　⑪ score　⑫ victory　⑬ responsibility　⑭ wallet　⑮ workplace　⑯ achievement
⑰ discount　⑱ herbs　⑲ fuels　⑳ growth　㉑ habit　㉒ extinction　㉓ horizon　㉔ master　㉕ hunting
㉖ identity　㉗ kilograms　㉘ link

3 空所に英単語を書こう

❶ 日本語の意味を表す英単語を書きなさい。

☑① 燃料

_____

☑② つながり, 関連(性), をつなぐ

_____

☑③ チームワーク

_____

☑④ ジョギング

_____

☑⑤ 親切(心)

_____

☑⑥ 業績, 偉業, 達成

_____

☑⑦ 札入れ, 財布

_____

☑⑧ リットル

_____

☑⑨ 成長, 増加

_____

☑⑩ 土, 土壌

_____

☑⑪ 協力, 共同

_____

☑⑫ 道, 小道, 道路

_____

☑⑬ 協議会

_____

☑⑭ ハーブ

_____

☑⑮ 幼稚園

_____

❷ 日本語と同じ意味を表すように, 空所に英単語を書きなさい。

☑① 神戸港を出港する　　　　　　　　leave Kobe _____

☑② それらを保存する方法　　　　　　a _____ of preserving them

☑③ 人々に幸せをもたらす　　　　　　bring _____ to people

☑④ 私たちに割引をする　　　　　　　give us a _____

☑⑤ 職場で(の)　　　　　　　　　　　in the _____

☑⑥ 餓死する, 飢えで死ぬ　　　　　　die of [from] _____

☑⑦ キロ単位で売られている　　　　　*be* sold by the _____

☑⑧ シカ狩りに行く　　　　　　　　　go deer _____

☑⑨ 私たちに感銘を与える　　　　　　make an _____ on us

答え ❶ ① fuel　② link　③ teamwork　④ jogging　⑤ kindness　⑥ achievement　⑦ wallet　⑧ liter　⑨ growth
　　⑩ soil　⑪ cooperation　⑫ path　⑬ council　⑭ herb　⑮ kindergarten
❷ ① Port [port]　② method [way]　③ happiness　④ discount　⑤ workplace [office]　⑥ hunger　⑦ kilogram
　　⑧ hunting　⑨ impression

❸ 日本文と同じ意味を表すように，英文の空所に英単語を書きなさい。

☑① 彼はよく私たちに冗談を言う。 | He often tells us _____.

☑② 彼は自分の経験不足を心配していた。 | He was worried about his _____ of experience.

☑③ パスポートを見せてください。 | Show me your _____, please.

☑④ 私たちはゆっくりと山頂への道をたどった。 | We slowly followed the _____ to the top of the mountain.

☑⑤ 私は次のテストではよい点数をとりたい。 | I want to get a good _____ on my next test.

☑⑥ そのチームは初戦で大勝利を収めた。 | The team won a big _____ in the first game.

☑⑦ ペットの飼い主は自分のペットに責任を持つ必要がある。 | Pet owners need to have _____ for their pets.

☑⑧ 学校と家庭との間の協力は重要である。 | _____ between schools and families is important.

☑⑨ 彼女は生徒会の委員になるつもりだ。 | She is going to become a member of the student _____.

☑⑩ 彼女は自分を他人と比較するというくせがある。 | She has a _____ of comparing herself with others.

☑⑪ 多くの動植物が絶滅の危機にある。 | Many plants and animals are in danger of _____.

☑⑫ 太陽がゆっくりと水平線から昇ってきた。 | The sun rose slowly over the _____.

☑⑬ 私たちの担任の先生は柔道の達人だ。 | Our homeroom teacher is a _____ of judo.

☑⑭ 彼は作家としてのアイデンティティを失ってしまった。 | He lost his _____ as a writer.

☑⑮ 彼の第一印象は，彼は内気だけど元気がよいということだった。 | My first _____ of him was that he was shy but cheerful.

☑⑯ 私たちへのご親切を決して忘れません。 | We will never forget your _____ to us.

☑⑰ その２つの事故の間には関連性があるかもしれない。 | There may be a _____ between the two accidents.

☑⑱ 彼らは食品を保存する新しい方法を開発した。 | They developed a new _____ of preserving food.

答え ❸ ① jokes ② lack ③ passport ④ path ⑤ score ⑥ victory ⑦ responsibility ⑧ Cooperation
⑨ council ⑩ habit ⑪ extinction ⑫ horizon ⑬ master ⑭ identity ⑮ impression ⑯ kindness
⑰ link ⑱ method [way]

LEVEL 1 LEVEL 2 LEVEL 3 LEVEL 4 LEVEL 5

1261
▽
1296

	単語	意味	書いてみよう
1297	**chip** [tʃíp] チップ	名 (複数形で) ポテトチップス	
1298	**jam** [dʒǽm] ヂャム	名 ①ジャム ②混雑, 渋滞	
1299	**flavor** [fléivər] ふれイヴァ	名 風味, 味	
1300	**flour** [fláuər] ふらウア	名 小麦粉	
1301	**container** [kəntéinər] コンテイナ ⑦	名 容器	
1302	**chopstick** [tʃápstik] チャプスティック	名 はし	
1303	**coast** [kóust] コウスト	名 海岸, 沿岸	
1304	**labor** [léibər] れイバ	名 労働(力)	
1305	**jeans** [dʒíːnz] ヂーンズ	名 (複数形で) ジーンズ	
1306	**military** [mílitèri] ミリテリ	名 〈the +〉軍隊 形 軍の	
1307	**break** ④ [bréik] ブレイク	動 ①を壊す, 壊れる ②(約束など)を破る 名 休憩	
1308	**reuse** ③ [rìːjúːz] リーユーズ	動 を再利用する	
1309	**suffer** ③ [sʌ́fər] サふァ	動 ①苦しむ ②(苦痛など)を受ける	
1310	**hurry** ④ [hə́ːri] ハ〜リ	動 急ぐ 名 急ぐこと	
1311	**print** ③ [prínt] プリント	動 (を)印刷する 名 印刷	
1312	**survive** ③ [sərváiv] サヴァイヴ	動 生き残る, を生き延びる	
1313	**discover** ③ [diskʌ́vər] ディスカヴァ	動 を発見する, に気づく	
1314	**hunt** ③ [hʌ́nt] ハント	動 を狩る, 狩りをする 名 狩り	
1315	**provide** 準② [prəváid] プロヴァイド	動 を提供する	
1316	**recover** [rikʌ́vər] リカヴァ	動 回復する	
1317	**remind** [rimáind] リマインド	動 に思い出させる	
1318	**apply** 準② [əplái] アプらイ	動 ①申し込む ②当てはまる	
1319	**decorate** [dékərèit] デコレイト ⑦	動 を飾る	
1320	**record** ④ [動 rikɔ́ːrd / 名 rékərd] リコード / レカド ⑦	動 ①を記録する ②を録音[録画]する 名 記録	
1321	**rank** [rǽŋk] ラぁンク	動 を位置[等級]づける 名 地位, ランク	
1322	**roll** ③ [róul] ロウる	動 ①転がる, を転がす ②を巻く 名 巻いたもの	
1323	**personal** ③ [pə́ːrsənl] パ〜ソヌる	形 個人の, 個人的な	
1324	**electric** ③ [iléktrik] イれクトゥリック	形 電気の	
1325	**effective** [iféktiv] イふェクティヴ	形 効果的な	
1326	**polite** ③ [pəláit] ポらイト	形 ていねいな, 礼儀正しい	
1327	**comfortable** ③ [kʌ́mfərtəbl] カンふァタブる	形 快適な, 気持ちのいい	
1328	**narrow** [nǽrou] ナぁロウ	形 狭い	
1329	**official** ③ [əfíʃl] オふィシャる	形 公式の	
1330	**valuable** [vǽljuəbl] ヴぁリュアブる	形 貴重な	
1331	**alive** ③ [əláiv] アらイヴ	形 生きて(いる)	
1332	**least** ④ [líːst] リースト	形 最も少ない 名 最少(のもの)	

2 フレーズの空所に英単語を書こう

☑① イチゴジャムを作る
make strawberry _____

☑② ハーブの風味[味]
the _____ of herbs

☑③ はし | ぜん
a pair of _____

☑④ 安い労働力として
as cheap _____

☑⑤ ジーンズ | 着
a pair of _____

☑⑥ 軍隊に仕える，兵役を務める
serve in the _____

☑⑦ 約束を破る
_____ my word

☑⑧ 容器を再利用する
_____ a _____

☑⑨ がんに苦しむ，がんをわずらう
_____ from cancer

☑⑩ そのリストを印刷する
_____ the list

☑⑪ その戦争を生き延びる
_____ the war

☑⑫ 新惑星を発見する
_____ a new planet

☑⑬ キツネを狩る
_____ foxes

☑⑭ 情報を提供する
_____ information

☑⑮ 風邪から回復する，かぜが治る
_____ from my cold

☑⑯ 私に思い出させる
_____ me

☑⑰ 私たちすべてに当てはまる
_____ to all of us

☑⑱ ケーキを飾る
_____ a cake

☑⑲ 彼を3位に位置づける
_____ him third

☑⑳ ボールを転がす
_____ a ball

☑㉑ 私の個人の[個人的な]問題
my _____ problem

☑㉒ 効果的な方法
an _____ way

☑㉓ ていねいな返答[回答]
a _____ answer

☑㉔ 快適なソファ
a _____ sofa

☑㉕ 狭い通り
a _____ street

☑㉖ 公式の記録
an _____ _____

☑㉗ 貴重なアドバイス
_____ advice

☑㉘ 最も少ない被害
the _____ damage

1297 ▽ 1332

答え ① jam ② flavor ③ chopsticks ④ labor ⑤ jeans ⑥ military ⑦ break ⑧ reuse, container ⑨ suffer
⑩ print ⑪ survive ⑫ discover ⑬ hunt ⑭ provide ⑮ recover ⑯ remind ⑰ apply ⑱ decorate
⑲ rank ⑳ roll ㉑ personal ㉒ effective ㉓ polite ㉔ comfortable ㉕ narrow ㉖ official, record
㉗ valuable ㉘ least

3 空所に英単語を書こう

❶ 日本語の意味を表す英単語を書きなさい。

☑① (食べ物をつかむ)はし

☑② 効果的な

☑③ を発見する，に気づく

☑④ 電気の

☑⑤ (複数形で)ポテトチップス

☑⑥ 小麦粉

☑⑦ 回復する

☑⑧ 労働(力)

☑⑨ 容器

☑⑩ 風味，味

☑⑪ 海岸，沿岸

☑⑫ を狩る，狩り(をする)

❷ 日本語と同じ意味を表すように，空所に英単語を書きなさい。

☑① 写真をプリントアウトする　　　　_____ out pictures

☑② パソコンがほしい　　　　want a _____ computer

☑③ 電力　　　　_____ power

☑④ 彼らに制服を提供する　　　　_____ them with uniforms

☑⑤ 脚を骨折する　　　　_____ my leg

☑⑥ 仕事に応募する　　　　_____ for a job

☑⑦ 公用語　　　　an _____ language

☑⑧ 急いで　　　　in a _____

☑⑨ 少なくとも年に1度　　　　at _____ once a year

☑⑩ 激しい交通渋滞　　　　a heavy traffic _____

答え ❶ ① chopstick　② effective　③ discover　④ electric　⑤ chips　⑥ flour　⑦ recover　⑧ labor
　⑨ container　⑩ flavor　⑪ coast　⑫ hunt
❷ ① print　② personal　③ electric　④ provide　⑤ break　⑥ apply　⑦ official　⑧ hurry　⑨ least
　⑩ jam

❸ 日本文と同じ意味を表すように，英文の空所に英単語を書きなさい。

☑① そこにカップ2杯の小麦粉を加えてください。	Add two cups of _____ to it.
☑② 私たちはその島の東海岸にあるホテルに宿泊した。	We stayed at a hotel on the east _____ of that island.
☑③ 彼は軍隊で20年のキャリアがある。	He has a 20-year career in the _____.
☑④ 私はグラスを落として，それを割ってしまった。	I dropped my glass and _____ it.
☑⑤ 世界では多くの子どもたちが飢えに苦しんでいる。	Many children in the world are _____ from hunger.
☑⑥ 急ぎましょう，さもないと私たちはバスに乗り遅れてしまう。	Let's _____ or we'll miss the bus.
☑⑦ 飛行機の乗客は全員生き残った。	All passengers on the plane _____.
☑⑧ その店はスタッフに新しい制服を提供した。	The store _____ new uniforms for its staff.
☑⑨ この写真は私に故郷を思い出させてくれる。	This picture _____ me of my hometown.
☑⑩ 私は3つの大学に出願するつもりだ。	I'm going to _____ to three universities.
☑⑪ テーブルは花やろうそくで飾られていた。	The table was _____ with flowers and candles.
☑⑫ 彼女は試験の結果を日記に記録している。	She _____ the results of her tests in her diary.
☑⑬ 彼女は今世界第2位だ。	She is _____ second in the world now.
☑⑭ 彼はお客にとても親切で礼儀正しかった。	He was very kind and _____ to the guests.
☑⑮ 私は波の音を聞いていると心地よく感じる。	I feel _____ when I listen to the sound of the waves.
☑⑯ その情報は彼らにとってとても貴重だった。	That information was very _____ to them.
☑⑰ 父が釣ってきた魚はまだ生きている。	The fish my father caught are still _____.
☑⑱ 彼はいつもの仕事を最も短い時間で終わらせた。	He finished his usual work in the _____ amount of time.

LEVEL 1 / LEVEL 2 / LEVEL 3 / LEVEL 4 / LEVEL 5

1
2
9
7
▽
1
3
3
2

答え ❸ ① flour　② coast　③ military　④ broke　⑤ suffering　⑥ hurry　⑦ survived　⑧ provided　⑨ reminds
⑩ apply　⑪ decorated　⑫ records　⑬ ranked　⑭ polite　⑮ comfortable　⑯ valuable　⑰ alive
⑱ least

	単語	意味	書いてみよう
1333	**someday** 4 [sʌ́mdèi] サムデイ	副 (未来の) いつか	
1334	**anymore** 3 [ènimɔ́ːr] エニモーア	副 (否定文で) もはや, これ以上	
1335	**forward** 3 [fɔ́ːrwərd] ふォーワド	副 前方へ	
1336	**certainly** 4 [sə́ːrtnli] サ〜トゥンリ	副 ①確かに, きっと ②(返事で) もちろん	
1337	**forever** 4 [fərévər] ふォエヴァ	副 永久に, ずっと	
1338	**recently** 3 [ríːsntli] リースントリ	副 最近	
1339	**resource** 3 [ríːsɔːrs] リーソース	名 (複数形で) 資源	
1340	**reservation** [rèzərvéiʃn] レザヴェイシャン	名 予約	
1341	**sunlight** 3 [sʌ́nlàit] サンライト ア	名 日光	
1342	**network** [nétwə̀ːrk] ネットワーク	名 ネットワーク, 網状のもの	
1343	**spirit** 準2 [spírit] スピリット	名 ①精神 ②(複数形で) 気分 ③霊	
1344	**playground** [pléigràund] プれイグラウンド	名 運動場, (公園などの) 遊び場	
1345	**region** [ríːdʒən] リーヂョン	名 地域, 地方	
1346	**model** [mádl] マドゥる	名 ①模型 ②モデル	
1347	**nutrition** [njuːtríʃn] ニュートゥリシュン	名 栄養	
1348	**blank** [blǽŋk] ブらぁンク	名 空欄, 空所 形 空白の	
1349	**pamphlet** [pǽmflit] パぁンふれット	名 パンフレット, 小冊子	
1350	**thunder** [θʌ́ndər] さンダ	名 雷, 雷鳴	

	単語	意味	書いてみよう
1351	**treatment** [tríːtmənt] トゥリートメント	名 治療	
1352	**amusement** [əmjúːzmənt] アミューズメント	名 楽しみ, おもしろさ	
1353	**attraction** [ətrǽkʃn] アトゥラぁクシャン	名 ①魅力 ②呼び物, アトラクション	
1354	**broadcasting** [brɔ́ːdkæstiŋ] ブロードキぁスティング	名 放送	
1355	**animation** [æ̀nəméiʃn] あニメイシャン	名 アニメーション, 動画	
1356	**balcony** [bǽlkəni] バぁるコニ	名 バルコニー	
1357	**bowl** 3 [bóul] ボウる	名 (料理用の) ボウル	
1358	**cushion** [kúʃn] クシャン	名 クッション, 座ぶとん	
1359	**button** 3 [bʌ́tn] バトゥン	名 (押し) ボタン	
1360	**campaign** 3 [kæmpéin] キぁンペイン 発	名 (社会的・政治的) 運動, キャンペーン	
1361	**confidence** [kánfidəns] カンふィデンス	名 ①自信 ②信頼	
1362	**dentist** [déntist] デンティスト	名 歯医者, 歯科医	
1363	**farming** [fáːrmiŋ] ふァーミング	名 農業 (経営)	
1364	**handout** [hǽndàut] ハぁンダウト	名 配布資料, プリント	
1365	**harmony** [háːrməni] ハーモニ	名 調和	
1366	**photograph** 準2 [fóutəgrǽf] ふォウトグラぁふ ア	名 写真	
1367	**pianist** [piǽnist] ピあニスト ア	名 ピアニスト	
1368	**ramp** [rǽmp] ラぁンプ	名 スロープ, 傾斜路	

☑① 彼らを永久に［ずっと］覚えているだろう

will remember them ＿＿＿＿＿＿＿

☑② 最近帰国した

＿＿＿＿＿＿＿ returned home

☑③ 天然資源

natural ＿＿＿＿＿＿＿

☑④ 予約する

make a ＿＿＿＿＿＿＿

☑⑤ 明るい日光

bright ＿＿＿＿＿＿＿

☑⑥ ボランティアネットワーク

a volunteer ＿＿＿＿＿＿＿

☑⑦ 肉体と精神

body and ＿＿＿＿＿＿＿

☑⑧ 運動場［遊び場］で

in [on] the ＿＿＿＿＿＿＿

☑⑨ その地域［地方］に住む

live in the ＿＿＿＿＿＿＿

☑⑩ 模型飛行機

a ＿＿＿＿＿＿＿ plane

☑⑪ 栄養を改善する

improve ＿＿＿＿＿＿＿

☑⑫ 空白のページ

a ＿＿＿＿＿＿＿ page

☑⑬ 英語のパンフレット

a ＿＿＿＿＿＿＿ in English

☑⑭ 雷［雷鳴］が聞こえる

hear ＿＿＿＿＿＿＿

☑⑮ 治療を受ける

receive ＿＿＿＿＿＿＿

☑⑯ おもな呼び物［アトラクション］

the main ＿＿＿＿＿＿＿

☑⑰ 放送局

a ＿＿＿＿＿＿＿ station

☑⑱ 日本のアニメーション

Japanese ＿＿＿＿＿＿＿

☑⑲ バルコニーに立つ

stand on the ＿＿＿＿＿＿＿

☑⑳ サラダボウル

a salad ＿＿＿＿＿＿＿

☑㉑ ボタンを押す

push a ＿＿＿＿＿＿＿

☑㉒ 運動［キャンペーン］を始める

begin a ＿＿＿＿＿＿＿

☑㉓ 自信を失う

lose ＿＿＿＿＿＿＿

☑㉔ 歯医者に行く

go to the ＿＿＿＿＿＿＿

☑㉕ 農業体験

＿＿＿＿＿＿＿ experience

☑㉖ 自然と調和して

in ＿＿＿＿＿＿＿ with nature

☑㉗ 写真を撮る

take a ＿＿＿＿＿＿＿

☑㉘ 車いす用スロープ［傾斜路］

a wheelchair ＿＿＿＿＿＿＿

LEVEL 1　LEVEL 2　**LEVEL 3**　LEVEL 4　LEVEL 5

1333 ▼ 1368

答え ① forever ② recently ③ resources ④ reservation ⑤ sunlight ⑥ network ⑦ spirit ⑧ playground ⑨ region ⑩ model ⑪ nutrition ⑫ blank ⑬ pamphlet ⑭ thunder ⑮ treatment ⑯ attraction ⑰ broadcasting ⑱ animation ⑲ balcony ⑳ bowl ㉑ button ㉒ campaign ㉓ confidence ㉔ dentist [dentist's] ㉕ farming ㉖ harmony ㉗ photograph [picture, photo] ㉘ ramp

3 空所に英単語を書こう

❶ 日本語の意味を表す英単語を書きなさい。

☑① 雷，雷鳴

_____

☑② 写真

_____

☑③ 予約

_____

☑④ 永久に，ずっと

_____

☑⑤ 農業 (経営)

_____

☑⑥ 確かに, きっと, もちろん

_____

☑⑦ バルコニー

_____

☑⑧ パンフレット，小冊子

_____

☑⑨ ピアニスト

_____

☑⑩ 地域，地方

_____

☑⑪ アニメーション

_____

☑⑫ (複数形で)資源

_____

☑⑬ 歯科医，歯医者

_____

☑⑭ 運動場, (公園などの)遊び場

_____

☑⑮ (押し)ボタン

_____

❷ 日本語と同じ意味を表すように，空所に英単語を書きなさい。

☑① 彼への信頼

_____ in him

☑② 通信網

a communication _____

☑③ 日の当たるところで気分がよくなる

feel better in the _____

☑④ 気分がいい

be in high _____

☑⑤ 栄養の点で必要である

be necessary in _____

☑⑥ 緊急医療

emergency medical _____

☑⑦ 祭りを楽しみに待つ

look _____ to the festival

☑⑧ 遊園地に行く

go to the _____ park

☑⑨ 観光名所

a tourist _____

答え ❶ ① thunder ② photograph [picture, photo] ③ reservation ④ forever ⑤ farming ⑥ certainly ⑦ balcony
⑧ pamphlet ⑨ pianist ⑩ region ⑪ animation ⑫ resources ⑬ dentist ⑭ playground ⑮ button
❷ ① confidence [trust] ② network ③ sunlight ④ spirits ⑤ nutrition ⑥ treatment [care] ⑦ forward
⑧ amusement ⑨ attraction [spot]

❸ 日本文と同じ意味を表すように，英文の空所に英単語を書きなさい。

☑①	私は**いつか**あなたの国をぜひ訪れたいです。	I really want to visit your country _____.
☑②	私は**もう**そんな場所には**行かない**。	I will <u>not go</u> to such a place _____.
☑③	並んでいる人々はゆっくりと**前に進んだ**。	The people in line slowly <u>moved</u> _____.
☑④	その人気のアイスクリームは**確かに**おいしかった。	The popular ice cream _____ tasted good.
☑⑤	私は**最近**彼のブログを読んでいない。	I haven't read his blog _____.
☑⑥	私の趣味は**プラモデル**作りだ。	My hobby is building <u>plastic</u> _____.
☑⑦	そのリストにはいくつか**空欄**があった。	There were several _____ on that list.
☑⑧	彼はがんの**治療**を受けている。	He is <u>receiving</u> _____ for cancer.
☑⑨	彼女は自身の**楽しみのために**絵を描いている。	She paints pictures <u>for</u> her own _____.
☑⑩	日本食は外国人旅行者にとって大きな**魅力**の1つだ。	Japanese food is one of the major _____ for foreign travelers.
☑⑪	彼女は**テレビ放送**関係の仕事を見つけたいと思っている。	She wants to find a job <u>in</u> TV _____.
☑⑫	**ボウル**に小麦粉，塩，水を入れてください。	Put the flour, salt and water in a _____.
☑⑬	私は**座ぶとん**に長時間座っていられない。	I can't <u>sit on</u> a _____ for a long time.
☑⑭	戦争を**止める**ための世界的な**運動**が広がっている。	A global _____ to <u>stop</u> the war is spreading.
☑⑮	私は**自信**を持ってその方法を勧めた。	I recommended that method <u>with</u> _____.
☑⑯	保護者向けの**プリント**が生徒に配られた。	_____ for parents were given to the students.
☑⑰	その地域社会の人々は自然環境と**調和**して暮らしている。	The local community <u>lives in</u> _____ with their natural environment.
☑⑱	この公民館には車いす利用者用の**スロープ**が設けられている。	This community hall has a _____ for wheelchair users.

答え ❸ ① someday　② anymore　③ forward　④ certainly　⑤ recently　⑥ models　⑦ blanks　⑧ treatment　⑨ amusement　⑩ attractions　⑪ broadcasting　⑫ bowl　⑬ cushion　⑭ campaign [movement]　⑮ confidence　⑯ Handouts　⑰ harmony　⑱ ramp

	単語	意味	書いてみよう		単語	意味	書いてみよう
1369	**scissors** 3 [sízərz] スィザズ	名 はさみ		1388	**signature** [sígnətʃər] スィグナチャ	名 署名	
1370	**tank** [tǽŋk] タぁンク	名 タンク, 水槽		1389	**simulation** [sìmjəléiʃn] シミュれイシャン	名 シミュレーション	
1371	**agriculture** 2 [ǽgrikʌ̀ltʃər] あグリカるチャ	名 農業		1390	**lyric** [lírik] リリック	名 (複数形で) 歌詞	
1372	**attendant** [əténdənt] アテンダント	名 接客係, 案内係, 係員		1391	**manner** [mǽnər] マぁナ	名 ①(複数形で) 行儀, 礼儀, マナー ②態度	
1373	**bookshelf** [búkʃèlf] ブックシェるふ	名 本棚		1392	**mayor** 3 [méiər] メイア	名 市長, 町長	
1374	**clay** [kléi] クれイ	名 粘土		1393	**nephew** [néfju:] ネふュー	名 おい	
1375	**conference** [kánfərəns] カンふァレンス	名 会議		1394	**memo** [mémou] メモウ	名 (連絡)メモ	
1376	**tax** [tǽks] タぁックス	名 税, 税金		1395	**originality** [ərìdʒənǽləti] オリヂナぁリティ	名 独創性	
1377	**farewell** [fèərwél] ふェアウェる	名 別れ(の言葉)		1396	**husband** 4 [hʌ́zbənd] ハズバンド	名 夫	
1378	**cruise** [krú:z] クルーズ	名 巡航, クルーズ		1397	**shutter** [ʃʌ́tər] シャタ	名 ①シャッター, 雨戸 ②(カメラの) シャッター	
1379	**cuisine** [kwizí:n] キュイズィーン	名 料理(法)		1398	**succeed** 3 [səksí:d] サクスィード	動 成功する	
1380	**dining room** [dáiniŋ rù:m] ダイニングルーム	名 食堂, ダイニングルーム		1399	**slow** 4 [slóu] スろウ	動 (の)速度を落とす 形 (速度が)遅い	
1381	**fireplace** [fáiərplèis] ふァイアプれイス	名 暖炉		1400	**lead** 3 [lí:d] リード	動 ①通じる, 至る ②を導く	
1382	**gardening** [gáːrdniŋ] ガードゥニング	名 ガーデニング, 庭いじり		1401	**greet** [grí:t] グリート	動 にあいさつ する	
1383	**faucet** [fɔ́:sit] ふォーセット	名 蛇口		1402	**calculate** 5 [kǽlkjəlèit] キぁるキュれイト	動 を計算する	
1384	**glory** [gló:ri] グろーリ	名 ①栄光, 名誉 ②美しさ, 壮観		1403	**establish** [istǽbliʃ] イスタぁブリッシ	動 を設立[創立] する	
1385	**diversity** [dəvə́:rsəti] ディヴァ～スィティ	名 多様性		1404	**publish** [pʌ́bliʃ] パブリッシ	動 を出版する	
1386	**housing** [háuziŋ] ハウズィング	名 住宅					
1387	**railway** [réilwèi] レイるウェイ	名 鉄道(会社)					

2 フレーズの空所に英単語を書こう

☑① はさみ 1 丁
a pair of ＿＿＿＿＿＿＿

☑② 水槽で魚を飼う
keep fish in a ＿＿＿＿＿＿＿

☑③ 農業用水
water for ＿＿＿＿＿＿＿

☑④ 博物館の案内係
a museum ＿＿＿＿＿＿＿

☑⑤ 粘土遊びをする
play with ＿＿＿＿＿＿＿

☑⑥ 国際会議
an international ＿＿＿＿＿＿＿

☑⑦ 税金を支払う
pay ＿＿＿＿＿＿＿

☑⑧ 彼女に別れ (の言葉) を告げる
say ＿＿＿＿＿＿＿ to her

☑⑨ クルーズ客船
a ＿＿＿＿＿＿＿ ship

☑⑩ フランス料理
French ＿＿＿＿＿＿＿

☑⑪ 食堂[ダイニングルーム]で
in the ＿＿＿＿＿＿＿ ＿＿＿＿＿＿＿

☑⑫ ガーデニング[庭いじり]をする
do some [the] ＿＿＿＿＿＿＿

☑⑬ 蛇口を開ける
turn on a ＿＿＿＿＿＿＿

☑⑭ 彼の個人的な栄光[名誉]
his personal ＿＿＿＿＿＿＿

☑⑮ 多様性を尊重する
respect ＿＿＿＿＿＿＿

☑⑯ 公営住宅
public ＿＿＿＿＿＿＿

☑⑰ 鉄道会社
a ＿＿＿＿＿＿＿ company

☑⑱ 署名を集める
collect ＿＿＿＿＿＿＿

☑⑲ この町の町長
the ＿＿＿＿＿＿＿ of this town

☑⑳ (連絡)メモを書く
write a ＿＿＿＿＿＿＿

☑㉑ そのアイディアの独創性
the ＿＿＿＿＿＿＿ of the idea

☑㉒ 彼女の夫
her ＿＿＿＿＿＿＿

☑㉓ シャッターを閉める
close the ＿＿＿＿＿＿＿

☑㉔ 事業に成功する
＿＿＿＿＿＿＿ in business

☑㉕ 客にあいさつする
＿＿＿＿＿＿＿ the guests

☑㉖ 費用を計算する
＿＿＿＿＿＿＿ the cost

☑㉗ 企業を設立する
＿＿＿＿＿＿＿ a company

☑㉘ 新しい小説を出版する
＿＿＿＿＿＿＿ a new novel

学習日　月　日

LEVEL 1
LEVEL 2
LEVEL 3
LEVEL 4
LEVEL 5

1
3
6
9
▽
1
4
0
4

答え▶ ① scissors　② tank　③ agriculture　④ attendant　⑤ clay　⑥ conference [meeting]　⑦ taxes　⑧ farewell
⑨ cruise　⑩ cuisine [cooking]　⑪ dining room　⑫ gardening　⑬ faucet　⑭ glory　⑮ diversity　⑯ housing
⑰ railway　⑱ signatures　⑲ mayor　⑳ memo　㉑ originality　㉒ husband　㉓ shutters　㉔ succeed
㉕ greet　㉖ calculate　㉗ establish　㉘ publish

163

3 空所に英単語を書こう

❶ 日本語の意味を表す英単語を書きなさい。

☑① タンク，水槽

_____

☑② 独創性

_____

☑③ 粘土

_____

☑④ を計算する

_____

☑⑤ シミュレーション

_____

☑⑥ ガーデニング，庭いじり

_____

☑⑦ にあいさつする

_____

☑⑧ 暖炉

_____

☑⑨ を出版する

_____

☑⑩ (連絡)メモ

_____

☑⑪ 巡航，クルーズ

_____

☑⑫ 夫

_____

☑⑬ 本棚

_____

☑⑭ (複数形で)歌詞

_____

☑⑮ 会議

_____

❷ 日本語と同じ意味を表すように，空所に英単語を書きなさい。

☑① 遅いスピードで，低速で

at _____ speed

☑② 線路沿いの道路

a road along the _____

☑③ ていねいな態度

a polite _____

☑④ 客室乗務員に話しかける

speak to a flight _____

☑⑤ 送別会を開く

hold a _____ party

☑⑥ よい住宅環境

a good _____ environment

☑⑦ 文化的多様性を受け入れる

accept the cultural _____

☑⑧ アサガオの花

morning _____ flowers

☑⑨ 私たちを勝利に導く

_____ us to victory

答え ❶ ① tank　② originality　③ clay　④ calculate　⑤ simulation　⑥ gardening　⑦ greet　⑧ fireplace
　　⑨ publish　⑩ memo　⑪ cruise　⑫ husband　⑬ bookshelf　⑭ lyrics　⑮ conference [meeting]
❷ ① slow　② railway　③ manner [attitude]　④ attendant　⑤ farewell　⑥ housing　⑦ diversity　⑧ glory
　　⑨ lead

❸ 日本文と同じ意味を表すように，英文の空所に英単語を書きなさい。

☑①	厚い紙はこの**はさみ**では切れなかった。	Thick paper could not be cut with these _____.
☑②	ドローンを**農業**に活用する人が増えている。	More people are using drones for _____.
☑③	父の部屋には**本棚**が3つある。	There are three _____ in my father's room.
☑④	その価格には**税**が含まれている。	The price includes _____.
☑⑤	そのレストランは伝統的な**日本料理**を提供している。	The restaurant serves traditional Japanese _____.
☑⑥	彼はよく**蛇口**を閉め忘れる。	He often forgets to turn off the _____.
☑⑦	決勝戦に勝ったとき，彼女の**栄光**の瞬間が訪れた。	Her moment of _____ came when she won the final.
☑⑧	彼女は**署名**を集める運動に参加した。	She joined a campaign to collect _____.
☑⑨	彼らは台風の進路のコンピューター**シミュレーション**を行った。	They did a computer _____ of the path of the typhoon.
☑⑩	彼女は私に英語の**歌詞**を日本語に翻訳してくれた。	She translated the English _____ into Japanese for me.
☑⑪	彼女の弟はいつもどおり**行儀**がよかった。	Her brother had good _____ as usual.
☑⑫	彼は30歳で**市長**になった。	He became _____ at the age of 30.
☑⑬	私たちは**おいの**2歳の誕生日をお祝いした。	We celebrated my _____'s second birthday.
☑⑭	店の**シャッター**はまだ閉まっていた。	The _____ of the store were still closed.
☑⑮	彼らはついに実験に**成功した**。	They finally _____ in the experiment.
☑⑯	車は**速度を落とし**，道の端に止まった。	The car _____ down and stopped on the side of the road.
☑⑰	森のこの狭い道は湖へと**通じている**。	This narrow path in the forest _____ to the lake.
☑⑱	その慈善団体は昨年**設立された**。	The charity was _____ last year.

答え ❸ ① scissors ② agriculture ③ bookshelves ④ tax ⑤ cuisine [cooking] ⑥ faucet ⑦ glory ⑧ signatures ⑨ simulation ⑩ lyrics ⑪ manners ⑫ mayor ⑬ nephew ⑭ shutters ⑮ succeeded ⑯ slowed ⑰ leads ⑱ established

1 英単語を書いてつづりを確認しよう 学習日 月 日

	単語	意味	書いてみよう		単語	意味	書いてみよう
1405	lie 4 [lái] らイ	動 横たわる 名 うそ		1424	probably 4 [prábəbli] プラバブリ	副 たぶん, 十中八九	
1406	dig 3 [díg] ディッグ	動 を掘る		1425	quite 3 [kwáit] クワイト	副 かなり, 非常に	
1407	hike [háik] ハイク	動 ハイキング をする 名 ハイキング		1426	below 5 [bilóu] ビロウ	副 下に[の], 下記に[の] 前 ～より下に [へ]	
1408	sail 3 [séil] セイる	動 航海する 名 ①帆 ②航海		1427	clearly 3 [klíərli] クリアリ	副 ①はっきりと ②明らかに	
1409	remain 3 [riméin] リメイン	動 残る, ～の ままである		1428	far 4 [fá:r] ふァー	副 遠くに 形 遠い	
1410	treat [trí:t] トゥリート	動 ①を扱う ②を治療する		1429	waste 3 [wéist] ウェイスト	名 ①廃棄物, ごみ ②むだ, 浪費 動 をむだにする	
1411	refer [rifə́:r] リふぁ～ ア	動 〈+ to〉①のこと を表す, さす ②を参照する		1430	craft [krǽft] クラぁふト	名 手芸, 工芸, 工芸品	
1412	concentrate [kánsəntrèit] カンセントゥレイト ア	動 集中する, を集中させ る		1431	passage [pǽsidʒ] パぁセッヂ	名 ①(本などの) 一節, (引用) 部分 ②通路	
1413	successful 3 [səksésfl] サクセスふる	形 成功した		1432	rate 3 [réit] レイト	名 割合, 率, レート 動 を評価する	
1414	modern 3 [mádərn] マダン	形 現代の, 近代の		1433	route 準2 [rú:t] ルート	名 ①経路, ルート ②道, 道筋	
1415	magic 3 [mǽdʒik] マぁヂック	形 魔法の(よう な), 手品の 名 魔法, 手品		1434	form 3 [fɔ́:rm] ふォーム	名 ①(文書の)用紙 ②形, 形態 動 を形作る	
1416	digital [dídʒitl] ディヂタる	形 デジタル (式)の		1435	challenge 3 [tʃǽlindʒ] チぁれンヂ	名 難題, やり がい, 挑戦	
1417	dear 3 [díər] ディア	形 親愛なる～, ～様 間 おや, まあ		1436	contact [kántækt] カンタぁクト	名 連絡, 接触 動 と連絡をとる	
1418	brave 3 [bréiv] ブレイヴ	形 勇敢な, 勇気ある		1437	resident [rézidənt] レズィデント	名 居住者, 住民	
1419	clever 3 [klévər] クれヴァ	形 りこうな, 賢い		1438	vocabulary [voukǽbjələ̀ri] ヴォウキぁビュれリ	名 語彙(力)	
1420	ambitious [æmbíʃəs] あンビシャス	形 野心的な, 野心をもって		1439	type 4 [táip] タイプ	名 種類, 型, タイプ	
1421	embarrassed [imbǽrəst] インバぁラスト	形 当惑した, 恥ずかしい		1440	studio [stjú:diòu] ステューディオウ 発	名 スタジオ, 撮影所	
1422	endangered [indéindʒərd] インデインヂャド	形 絶滅の危機 にある					
1423	native 3 [néitiv] ネイティヴ	形 母国の, その 土地(固有)の					

☑① ソファに横たわる

_____ on a sofa

☑② 穴を掘る

_____ a hole

☑③ ハイキングに行く

go on a _____

☑④ 親友のままでいる

_____ good friends

☑⑤ 彼女のメモを参照する

_____ to her notes

☑⑥ 授業に集中する

_____ on the class

☑⑦ 現代(の)社会において

in _____ society

☑⑧ デジタル(式の)時計

a _____ clock

☑⑨ (手紙の書き出しで)親愛なるグリーン先生へ,

_____ Mr. Green,

☑⑩ 勇敢な人々

_____ people

☑⑪ りこうな[賢い]少年

a _____ boy

☑⑫ 彼の野心的な計画

his _____ plan

☑⑬ 絶滅の危機にある動物

_____ animals

☑⑭ 彼女の母国の言語[母国語]

her _____ language

☑⑮ かなり[非常に]難しい

be _____ difficult

☑⑯ 地平線[水平線]より下に[へ]

_____ the horizon

☑⑰ ここから遠くに

_____ from here

☑⑱ 食品廃棄物[食品ロス]を減らす

reduce food _____

☑⑲ 伝統工芸品

traditional _____

☑⑳ 本からの一節

a _____ from a book

☑㉑ 増加の割合, 増加率

the _____ of increase

☑㉒ 用紙に記入する

complete a _____

☑㉓ 大きな難題[挑戦]

a big _____

☑㉔ 彼と連絡をとっている[接触する]

have _____ with him

☑㉕ 外国人居住者

a foreign _____

☑㉖ 語彙を増やす

improve my _____

☑㉗ 2種類[2つのタイプ]の紅茶

two _____ of tea

☑㉘ 映画スタジオ, 映画の撮影所

a movie _____

LEVEL 1
LEVEL 2
LEVEL 3
LEVEL 4
LEVEL 5

1405 ▽ 1440

答え ① lie ② dig ③ hike ④ remain ⑤ refer ⑥ concentrate ⑦ modern ⑧ digital ⑨ Dear ⑩ brave
⑪ clever [smart] ⑫ ambitious ⑬ endangered ⑭ native ⑮ quite [pretty] ⑯ below ⑰ far ⑱ waste
⑲ crafts ⑳ passage ㉑ rate ㉒ form ㉓ challenge ㉔ contact ㉕ resident ㉖ vocabulary ㉗ types ㉘ studio

3 空所に英単語を書こう

❶ 日本語の意味を表す英単語を書きなさい。

☑① 母国の, その土地(固有)の

_____

☑② 当惑した, 恥ずかしい

_____

☑③ 航海する, 帆

_____

☑④ 語彙(力)

_____

☑⑤ 種類, 型, タイプ

_____

☑⑥ りこうな, 賢い

_____

☑⑦ 難題, やりがい, 挑戦

_____

☑⑧ かなり, 非常に

_____

☑⑨ 絶滅の危機にある

_____

☑⑩ デジタル(式)の

_____

☑⑪ スタジオ, 撮影所

_____

☑⑫ 居住者, 住民

_____

☑⑬ 手芸, 工芸, 工芸品

_____

☑⑭ を掘る

_____

☑⑮ 野心的な, 野心をもって

_____

❷ 日本語と同じ意味を表すように, 空所に英単語を書きなさい。

☑① 近代(的な)都市　　　　　　　　a _____ city

☑② 遠くに住んでいる　　　　　　　live _____ away

☑③ 手品を披露する　　　　　　　　perform _____ tricks

☑④ うそをつく　　　　　　　　　　tell a _____

☑⑤ 患者を治療する　　　　　　　　_____ a patient

☑⑥ 時間のむだ[浪費]　　　　　　　_____ of time

☑⑦ 駅への最短の道[ルート]　　　　the shortest _____ to the station

☑⑧ (彼)の仕事で成功する　　　　　*be* _____ in his work

☑⑨ バス路線　　　　　　　　　　　a bus _____

答え ❶ ① native　② embarrassed　③ sail　④ vocabulary　⑤ type　⑥ clever [smart]　⑦ challenge　⑧ quite
　　　⑨ endangered　⑩ digital　⑪ studio　⑫ resident　⑬ craft　⑭ dig　⑮ ambitious
❷ ① modern　② far　③ magic　④ lie　⑤ treat　⑥ waste　⑦ route [way]　⑧ successful　⑨ route

❸ 日本文と同じ意味を表すように，英文の空所に英単語を書きなさい。

☑①	帰宅すると，私はベッドに<u>横になり</u>くつろいだ。	When I got home, I ＿＿＿＿＿ <u>down</u> on my bed and relaxed.
☑②	彼女は月に１度山にハイキングに行く。	She <u>goes</u> ＿＿＿＿＿ in the mountains once a month.
☑③	彼は単独で海を船で<u>横断した</u>。	He ＿＿＿＿＿ <u>across</u> the ocean alone.
☑④	試合終了まで５分しか<u>残っていなかった</u>。	<u>Only</u> five minutes ＿＿＿＿＿ until the end of the match.
☑⑤	おじは今なお私<u>を</u>小さな子どものように<u>扱う</u>。	My uncle still ＿＿＿＿＿ me <u>like</u> a little child.
☑⑥	この印は私がまだ習っていない単語の<u>ことを表している</u>。	This mark ＿＿＿＿＿ to words I haven't learned yet.
☑⑦	私は昨夜は勉強に集中することができなかった。	I couldn't ＿＿＿＿＿ <u>on</u> studying last night.
☑⑧	その患者の治療は成功した。	The treatment of that patient <u>was</u> ＿＿＿＿＿.
☑⑨	彼は勇気ある決断をした。	He made the ＿＿＿＿＿ decision.
☑⑩	彼女は夫の悪いテーブルマナーに<u>恥ずかしい思いをした</u>。	She <u>felt</u> ＿＿＿＿＿ <u>about</u> her husband's bad table manners.
☑⑪	彼は<u>おそらく</u>うそは言っていないだろう。	He ＿＿＿＿＿ isn't telling a lie.
☑⑫	<u>下の</u>表をご覧ください。	Look at the table ＿＿＿＿＿.
☑⑬	私は彼の顔を今でも<u>はっきりと</u>覚えている。	I still remember his face ＿＿＿＿＿.
☑⑭	私の家は駅から<u>遠く</u>はない。	My house <u>is</u> <u>not</u> ＿＿＿＿＿ <u>from</u> the station.
☑⑮	次の<u>文章</u>を読んで以下の質問に答えなさい。	Read <u>the</u> <u>following</u> ＿＿＿＿＿ and answer the questions below.
☑⑯	その手術の<u>成功率</u>は50パーセントだった。	The <u>success</u> ＿＿＿＿＿ of the operation was 50 percent.
☑⑰	この<u>用紙</u>の空欄はすべて記入しなければなりませんか。	Do I have to complete all the blanks <u>on this</u> ＿＿＿＿＿?
☑⑱	私は何か月もいとこと<u>連絡</u>をとっていない。	I <u>haven't</u> <u>had</u> any ＿＿＿＿＿ <u>with</u> my cousin for months.

答え ❸ ① lay　② hiking　③ sailed　④ remained [left]　⑤ treats　⑥ refers　⑦ concentrate　⑧ successful　⑨ brave
⑩ embarrassed　⑪ probably　⑫ below　⑬ clearly　⑭ far　⑮ passage　⑯ rate　⑰ form　⑱ contact

	単語	意味	書いてみよう		単語	意味	書いてみよう
1441	workshop [wə́:rkʃùp] ワ〜クシャップ	名 研修[講習]会, ワークショップ		1459	snowboarding [snóubɔ̀:rdiŋ] スノウボーディング	名 スノーボード (競技)	
1442	land 4 [lǽnd] らあンド	名 土地, 陸地 動 着陸する		1460	cheer 3 [tʃíər] チア	動 (を)応援する, (に)声援を送る 名 かっさい	
1443	figure 3 [fígjər] ふィギャ	名 ①図 ②数値, 数字 ③人物(の像)		1461	inspire [inspáiər] インスパイア	動 を奮い立たせる	
1444	seed 3 [sí:d] スィード	名 種, 種子		1462	nod [nád] ナッド	動 うなずく	
1445	balance 3 [bǽləns] バあらンス	名 バランス, つり合い 動 バランスをとる		1463	surround [səráund] サラウンド	動 を囲む	
1446	sense 3 [séns] センス	名 ①感覚, 意識, センス ②意味		1464	achieve [ətʃí:v] アチーヴ	動 を達成する	
1447	pack 4 [pǽk] パあック	名 Ⅰ包み, Ⅰ箱, Ⅰパック 動 を詰める		1465	blow 3 [blóu] ブロウ	動 (風が)吹く	
1448	hug [hʌ́g] ハッグ	名 抱擁, ハグ 動 を抱きしめる		1466	cure 3 [kjúər] キュア	動 (病気など)を治す	
1449	goodbye 5 [gùdbái] グッ(ド)バイ	名 別れのあいさつ 間 さようなら		1467	retire [ritáiər] リタイア	動 (定年)退職する, 引退する	
1450	pardon [pá:rdn] パードゥン	名 許すこと 動 を許す		1468	vote 準2 [vóut] ヴォウト	動 (に)投票する 名 投票, 票	
1451	anime [ǽnəmèi] あニメイ	名 (日本の) アニメ		1469	broaden [brɔ́:dn] ブロードゥン	動 を広げる	
1452	Spanish 3 [spǽniʃ] スパあニッシ	名 スペイン語[人] 形 スペイン(語 [人])の		1470	hurt 3 [hə́:rt] ハ〜ト	動 を傷つける, にけがをさせる, 痛む 形 けがをした	
1453	video 5 [vídiòu] ヴィディオウ	名 動画, ビデオ		1471	train 5 [tréin] トゥレイン	動 ①トレーニングをする ②を訓練する 名 列車	
1454	subtitle [sʌ́btàitl] サブタイトゥる	名 (複数形で) 字幕		1472	clear 4 [klíər] クリア	形 ①はっきりした, 明快な ②晴れた 動 を片付ける	
1455	harvest [há:rvist] ハーヴェスト	名 ①収穫 ②収穫高[物] 動 を収穫する		1473	familiar [fəmíljər] ふァミリャ	形 よく知られた, 熟知して	
1456	sticker [stíkər] スティカ	名 ステッカー, シール		1474	normal 3 [nɔ́:rml] ノームる	形 ふつうの, 通常の	
1457	motto [mátou] マトウ	名 モットー, 標語		1475	confident [kánfidənt] カンふィデント	形 自信があって	
1458	stroller [stróulər] ストゥロウら	名 ベビーカー		1476	confused [kənfjú:zd] コンフューズド	形 混乱して, とまどって	

☑① 研修会[講習会]を開く
hold a ＿＿＿＿＿＿＿

☑② 土地を所有している
own ＿＿＿＿＿＿＿

☑③ 正確な数値[数字]
the exact ＿＿＿＿＿＿＿

☑④ 種をまく
plant ＿＿＿＿＿＿＿

☑⑤ バランス感覚
a ＿＿＿＿＿＿＿ of ＿＿＿＿＿＿＿

☑⑥ 1パック[箱, 包み]のクッキー
a ＿＿＿＿＿＿＿ of cookies

☑⑦ 互いを抱きしめる, 抱き(しめ)合う
＿＿＿＿＿＿＿ each other

☑⑧ 彼女の許し[許すこと]を請う
ask her ＿＿＿＿＿＿＿

☑⑨ アニメを見る
watch ＿＿＿＿＿＿＿

☑⑩ スペイン語を翻訳する
translate ＿＿＿＿＿＿＿

☑⑪ 動画[ビデオ]を撮る
take a ＿＿＿＿＿＿＿

☑⑫ スペイン語の字幕付きの
with ＿＿＿＿＿＿＿ ＿＿＿＿＿＿＿

☑⑬ 米の収穫
the rice ＿＿＿＿＿＿＿

☑⑭ 値段のシール[ステッカー]
a price ＿＿＿＿＿＿＿

☑⑮ 私のモットー
my ＿＿＿＿＿＿＿

☑⑯ ベビーカーを押す
push a ＿＿＿＿＿＿＿

☑⑰ 彼らを応援する, 彼らに声援を送る
＿＿＿＿＿＿＿ for them

☑⑱ 私たちを奮い立たせる
＿＿＿＿＿＿＿ us

☑⑲ その建物を(取り)囲む
＿＿＿＿＿＿＿ the building

☑⑳ 目標を達成する
＿＿＿＿＿＿＿ my goal

☑㉑ (風が)強く吹く
＿＿＿＿＿＿＿ hard

☑㉒ 病気の赤ちゃんを治す
＿＿＿＿＿＿＿ the sick baby

☑㉓ 銀行を退職する
＿＿＿＿＿＿＿ from a bank

☑㉔ その計画に賛成の投票をする
＿＿＿＿＿＿＿ for the plan

☑㉕ 経験を広げる
＿＿＿＿＿＿＿ my experience

☑㉖ オリンピックに向けてトレーニングする
＿＿＿＿＿＿＿ for the Olympics

☑㉗ 列車を降りる
get off the ＿＿＿＿＿＿＿

☑㉘ ふつうの[通常の]サイズ
the ＿＿＿＿＿＿＿ size

LEVEL 1
LEVEL 2
LEVEL 3
LEVEL 4
LEVEL 5

1441
▽
1476

答え ① workshop ② land ③ figure(s) ④ seeds ⑤ sense, balance ⑥ pack ⑦ hug ⑧ pardon ⑨ anime
⑩ Spanish ⑪ video ⑫ Spanish, subtitles ⑬ harvest ⑭ sticker ⑮ motto ⑯ stroller ⑰ cheer ⑱ inspire
⑲ surround ⑳ achieve ㉑ blow ㉒ cure ㉓ retire ㉔ vote ㉕ broaden ㉖ train ㉗ train ㉘ normal

3　空所に英単語を書こう

❶ 日本語の意味を表す英単語を書きなさい。

☑① スノーボード（競技）

_____

☑② 動画，ビデオ

_____

☑③ はっきりした, 明快な, 晴れた

_____

☑④ 研修[講習]会, ワークショップ

_____

☑⑤ 退職する，引退する

_____

☑⑥ 種, 種子

_____

☑⑦ ふつうの，通常の

_____

☑⑧ 混乱して，とまどって

_____

☑⑨ ステッカー，シール

_____

☑⑩ うなずく

_____

☑⑪ 別れのあいさつ, さようなら

_____

☑⑫ 自信があって

_____

☑⑬ （日本の）アニメ

_____

☑⑭ を広げる

_____

☑⑮ ベビーカー

_____

❷ 日本語と同じ意味を表すように，空所に英単語を書きなさい。

☑① わが校のモットー，校訓　　　　our school _____

☑② 彼らに別れを告げる　　　　　　say _____ to them

☑③ 意味をなす　　　　　　　　　　make _____

☑④ 陸路で旅行する　　　　　　　　travel by _____

☑⑤ 豊作を祈る　　　　　　　　　　pray for a good _____

☑⑥ けがをする　　　　　　　　　　_____ myself

☑⑦ 月に着陸する　　　　　　　　　_____ on the moon

☑⑧ そのルートを熟知して[よく知って]いる　*be* _____ with the route

☑⑨ 何とおっしゃいましたか。　　　_____ me?

答え ▶ **❶** ① snowboarding　② video　③ clear　④ workshop　⑤ retire　⑥ seed　⑦ normal　⑧ confused
　　　⑨ sticker　⑩ nod　⑪ goodbye　⑫ confident　⑬ anime　⑭ broaden　⑮ stroller
　　❷ ① motto　② goodbye　③ sense　④ land　⑤ harvest　⑥ hurt　⑦ land　⑧ familiar　⑨ Pardon

❸ **日本文と同じ意味を表すように，英文の空所に英単語を書きなさい。**

☑① ページ下部の図１を見てください。	See ＿＿＿＿＿＿ 1 at the bottom of the page.	
☑② その子は自転車の上でうまくバランスを保つことができた。	The child was able to keep his ＿＿＿＿＿＿ well on the bike.	
☑③ 私は街の中心部で方向感覚を失った。	I lost my ＿＿＿＿＿＿ of direction in the center of the city.	
☑④ その店は私たちに３パックの肉を割引してくれた。	The store gave us a discount on three ＿＿＿＿＿＿ of meat.	
☑⑤ 彼は送別会で私たち１人１人をぎゅっとハグした。	He gave each of us a big ＿＿＿＿＿＿ at his farewell party.	
☑⑥ 私は態度が悪いことで彼女に許しを請うた。	I asked her ＿＿＿＿＿＿ for my bad attitude.	
☑⑦ 彼女は勉強のために英語の字幕つきの日本のアニメを見ている。	She watches Japanese anime with English ＿＿＿＿＿＿ to study.	
☑⑧ 彼女の成功は私たち全員を奮い立たせた。	Her success ＿＿＿＿＿＿ all of us.	
☑⑨ 市長はジャーナリストに囲まれてインタビューを受けた。	The mayor was ＿＿＿＿＿＿ by journalists and interviewed.	
☑⑩ 彼女はテストで高得点をとる目標を達成した。	She ＿＿＿＿＿＿ her goal of getting a high score on the test.	
☑⑪ 台風のあともまだ風が強く吹いていた。	The wind was still ＿＿＿＿＿＿ hard after the typhoon.	
☑⑫ この薬はあなたの胃痛を治してくれるよ。	This medicine will ＿＿＿＿＿＿ your stomachache.	
☑⑬ 私は２番目の案に投票した。	I ＿＿＿＿＿＿ for the second idea.	
☑⑭ 私は転んで脚を痛めた。	I fell and ＿＿＿＿＿＿ my leg.	
☑⑮ 彼は将来の職業についてはっきりとした考えを持っている。	He has a ＿＿＿＿＿＿ idea of his future career.	
☑⑯ この味は私にはなじみがある。	This flavor is ＿＿＿＿＿＿ to me.	
☑⑰ 彼女は留学前は自分のスペイン語に自信があった。	She was ＿＿＿＿＿＿ in her Spanish before studying abroad.	
☑⑱ 私は彼の悲しげな表情にとまどった。	I was ＿＿＿＿＿＿ by his sad expression.	

LEVEL 1
LEVEL 2
LEVEL 3
LEVEL 4
LEVEL 5

1441
▽
1476

答え ❸ ① Figure　② balance　③ sense　④ packs　⑤ hug　⑥ pardon　⑦ subtitles　⑧ inspired　⑨ surrounded　⑩ achieved　⑪ blowing　⑫ cure　⑬ voted　⑭ hurt　⑮ clear　⑯ familiar　⑰ confident　⑱ confused

	単語	意味	書いてみよう
1477	**loud** ③ [láud] らウド	形 (声・音が) 大きい 副 大きな声で	
1478	**musical** [mjúːzikl] ミューズィクる	形 音楽の 名 ミュージカル	
1479	**developing** [divéləpiŋ] ディヴェろピング	形 発展途上の	
1480	**accurate** [ǽkjərit] あキュレット	形 正確な	
1481	**electronic** [ilèktránik] イれクトゥラニック ア	形 電子の	
1482	**leftover** [léftòuvər] れふトオウヴァ	形 食べ残しの, 残りの 名 (複数形で) 食べ残し, 残り物	
1483	**Pacific** ③ [pəsífik] パスィふィック ア	形 太平洋の 名 ⟨the +⟩ 太平洋	
1484	**else** ④ [éls] エるス	副 そのほかに [の]	
1485	**according** [əkɔ́ːrdiŋ] アコーディング	副 ⟨+ to⟩ によると	
1486	**straight** ⑤ [stréit] ストゥレイト 発	副 まっすぐに 形 まっすぐな	
1487	**originally** 準② [ərídʒənəli] オリヂナリ	副 もともとは, 初めは	
1488	**perhaps** ④ [pərhǽps] パハあップス	副 もしかすると, ひょっ としたら	
1489	**those** ⑤ [ðóuz] ぞウズ	代 あれら, それら 形 あれらの, それらの	

	単語	意味	書いてみよう
1490	**both** ④ [bóuθ] ボウす	代 両方 形 両方の	
1491	**behind** ③ [biháind] ビハインド	前 ～のうしろ に 副 うしろに	
1492	**through** ④ [θrúː] すルー 発	前 ①～を通じ て, ～によっ て ②～を通り 抜けて	
1493	**without** ⑤ [wiðáut] ウィずアウト	前 ～なしで	
1494	**toward** ③ [tɔ́ːrd] トード	前 ①～のほう へ ②～に対す る	
1495	**per** [pə́ːr] パ～	前 ～につき, ～ごとに	
1496	**against** ③ [əgénst] アゲンスト	前 ①～に反対 して ②～に対抗 して ③～に対し て	
1497	**including** [inklúːdiŋ] インクるーディング	前 ～を含めて	
1498	**while** ④ [hwáil] (ホ)ワイる	接 ①～する間 に ②～なのに 対して 名 (少しの)時間	
1499	**though** ④ [ðóu] ぞウ 発	接 ～だけれど も 副 でも, けれ ども	
1500	**although** ③ [ɔːlðóu] オーるぞウ	接 ～だけれど も	

☑① 大きい声

a ＿＿＿＿＿＿＿ voice

☑② 音楽の様式［スタイル］

a ＿＿＿＿＿＿＿ style

☑③ ミュージカルを見る

see a ＿＿＿＿＿＿＿

☑④ 発展途上国

＿＿＿＿＿＿＿ countries

☑⑤ 正確な記録

an ＿＿＿＿＿＿＿ record

☑⑥ 電子辞書

an ＿＿＿＿＿＿＿ dictionary

☑⑦ 食べ残しの料理，食べ残し

＿＿＿＿＿＿＿ food

☑⑧ 太平洋の島々

the ＿＿＿＿＿＿＿ islands

☑⑨ 何かそのほかのこと

something ＿＿＿＿＿＿＿

☑⑩ 報告（書）によると

＿＿＿＿＿＿＿ to the report

☑⑪ まっすぐに帰宅する

come ＿＿＿＿＿＿＿ home

☑⑫ もともとはイタリア出身の［で］

＿＿＿＿＿＿＿ from Italy

☑⑬ 私たちの両方とも

＿＿＿＿＿＿＿ of us

☑⑭ 両方の国々，両国

＿＿＿＿＿＿＿ countries

☑⑮ 彼のうしろに立つ

stand ＿＿＿＿＿＿＿ him

☑⑯ うしろに立っている男性

the man standing ＿＿＿＿＿＿＿

☑⑰ インターネットを通じて［によって］

＿＿＿＿＿＿＿ the Internet

☑⑱ 森を通り抜けて

＿＿＿＿＿＿＿ the woods

☑⑲ 水なしで

＿＿＿＿＿＿＿ water

☑⑳ あれらの人々のほうへ

＿＿＿＿＿＿＿ ＿＿＿＿＿＿＿ people

☑㉑ 1日につき3回

three times ＿＿＿＿＿＿＿ day

☑㉒ その計画に反対している

be ＿＿＿＿＿＿＿ the plan

☑㉓ お互いに対抗して

＿＿＿＿＿＿＿ each other

☑㉔ 税を含めて，税込みで

＿＿＿＿＿＿＿ tax

☑㉕ 私が眠っていた間に

＿＿＿＿＿＿＿ I was sleeping

☑㉖ 雨が降っていたけれども

＿＿＿＿＿＿＿ it was raining

LEVEL 1
LEVEL 2
LEVEL 3
LEVEL 4
LEVEL 5

1477 ▼ 1500

答え ① loud　② musical　③ musical　④ developing　⑤ accurate [exact]　⑥ electronic　⑦ leftover　⑧ Pacific　⑨ else　⑩ according　⑪ straight　⑫ originally　⑬ both　⑭ both　⑮ behind　⑯ behind　⑰ through　⑱ through　⑲ without　⑳ toward, those　㉑ per [a]　㉒ against　㉓ against　㉔ including　㉕ while　㉖ though [although]

3 空所に英単語を書こう

学習日 月 日

❶ 日本語の意味を表す英単語を書きなさい。

☑① もしかすると, ひょっとしたら

_____

☑② 〜なしで

_____

☑③ もともとは, 初めは

_____

☑④ 発展途上の

_____

☑⑤ 〜のほうへ, 〜に対する

_____

☑⑥ 〜だけれども

_____

☑⑦ (声・音が)大きい, 大きな声で

_____

☑⑧ 〜を含めて

_____

☑⑨ 正確な

_____

☑⑩ そのほかに [の]

_____

☑⑪ 〜につき, 〜ごとに

_____

☑⑫ 電子の

_____

❷ 日本語と同じ意味を表すように, 空所に英単語を書きなさい。

☑① 太平洋を船で横断する

sail across the _____ Ocean

☑② 英語もスペイン語も両方とも話す

speak _____ English and Spanish

☑③ 楽器を演奏する

play a _____ instrument

☑④ 直線を引く

draw a _____ line

☑⑤ 病気とたたかう

fight _____ disease

☑⑥ 何人かをあとに残す

leave some people _____

☑⑦ しばらの間滞在する

stay for a _____

☑⑧ さよならも言わないで

_____ saying goodbye

☑⑨ 彼を知る人々

_____ who know him

☑⑩ たとえあなたが行くにしても

even _____ you go

答え ❶ ① perhaps [maybe] ② without ③ originally ④ developing ⑤ toward ⑥ though [although] ⑦ loud
　　 ⑧ including ⑨ accurate [exact] ⑩ else ⑪ per ⑫ electronic
　 ❷ ① Pacific ② both ③ musical ④ straight ⑤ against ⑥ behind ⑦ while ⑧ without ⑨ those
　　 ⑩ though

❸ 日本文と同じ意味を表すように，英文の空所に英単語を書きなさい。

☑① 私は彼らに**大きな声で**「急いで！」と言った。 | I said to them in a _____ voice, "Hurry up!"

☑② 彼女は幼いころから**音楽の才能**を見せた。 | She showed her _____ talent from an early age.

☑③ そのレストランで**食べ残しの**料理を持ち帰ることができる。 | We can take _____ food home from that restaurant.

☑④ 彼女が来られないなら，**だれかほかの人**に頼むことにするよ。 | If she can't come, I'll ask someone _____.

☑⑤ 予報**によると**，今年の冬は例年より寒くなるそうだ。 | _____ to the forecast, this winter will be colder than usual.

☑⑥ 信号のところまで**まっすぐ行って**，それから右折してください。 | Go _____ to the traffic light and then turn right.

☑⑦ **もしかすると**彼らは私たちの援助が必要になるかもしれない。 | _____ they will need our assistance.

☑⑧ あなたの国の習慣は私の国の**それ**とはかなり違いますね。 | Your country's customs are quite different from _____ of my country.

☑⑨ 彼の姉妹の**2人とも**海外で働いている。 | _____ of his sisters work abroad.

☑⑩ 彼女は自分の**うしろに**座っている人と話していた。 | She was talking to the person sitting _____ her.

☑⑪ 私はその経験**を通して**大切なことを学んだ。 | I learned some important things _____ the experience.

☑⑫ 私はインターネット**のない**生活など想像できない。 | I can't imagine life _____ the Internet.

☑⑬ 平均して，食事は**1人につき**2,000円かかった。 | On average, the meal cost 2,000 yen _____ person.

☑⑭ 私はその計画**に反対する**票を入れた。 | I voted _____ the plan.

☑⑮ 彼はカップやビニール袋**を含む**プラスチック製品の使用を減らした。 | He reduced his use of plastic products, _____ cups and plastic bags.

☑⑯ 私があなたの町にいる**間に**，ハイキングに行きませんか。 | Shall we go hiking _____ I'm in your town?

☑⑰ 両親は望まなかった**けれども**，彼はひとり暮らしを始めた。 | He began living alone, _____ his parents didn't want him to do so.

☑⑱ いくつかの難題に直面した**ものの**，私はよい結果を残した。 | _____ I faced some challenges, I achieved good results.

答え ❸ ① loud　② musical　③ leftover　④ else　⑤ According　⑥ straight　⑦ Perhaps [Maybe]　⑧ those
⑨ Both　⑩ behind　⑪ through　⑫ without　⑬ per　⑭ against　⑮ including　⑯ while
⑰ though [although]　⑱ Although [Though]

A-A-A タイプ

原形・過去形・過去分詞形がすべて同じ形。

原形／意味	過去形	過去分詞形
580 cut を切る	cut	cut
695 spread を広げる，広まる	spread	spread
696 let (人)に〜させる	let	let
1060 hit をぶつける，を打つ	hit	hit
1470 hurt を傷つける，痛む	hurt	hurt

A-B-B タイプ

過去形と過去分詞形が同じ形。

原形／意味	過去形	過去分詞形
457 build を建てる	built	built
460 understand (を)理解する	understood	understood
472 sleep 眠る	slept	slept
478 shoot (を)撃つ	shot	shot

原形／意味	過去形	過去分詞形
570 sell を売る，売れる	sold	sold
579 pay を支払う	paid	paid
590 spend (時間)を過ごす	spent	spent
591 lose を失う，(に)負ける	lost	lost
688 sit 座る	sat	sat
689 stand 立つ	stood	stood
697 fight 戦う	fought	fought
897 have を持っている	had	had
1226 lend を貸す	lent	lent
1400 lead 通じる，至る，を導く	led	led

A-B-C タイプ

原形・過去形・過去分詞形ともすべて異なる形。

	原形／意味	過去形	過去分詞形		原形／意味	過去形	過去分詞形
98	drink を飲む	drank	drunk	473	wear を着ている	wore	worn
101	ride (に)乗る	rode	ridden	538	mistake を誤解する	mistook	mistaken
102	swim 泳ぐ	swam	swum	575	forget を忘れる	forgot	forgotten / forgot
170	give を与える	gave	given	581	fly 飛ぶ, 飛行機で行く	flew	flown
173	show を見せる	showed	shown	583	begin を始める, 始まる	began	begun
179	choose を選ぶ	chose	chosen	780	wake 目を覚ます, を起こす	woke	woken
183	grow 成長する,を育てる	grew	grown	781	rise 昇る, 上がる　過去形 rose は「バラ」と同じつづり	rose	risen
200	speak (を)話す	spoke	spoken	963	throw を投げる	threw	thrown
205	do をする　現在形は do, does	did	done	1134	drive を運転する,車で行く	drove	driven
206	be である,になる,いる　現在形は am, is, are	was / were	been	1307	break を壊す, 壊れる	broke	broken

	単語	意味	書いてみよう		単語	意味	書いてみよう
1501	exam 4 [igzǽm] イグザぁム	名 試験		1521	lamp 4 [lǽmp] らぁンプ	名 ランプ, 明かり	
1502	beginning 3 [bigíniŋ] ビギニング	名 初め, 始まり		1522	envelope [énvəlòup] エンヴェろウプ	名 封筒	
1503	death 3 [déθ] デす	名 死, 死亡		1523	feather [féðər] ふェざ	名 (鳥の1本の) 羽, 羽毛	
1504	professor 3 [prəfésər] プロふェサ	名 教授		1524	horror [hɔ́:rər] ホーラ	名 恐怖	
1505	kid 4 [kíd] キッド	名 子ども 動 冗談を言う		1525	laughter [lǽftər] らぁふタ 発	名 笑い, 笑い声	
1506	speed 3 [spíːd] スピード	名 速度, スピード		1526	behavior 準2 [bihéivjər] ビヘイヴィア	名 ふるまい, 行儀, 態度	
1507	pond 4 [pánd] パンド	名 池		1527	discovery 3 [diskʌ́vəri] ディスカヴァリ	名 発見	
1508	fence 3 [féns] ふェンス	名 囲い, 柵		1528	graduation [grædʒuéiʃn] グラぁヂュエイシャン	名 卒業	
1509	fever [fíːvər] ふィーヴァ	名 (病気の)熱, 発熱		1529	beauty 準2 [bjúːti] ビューティ	名 美しさ	
1510	freedom 4 [fríːdəm] ふリーダム	名 自由		1530	feature [fíːtʃər] ふィーチャ	名 特徴, 特色	
1511	issue [íʃuː] イシュー	名 ①問題 ②発行(物)		1531	law 3 [lɔ́ː] ろー	名 法律	
1512	mission [míʃn] ミシャン	名 任務, 使命		1532	midnight [mídnàit] ミッドナイト	名 夜の12時, 真夜中	
1513	truck [trʌ́k] トゥラック	名 トラック		1533	package [pǽkidʒ] パぁケッヂ	名 パッケージ, 包み, 小包	
1514	subway [sʌ́bwèi] サブウェイ	名 地下鉄		1534	inventor [invéntər] インヴェンタ	名 発明者[家], 考案者	
1515	victim [víktim] ヴィクティム	名 犠牲者		1535	fill 3 [fíl] ふィる	動 を満たす	
1516	survivor [sərváivər] サヴァイヴァ	名 生存者		1536	pull 3 [púl] プる	動 を引く, 引っ張る	
1517	skin 3 [skín] スキン	名 ①皮ふ, 肌 ②皮		1537	attack 準2 [ətǽk] アタぁック	動 を攻撃する 名 攻撃	
1518	neck 4 [nék] ネック	名 首		1538	knock 3 [nák] ナック 発	動 ノックする 名 ノック(の音)	
1519	noise 3 [nɔ́iz] ノイズ	名 物音, 騒音		1539	offer 3 [ɔ́:fər] オーふァ	動 を提供する, を申し出る 名 申し出	
1520	backpack [bǽkpæk] バぁックパぁック	名 バックパック, リュック		1540	shout 4 [ʃáut] シャウト	動 (と)叫ぶ, を大声で言う	

	単語	意味	書いてみよう
1541	**expect** [ikspékt] イクスペクト ③	動 を予想[期待]する	
1542	**consider** [kənsídər] コンスィダ 準2	動 ①をよく考える ②〜を…だと思う[みなす]	
1543	**describe** [diskráib] ディスクライブ	動 の特徴を述べる, を描写する	
1544	**fix** [fíks] ふィックス ③	動 を修理する, を決める	

	単語	意味	書いてみよう
1545	**hate** [héit] ヘイト ③	動 が大嫌いだ, を憎む	
1546	**dislike** [disláik] ディスらイク	動 が嫌いだ	
1547	**award** [əwɔ́ːrd] アウォード ③	名 賞 動 に(賞など)を与える	
1548	**cage** [kéidʒ] ケイヂ ③	名 かご, おり	
1549	**statue** [stǽtʃuː] スタぁチュー	名 像	

LEVEL 1 / LEVEL 2 / LEVEL 3 / LEVEL 4 / LEVEL 5

1501 ▽ 1549

2 フレーズの空所に英単語を書こう

学習日　月　日

☑① 試験を受ける

take an _____

☑② 授業の初めに

at the _____ of the class

☑③ 高熱がある

have a high _____

☑④ 自由のために戦う

fight for _____

☑⑤ 環境問題について話し合う

discuss environmental _____

☑⑥ 大きな物音

a loud _____

☑⑦ バックパックを背負う

carry a _____

☑⑧ ランプ[明かり]をつける[消す]

turn on [off] a _____

☑⑨ 大発見をする

make a great _____

☑⑩ 卒業式

a _____ ceremony

☑⑪ 法律によって

by _____

☑⑫ びんを水で満たす

_____ a bottle with water

☑⑬ ドアをノックする

_____ on [at] the door

☑⑭ 彼に仕事を提供する

_____ a job to him

☑⑮ 彼らに向かって叫ぶ

_____ at them

☑⑯ 私が予想していたよりも

than I _____

☑⑰ 勉強するのが大嫌いだ

_____ to study

☑⑱ 受賞する

win an _____

答え ① exam ② beginning ③ fever ④ freedom ⑤ issues [problems] ⑥ noise ⑦ backpack ⑧ lamp ⑨ discovery ⑩ graduation ⑪ law ⑫ fill ⑬ knock ⑭ offer ⑮ shout ⑯ expected ⑰ hate ⑱ award

単語	意味	書いてみよう
1550 **rope** [róup] ロウプ ③	名 ロープ，なわ	
1551 **knife** [náif] ナイふ 発 ⑤	名 ナイフ	
1552 **shelter** [ʃéltər] シェるタ ③	名 避難所	
1553 **suit** [súːt] スート	名 スーツ	
1554 **suitcase** [súːtkèis] スートケイス	名 スーツケース	
1555 **pole** [póul] ポウる	名 棒，さお，柱	
1556 **title** [táitl] タイトゥる ④	名 題名，タイトル	
1557 **truth** [trúːθ] トゥルーす ③	名 〈the +〉真実	
1558 **variety** [vəráiəti] ヴァライエティ 発	名 いろいろ，異なったもの	
1559 **princess** [prínsəs] プリンセス	名 王女	
1560 **bone** [bóun] ボウン ③	名 骨	
1561 **mile** [máil] マイる ③	名 （長さの単位）マイル	
1562 **vegetarian** [vèdʒitériən] ヴェヂテリアン	名 菜食（主義）者	
1563 **soldier** [sóuldʒər] ソウるヂャ 発 ③	名 兵士	
1564 **bear** [béər] ベア ④	名 クマ	
1565 **puppy** [pápi] パピ ③	名 子イヌ	
1566 **species** [spíːʃiːz] スピーシーズ 発	名 種	
1567 **chain** [tʃéin] チェイン ③	名 チェーン店，くさり	
1568 **clothing** [klóuðiŋ] クろウディング	名 衣類，衣服	
1569 **engine** [éndʒin] エンヂン ③	名 エンジン，機関	

単語	意味	書いてみよう
1570 **expressway** [ikspréswèi] イクスプレスウェイ	名 高速道路	
1571 **needle** [níːdl] ニードゥる	名 針	
1572 **gun** [gán] ガン ③	名 銃	
1573 **pilot** [páilət] パイロット ⑤	名 （飛行機の）パイロット	
1574 **object** [ábdʒikt] アブヂェクト ア ③	名 物体	
1575 **surface** [sáːrfis] サ～ふェス 発 ③	名 表面，水面，地面	
1576 **partner** [páːrtnər] パートナ ③	名 パートナー，配偶者	
1577 **waiter** [wéitər] ウェイタ ④	名 ウェイター	
1578 **housework** [háuswàːrk] ハウスワ～ク ③	名 家事	
1579 **pressure** [préʃər] プレシャ	名 圧力，気圧，（精神的）圧迫	
1580 **storm** [stɔ́ːrm] ストーム ③	名 嵐	
1581 **sunshine** [sánʃàin] サンシャイン	名 日光，日ざし，日なた	
1582 **lock** [lák] らック	動 にかぎをかける 名 錠，錠前	
1583 **reply** [riplái] リプらイ ③	動 返事をする 名 返事	
1584 **shock** [ʃák] シャック ③	動 に衝撃を与える 名 衝撃	
1585 **complain** [kəmpléin] コンプれイン ③	動 （～と）不平を言う	
1586 **cross** [krɔ́ːs] クロース ④	動 を横切る，（を）渡る	
1587 **measure** [méʒər] メジャ	動 をはかる	
1588 **pretend** [priténd] プリテンド	動 のふりをする	

	単語		意味	書いてみよう
1589	refuse [2] [rifjúːz] リふューズ		動 (を)断る，拒絶する	
1590	scream [skríːm] スクリーム		動 叫ぶ 名 悲鳴	
1591	avoid [準2] [əvɔ́id] アヴォイド		動 を避ける	
1592	bother [báðər] バざ		動 を悩ませる，じゃまする	
1593	kick [3] [kík] キック		動 をける	

	単語		意味	書いてみよう
1594	gender [dʒéndər] ヂェンダ		名 性，ジェンダー	
1595	lady [4] [léidi] れイディ		名 女性，婦人	
1596	gentleman [dʒéntlmən] ヂェントゥるマン		名 男性，紳士	
1597	author [3] [ɔ́ːθər] オーさ		名 著者，作家	
1598	expert [3] [ékspəːrt] エクスパ〜ト		名 専門家	

2 フレーズの空所に英単語を書こう

学習日　月　日

☑① ロープ[なわ]を引く

pull a ＿＿＿＿＿＿＿

☑② 真実を述べる

tell the ＿＿＿＿＿＿＿

☑③ いろいろな食べ物

a ＿＿＿＿＿＿＿ of foods

☑④ 骨を折る

break my ＿＿＿＿＿＿＿

☑⑤ 絶滅危惧種

an endangered ＿＿＿＿＿＿＿

☑⑥ (インターネットの)検索エンジン

a search ＿＿＿＿＿＿＿

☑⑦ 重い金属製の物体

a heavy metal ＿＿＿＿＿＿＿

☑⑧ 月の表面

the ＿＿＿＿＿＿＿ of the moon

☑⑨ 家事をする

do (the) ＿＿＿＿＿＿＿

☑⑩ ドアにかぎをかける

＿＿＿＿＿＿＿ the door

☑⑪ Eメールに返事をする

＿＿＿＿＿＿＿ to an e-mail

☑⑫ 彼に仕事について不平を言う

＿＿＿＿＿＿＿ to him about the job

☑⑬ うれしいふりをする

＿＿＿＿＿＿＿ to be happy

☑⑭ 申し出を断る

＿＿＿＿＿＿＿ the offer

☑⑮ 助けを求めて叫ぶ

＿＿＿＿＿＿＿ for help

☑⑯ 交通渋滞を避ける

＿＿＿＿＿＿＿ heavy traffic

☑⑰ 私の大好きな作家

my favorite ＿＿＿＿＿＿＿

☑⑱ 教育の専門家

an ＿＿＿＿＿＿＿ in education

答え ▶ ① rope ② truth ③ variety ④ bone(s) ⑤ species ⑥ engine ⑦ object ⑧ surface ⑨ housework ⑩ lock ⑪ reply ⑫ complain ⑬ pretend ⑭ refuse ⑮ scream [cry, shout] ⑯ avoid ⑰ author [writer] ⑱ expert

	単語	意味	書いてみよう		単語	意味	書いてみよう
1599	**neighborhood** [néibərhùd] ネイバフッド 発	名 地域，近所		1619	**exercise** 4 [éksərsàiz] エクササイズ	名 ①運動 ②練習(問題) 動 運動する	
1600	**tongue** [tʌ́ŋ] タング 発	名 ①舌 ②言語		1620	**interest** 3 [íntərəst] インタレスト ア	名 興味，関心 動 に興味を持たせる	
1601	**ability** 3 [əbíləti] アビリティ	名 能力		1621	**square** 3 [skwéər] スクウェア	名 正方形，(四角い)広場 形 正方形の，平方の	
1602	**army** [áːrmi] アーミ	名 〈the +〉陸軍，軍隊		1622	**tear** 3 [tíər] ティア	名 (複数形で)涙	
1603	**bay** [béi] ベイ	名 湾		1623	**bit** 3 [bít] ビット	名 〈a +〉少し，少量	
1604	**cottage** [kátidʒ] カテッヂ	名 小屋，コテージ		1624	**championship** [tʃǽmpiənʃip] チァンピオンシップ	名 選手権(大会)	
1605	**position** 3 [pəzíʃn] ポズィシャン	名 位置，場所，立場		1625	**throat** [θróut] すロウト	名 のど	
1606	**source** 3 [sɔ́ːrs] ソース	名 ①源 ②出所		1626	**chest** [tʃést] チェスト	名 胸	
1607	**drought** [dráut] ドゥラウト 発	名 干ばつ，(長期の)日照り		1627	**cough** [kɔ́ːf] コーふ 発	名 せき 動 せきをする	
1608	**god** 3 [gád] ガッド	名 神		1628	**asleep** 3 [əslíːp] アスリープ	形 眠って	
1609	**illness** [ílnəs] イるネス	名 病気		1629	**correct** [kərékt] コレクト	形 正しい 動 を正す	
1610	**jewelry** [dʒúːəlri] ヂューエるリ	名 宝石類，宝飾品		1630	**huge** 3 [hjúːdʒ] ヒューヂ	形 巨大な，莫大な	
1611	**development** [divéləpmənt] ディヴェろプメント	名 発達，発展		1631	**British** 3 [brítiʃ] ブリティッシ	形 英国(人)の 名 〈the +〉英国人	
1612	**journey** [dʒə́ːrni] ヂャ〜ニ	名 旅，旅行		1632	**European** [jùərəpíːən] ユ(ア)ラピーアン ア	形 ヨーロッパ(人)の 名 ヨーロッパ人	
1613	**risk** [rísk] リスク	名 危険(性)，恐れ		1633	**fat** 3 [fǽt] ふぁット	形 太った 名 脂肪	
1614	**stuff** [stʌ́f] スタふ	名 もの，こと，持ち物		1634	**online** 3 [ánláin] アンライン	形 オンラインの 副 オンラインで	
1615	**pain** 3 [péin] ペイン	名 (鋭い)痛み，苦痛		1635	**basic** 3 [béisik] ベイスィック	形 基礎の，基本的な	
1616	**task** 準2 [tǽsk] タぁスク	名 仕事，課題		1636	**gone** [gɔ́ːn] ゴーン	形 過ぎ去った，なくなった	
1617	**tube** [tjúːb] テューブ	名 管，チューブ					
1618	**track** 3 [trǽk] トゥラぁック	名 線路，(競技場の)トラック					

	単語	意味	書いてみよう
1637	**ill** [il] イル	形 病気で	
1638	**request** [rikwést] リクウェスト	名 要請，依頼 動 を要請する	
1639	**childhood** [tʃáildhùd] チャイるドフッド	名 子どものころ，幼少期	
1640	**couple** 3 [kʌ́pl] カプる	名 1組，2つ，カップル	
1641	**chemical** 3 [kémikl] ケミクる	名 化学物質，化学薬品 形 化学の	

	単語	意味	書いてみよう
1642	**telephone** 5 [téləfòun] テれふォウン	名 電話(機) 動 に電話をかける	
1643	**block** 4 [blák] ブラック	名 ①1区画 ②(石などの)かたまり 動 をふさぐ	
1644	**barbecue** [bá:rbikjù:] バーベキュー	名 バーベキュー	
1645	**centimeter** [séntəmì:tər] センティミータ	名 センチメートル	

LEVEL 1 / LEVEL 2 / LEVEL 3 / LEVEL 4 / LEVEL 5

1599 ▽ 1645

2 フレーズの空所に英単語を書こう

学習日 　月　　日

☑① 近所に[で，の]

　　in the ＿＿＿＿＿＿＿

☑② 彼女の意思疎通を図る**能力**

　　her ＿＿＿＿＿＿＿ to communicate

☑③ 正しい**位置**にいる[ある]

　　be in the right ＿＿＿＿＿＿＿

☑④ エネルギー**源**

　　a ＿＿＿＿＿＿＿ of energy

☑⑤ 重い**病気**をわずらう

　　suffer from a serious ＿＿＿＿＿＿＿

☑⑥ **痛み**で叫ぶ

　　scream in ＿＿＿＿＿＿＿

☑⑦ **運動**する

　　do some ＿＿＿＿＿＿＿

☑⑧ そのアイディアに**興味**を示す

　　show an ＿＿＿＿＿＿＿ in the idea

☑⑨ **涙**を浮かべて

　　in ＿＿＿＿＿＿＿

☑⑩ 少しの**希望**

　　a ＿＿＿＿＿＿＿ of hope

☑⑪ ぐっすり**眠っている**

　　be fast ＿＿＿＿＿＿＿

☑⑫ **正しい**答え

　　a ＿＿＿＿＿＿＿ answer

☑⑬ **巨大な**山

　　a ＿＿＿＿＿＿＿ mountain

☑⑭ **英国**政府

　　the ＿＿＿＿＿＿＿ government

☑⑮ **オンライン(の)**ショッピングをする

　　do my ＿＿＿＿＿＿＿ shopping

☑⑯ **子どものころ**に

　　in my ＿＿＿＿＿＿＿

☑⑰ 有害な**化学物質**，危険な**化学薬品**

　　dangerous ＿＿＿＿＿＿＿

☑⑱ **電話**に出る

　　answer the ＿＿＿＿＿＿＿

答え ① neighborhood　② ability　③ position　④ source　⑤ illness [disease]　⑥ pain　⑦ exercise　⑧ interest　⑨ tears　⑩ bit　⑪ asleep　⑫ correct [right]　⑬ huge　⑭ British　⑮ online　⑯ childhood　⑰ chemicals　⑱ telephone [phone]

STEP 132 ▷ 133 [1646 ▷ 1694]　　**1** 英単語を書いてつづりを確認しよう　　学習日　月　日

	単語	意味	書いてみよう
1646	**wisdom** [wízdəm] ウィズダム	名 知恵, 賢明さ	
1647	**content** [kántent] カンテント ⑦	名 (複数形で) 中身, 目次	
1648	**apartment** ③ [əpáːrtmənt] アパートメント	名 アパート	
1649	**bush** [búʃ] ブッシ	名 低木(の茂み)	
1650	**clinic** [klínik] クリニック	名 外来診療所, クリニック	
1651	**countryside** [kʌ́ntrisàid] カントゥリサイド	名 いなか, 田園地帯	
1652	**teenager** ④ [tíːnèidʒər] ティーンエイヂャ	名 ティーンエイジャー, 10代の若者	
1653	**climber** [kláimər] クライマ	名 登山家	
1654	**darkness** [dáːrknəs] ダークネス	名 暗さ, 暗やみ	
1655	**cloud** ④ [kláud] クラウド	名 雲	
1656	**gray** ③ [gréi] グレイ	名 灰色 形 灰色の	
1657	**silver** ③ [sílvər] スィるヴァ	名 銀 形 銀(色)の	
1658	**lawyer** [lɔ́ːjər] ろーヤ	名 弁護士	
1659	**essay** [ései] エセイ	名 小論文, レポート, 随筆, エッセイ	
1660	**detail** [ditéil] ディテイる	名 細部, 詳細	
1661	**edge** [édʒ] エッヂ	名 端, はずれ	
1662	**ending** [éndiŋ] エンディング	名 (話の)結末	
1663	**fashion** [fǽʃn] ふぁシャン	名 流行, ファッション	
1664	**file** [fáil] ふァイる	名 ファイル, 情報	

	単語	意味	書いてみよう
1665	**bump** [bámp] バンプ	名 隆起, でこぼこ, 衝突 動 ぶつかる	
1666	**fork** [fɔ́ːrk] ふォーク	名 フォーク	
1667	**lip** [líp] リップ	名 くちびる	
1668	**nail** [néil] ネイる	名 ①つめ ②くぎ	
1669	**toe** [tóu] トウ 発	名 足の指, つま先	
1670	**tooth** ④ [túːθ] トゥーす	名 歯	
1671	**disability** [dìsəbíləti] ディスアビリティ	名 身体障がい	
1672	**failure** [féiljər] ふェイリャ	名 失敗, 落第	
1673	**Korea** [kəríːə] コリーア	名 朝鮮, 韓国	
1674	**fail** ③ [féil] ふェイる	動 失敗する, (試験)に落ちる	
1675	**marry** ③ [mǽri] マぁリ	動 (と)結婚する	
1676	**beat** ③ [bíːt] ビート	動 を打ち負かす, を打つ	
1677	**attend** [əténd] アテンド	動 に出席する, に通う	
1678	**ban** ② [bǽn] バぁン	動 を禁止する	
1679	**disagree** ② [dìsəgríː] ディサグリー	動 意見が合わない	
1680	**base** ③ [béis] ベイス	動 の基礎を置く 名 基礎, 土台	
1681	**cancel** [kǽnsl] キぁンスる	動 を取り消す, 中止する	
1682	**escape** ③ [iskéip] イスケイプ	動 逃げる 名 逃亡, 脱出	
1683	**relate** ② [riléit] リれイト	動 を関係させる, 関連づける	
1684	**select** [silékt] セれクト	動 を選ぶ	

	単語	意味	書いてみよう
1685	**represent** [rèprizént] レプリゼント	動 を代表する	
1686	**launch** [lɔ́:ntʃ] ろーンチ	動 を開始する，を打ち上げる	
1687	**knowledge** 3 [nálidʒ] ナれッヂ 発	名 知識，知っていること	
1688	**opportunity** [ὰpərtjú:nəti] アパテューニティ	名 機会，好機	
1689	**strength** [stréŋkθ] ストゥレンクす	名 力，強さ	

	単語	意味	書いてみよう
1690	**wealth** [wélθ] ウェるす	名 富，財産	
1691	**connection** 3 [kənékʃn] コネクシャン	名 関係，つながり，接続	
1692	**weekday** [wí:kdèi] ウィークデイ	名 平日	
1693	**cheek** [tʃí:k] チーク	名 ほお	
1694	**headphone** [hédfòun] ヘッドふォウン	名 (複数形で)ヘッドホン	

2 フレーズの空所に英単語を書こう

☑① 厚い雲

heavy [thick] ＿＿＿＿＿＿＿

☑② 銀メダルをとる

win a ＿＿＿＿＿＿＿ medal

☑③ 弁護士に相談する

talk to a ＿＿＿＿＿＿＿

☑④ その話題についての小論文[レポート]

an ＿＿＿＿＿＿＿ on the topic

☑⑤ 詳細に

in ＿＿＿＿＿＿＿

☑⑥ テーブルの端

the ＿＿＿＿＿＿＿ of the table

☑⑦ 歯をみがく

brush my ＿＿＿＿＿＿＿

☑⑧ 事業に失敗する

＿＿＿＿＿＿＿ in business

☑⑨ そのチームを打ち負かす

＿＿＿＿＿＿＿ the team

☑⑩ プラスチック製のストローを禁止する

＿＿＿＿＿＿＿ plastic straws

☑⑪ 彼と意見が合わない

＿＿＿＿＿＿＿ with him

☑⑫ 事実に基づいている[基礎が置かれている]

be ＿＿＿＿＿＿＿ on the fact

☑⑬ 予約を取り消す

＿＿＿＿＿＿＿ the reservation

☑⑭ かごから逃げる

＿＿＿＿＿＿＿ from the cage

☑⑮ それを気候変動と関連づける

＿＿＿＿＿＿＿ it to climate change

☑⑯ 法律の知識がいくらかある

have some ＿＿＿＿＿＿＿ of law

☑⑰ それらの間の関係[つながり]

a ＿＿＿＿＿＿＿ between them

☑⑱ 平日に

on ＿＿＿＿＿＿＿

答え ① clouds ② silver ③ lawyer ④ essay ⑤ detail ⑥ edge ⑦ teeth ⑧ fail ⑨ beat ⑩ ban ⑪ disagree ⑫ based ⑬ cancel ⑭ escape ⑮ relate ⑯ knowledge ⑰ connection [link] ⑱ weekdays

LEVEL 1 LEVEL 2 LEVEL 3 LEVEL 4 LEVEL 5

1646 ▽ 1694

	単語	意味	書いてみよう		単語	意味	書いてみよう
1695	**sight** [sáit] サイト 発	名 視力，見ること，景色		1714	**monster** [mánstər] マンスタ	名 怪物	
1696	**gum** [gʌ́m] ガム	名 チューイングガム		1715	**sheep** [ʃíːp] シープ	名 ヒツジ	
1697	**sauce** [sɔ́ːs] ソース	名 ソース		1716	**airline** [éərlàin] エアらイン	名 航空会社	
1698	**diet** [dáiit] ダイエット	名 食事，ダイエット(食)		1717	**sidewalk** [sáidwɔ̀ːk] サイドウォーク	名 歩道	
1699	**conclusion** [kənklúːʒn] コンクるージャン	名 結論		1718	**cart** [káːrt] カート	名 (ショッピング)カート	
1700	**response** [rispáns] リスパンス	名 反応，応答，返答		1719	**advantage** [ədvǽntidʒ] アドヴぁンテッヂ	名 利点，強み	
1701	**origin** [ɔ́ːridʒin] オーリヂン	名 起源，由来		1720	**intelligent** [intélidʒənt] インテリヂェント	形 知能の高い，頭のよい	
1702	**permission** [pərmíʃn] パミシャン	名 許可，同意		1721	**ordinary** [ɔ́ːrdənèri] オーディネリ	形 ①ふつうの ②平凡な	
1703	**selection** [silékʃn] セレクシャン	名 選択，選ばれたもの[人]，品ぞろえ		1722	**recent** [ríːsnt] リースント	形 最近の，近ごろの	
1704	**access** [ǽkses] あクセス ア	名 利用[入手]の権利[機会]		1723	**scientific** [sàiəntífik] サイエンティふィック ア	形 科学の，科学的な	
1705	**aim** [éim] エイム	名 目的，目標 動 ねらう		1724	**sharp** [ʃáːrp] シャープ	形 鋭い，よく切れる 副 ちょうど	
1706	**atmosphere** [ǽtməsfìər] あトゥモスふィア ア	名 ①雰囲気 ②〈the +〉大気(圏)		1725	**certain** [sə́ːrtn] サ〜トゥン	形 ①ある，特定の ②確信して	
1707	**consideration** [kənsìdəréiʃn] コンスィダレイシャン	名 ①熟慮,考慮 ②思いやり		1726	**regular** [régjələr] レギュら	形 規則[定期]的な，通常の，レギュラーサイズの	
1708	**kettle** [kétl] ケトゥる	名 やかん		1727	**likely** [láikli] らイクリ	形 ありそうな，起こりそうな	
1709	**mug** [mʌ́g] マッグ	名 マグカップ(1杯の量)		1728	**thirsty** [θə́ːrsti] さ〜スティ	形 のどのかわいた	
1710	**ax** [ǽks] あックス	名 おの		1729	**creative** [kriéitiv] クリエイティヴ	形 創造的な，独創的な	
1711	**basket** [bǽskit] バぁスケット	名 かご，バスケット		1730	**nearby** [nìərbái] ニアバイ	形 近くの 副 近所に[で]	
1712	**bow** [báu] バウ 発	名 おじぎ，弓 動 おじぎをする		1731	**peaceful** [píːsfl] ピースふる	形 ①平穏な ②平和(的)な	
1713	**van** [vǽn] ヴぁン	名 小型トラック，バン					

	単語		意味	書いてみよう
1732	**tiny** [3] [táini] タイニ	形	とても小さい	
1733	**grateful** [gréitfl] グレイトふる	形	感謝して	
1734	**stranger** [4] [stréindʒər] ストゥレインヂャ	名	見知らぬ人, (場所に)不案内な人	
1735	**assistant** [əsístənt] アスィスタント	名	助手, アシスタント	

	単語		意味	書いてみよう
1736	**jail** [dʒéil] ヂェイる	名	刑務所, 留置所	
1737	**Arctic** [á:rktik] アークティック	名 形	⟨the +⟩ 北極(地方) 北極の	
1738	**avenue** [ǽvənjù:] あヴェニュー	名	大通り, ～街	
1739	**backyard** [bǽkjá:rd] バぁックヤード	名	裏庭	

LEVEL 1 / LEVEL 2 / LEVEL 3 / LEVEL 4 / LEVEL 5

1695 ▽ 1739

2 フレーズの空所に英単語を書こう

学習日　月　日

☑① 目[視力]がいい
have good ＿＿＿＿＿＿

☑② ダイエットをする
go on a ＿＿＿＿＿＿

☑③ その語の由来, 語源
the ＿＿＿＿＿＿ of the word

☑④ 深くおじぎをする
make a deep ＿＿＿＿＿＿

☑⑤ 歩道を歩く
walk on the ＿＿＿＿＿＿

☑⑥ 大きな利点[強み]がある
have a great ＿＿＿＿＿＿

☑⑦ 賢い[知能の高い, 頭のよい]子ども
an ＿＿＿＿＿＿ child

☑⑧ ふつうの1日
an ＿＿＿＿＿＿ day

☑⑨ 最近の記事
＿＿＿＿＿＿ articles

☑⑩ 鋭い[よく切れる]ナイフ
a ＿＿＿＿＿＿ knife

☑⑪ ある種の[特定の種類の]情報
＿＿＿＿＿＿ types of information

☑⑫ 定期的な訪問
＿＿＿＿＿＿ visits

☑⑬ のどがかわいている
be [feel] ＿＿＿＿＿＿

☑⑭ 独創的な方法で
in ＿＿＿＿＿＿ ways

☑⑮ 近くの駅で
at the ＿＿＿＿＿＿ station

☑⑯ 平穏な雰囲気
a ＿＿＿＿＿＿ ＿＿＿＿＿＿

☑⑰ ごく[とても]小さな島
a ＿＿＿＿＿＿ island

☑⑱ このあたりは不案内[初めて]だ
be a ＿＿＿＿＿＿ here

答え ▶ ① sight ② diet ③ origin ④ bow ⑤ sidewalk ⑥ advantage ⑦ intelligent ⑧ ordinary ⑨ recent ⑩ sharp ⑪ certain ⑫ regular ⑬ thirsty ⑭ creative ⑮ nearby ⑯ peaceful, atmosphere ⑰ tiny ⑱ stranger

	単語	意味	書いてみよう		単語	意味	書いてみよう
1740	**basement** [béismənt] ベイスメント	名 地下室, 地階		1760	**mailbox** [méilbàks] メイるバックス	名 郵便ポスト, 郵便受け	
1741	**branch** ③ [bræntʃ] ブラぁンチ	名 ①枝 ②支店		1761	**pillow** [pílou] ピろウ	名 まくら	
1742	**jungle** [dʒʌ́ŋgl] ヂャングる	名 ジャングル, 密林		1762	**toilet** ④ [tóilit] トイれット	名 ①トイレ ②便器	
1743	**valley** [vǽli] ヴぁリ	名 谷, 渓谷		1763	**pin** [pín] ピン	名 ピン, とめ針 動 をピンでとめる	
1744	**canyon** [kǽnjən] キぁニョン	名 峡谷, 深い谷		1764	**porch** [pɔ́ːrtʃ] ポーチ	名 ポーチ, 玄関, 入口	
1745	**cave** ③ [kéiv] ケイヴ	名 どうくつ, ほら穴		1765	**puzzle** [pʌ́zl] パズる	名 パズル, 難しい問題	
1746	**colony** ③ [kάləni] カらニ	名 植民地		1766	**reminder** [rimáindər] リマインダ	名 思い出させるもの[人]	
1747	**continent** [kάntənənt] カンティネント	名 大陸		1767	**arrow** [ǽrou] あロウ	名 ①矢 ②矢印	
1748	**hunter** [hʌ́ntər] ハンタ	名 ①猟師 ②探究者		1768	**tent** [tént] テント	名 テント	
1749	**lover** [lʌ́vər] らヴァ	名 愛好家		1769	**carefully** ⑤ [kéərfəli] ケアふリ	副 気をつけて, 注意深く	
1750	**officer** ④ [ɔ́ːfisər] オーふィサ	名 役人, 公務員, 警官		1770	**either** ④ [íːðər] イーざ 発	副 ①～もまた ②どちらか 形 どちらかの 代 どちらか一方	
1751	**relative** [rélətiv] レらティヴ	名 親類, 身内		1771	**somewhere** ③ [sʌ́mhwèər] サム(ホ)ウェア	副 どこかへ [に]	
1752	**reporter** ④ [ripɔ́ːrtər] リポータ	名 記者		1772	**simply** [símpli] スィンプリ	副 単に, ただ	
1753	**sir** ③ [sə́ːr] サ～	名 あなた(さま)		1773	**nearly** [níərli] ニアリ	副 ほとんど, ほぼ	
1754	**citizen** [sítizn] スィティズン	名 ①市民 ②国民		1774	**above** ③ [əbʌ́v] アバヴ	副 上に, 上記の 前 ～の上に	
1755	**consumer** [kənsúːmər] コンスーマ	名 消費者		1775	**greatly** [gréitli] グレイトリ	副 大いに, 非常に	
1756	**creator** [kriéitər] クリエイタ	名 創造者, 考案者		1776	**therefore** 準② [ðéərfɔ̀ːr] ぜアふォーア	副 それゆえに	
1757	**scenery** [síːnəri] スィーナリ	名 風景, 景色		1777	**understanding** ③ [ʌ̀ndərstǽndiŋ] アンダスタぁンディング	名 理解(力)	
1758	**sunset** [sʌ́nsèt] サンセット	名 ①日没 ②夕焼け		1778	**artwork** [άːrtwə̀ːrk] アートワ～ク	名 芸術作品	
1759	**media** 準② [míːdiə] ミーディア 発	名 マスメディア, マスコミ					

	単語		意味	書いてみよう
1779	**grader** [gréidər] グレイダ		名 〜年生	
1780	**shade** [ʃéid] シェイド		名 陰，日陰	
1781	**series** [síri:z] スィリーズ		名 ①連続 ②続きもの	
1782	**tale** [téil] テイる		名 話，物語	
1783	**term** [tá:rm] タ〜ム	3	名 ①学期 ②期間 ③専門用語	
1784	**trade** [tréid] トゥレイド	3	名 貿易，取引 動 (を)取引する	
1785	**billboard** [bílbɔ̀:rd] ビるボード		名 (屋外の大型) 広告看板	
1786	**collection** [kəlékʃn] コれクシャン	3	名 収集(品)，コレクション	
1787	**force** [fɔ́:rs] ふォース	3	名 力，強さ 動 に強いる	
1788	**purpose** [pə́:rpəs] パ〜パス	3	名 目的	
1789	**fear** [fíər] ふィア	3	名 恐怖(心)，恐れ，不安 動 を恐れる	

	単語		意味	書いてみよう
1790	**control** [kəntróul] コントゥロウる	3	名 管理，コントロール 動 を制御する	
1791	**pound** [páund] パウンド	3	名 (重量・貨幣の単位)ポンド	
1792	**shoulder** [ʃóuldər] ショウるダ	4	名 肩	
1793	**state** [stéit] ステイト	3	名 ①状態 ②州	
1794	**bill** [bíl] ビる		名 ①紙幣 ②請求書	
1795	**economy** [ikánəmi] イカナミ	準2	名 経済	
1796	**coral** [kɔ́:rəl] コーラる		名 サンゴ	
1797	**nobody** [nóubədi] ノウバディ	4	代 だれも〜ない	
1798	**none** [nʌ́n] ナン 発	3	代 だれ[何]も〜ない	
1799	**whether** [hwéðər] (ホ)ウェざ	3	接 〜かどうか	
1800	**beside** [bisáid] ビサイド	5	前 〜のそばに，〜の隣に	

LEVEL 1
LEVEL 2
LEVEL 3
LEVEL **4**
LEVEL 5

1740 ▽ 1800

---

2 フレーズの空所に英単語を書こう

学習日 　月 　日

☑① 枝の上でさえずる鳥

a bird singing on a ＿＿＿＿＿＿＿

☑② 英国の植民地

a British ＿＿＿＿＿＿＿

☑③ 大陸横断の旅

a trip across the ＿＿＿＿＿＿＿

☑④ 私の遠い親戚[親類]

a distant ＿＿＿＿＿＿＿ of mine

☑⑤ 新聞記者

a newspaper ＿＿＿＿＿＿＿

☑⑥ 善良な市民

a good ＿＿＿＿＿＿＿

☑⑦ 美しい夕焼け

a beautiful ＿＿＿＿＿＿＿

☑⑧ 地元(マス)メディアで[の]

in the local ＿＿＿＿＿＿＿

答え ① branch　② colony　③ continent　④ relative　⑤ reporter　⑥ citizen　⑦ sunset　⑧ media

☑⑨ 封筒を(郵便)ポストに投函する
drop an envelope in a _____

☑⑩ パズルをする[解く]
do a _____

☑⑪ テントを張る
put up a _____

☑⑫ 地図を注意深く見る
look _____ at the map

☑⑬ 正しいか間違っているかのどちらか
_____ right or wrong

☑⑭ どこかこの近所に
_____ in this neighborhood

☑⑮ それらのほぼ半分
_____ half of them

☑⑯ 上に述べた[上述の]とおり
as described _____

☑⑰ 上記の例
the example _____

☑⑱ 大いに上達した
have _____ improved

☑⑲ 役割を理解している
have an _____ of the role

☑⑳ 陰[日陰](の中)で
in the _____

☑㉑ 一連の問題，問題の連続
a _____ of problems

☑㉒ 冒険の話[物語]
_____ of adventure

☑㉓ 1学期に
in the first _____

☑㉔ 2国間の貿易
_____ between the two countries

☑㉕ 芸術作品のコレクション
a _____ of _____

☑㉖ 彼らに家にいることを強いる
_____ them to stay home

☑㉗ その計画の目的
the _____ of the plan

☑㉘ 動物への恐怖心
a _____ of animals

☑㉙ コントロールを失う
lose _____

☑㉚ 肩(の上)に
on my _____

☑㉛ ショック状態
a _____ of shock

☑㉜ 世界経済
the global _____

☑㉝ だれもそれを信じていない
_____ believes it

☑㉞ 私たちのだれも賛同しなかった
_____ of us agreed

☑㉟ 彼が来るかどうかと思う
wonder _____ he will come

☑㊱ 彼女のそばに座る
sit _____ her

答え ⑨ mailbox　⑩ puzzle　⑪ tent　⑫ carefully　⑬ either　⑭ somewhere　⑮ nearly [almost]　⑯ above
⑰ above　⑱ greatly　⑲ understanding　⑳ shade　㉑ series　㉒ tales [stories]　㉓ term　㉔ trade
㉕ collection, artwork　㉖ force　㉗ purpose [aim]　㉘ fear　㉙ control　㉚ shoulder　㉛ state　㉜ economy
㉝ nobody　㉞ none　㉟ whether　㊱ beside [by]

名詞・形容詞の変化形 □ 英単語を書いてそれぞれの変化形を確認しよう

名詞の複数形（規則変化）

	単数形／意味	複数形
3	friend 友達	friends 通常は s をつける
146	dish 皿	dishes 末尾が o, s, sh, x, ch → es
2	family 家族	families 〈子音字＋y〉→ y を i に変えて es
221	life 生活，生命，一生	lives 末尾が f [fe] → f [fe] を ve に変えて s

名詞の複数形（不規則変化）

	単数形／意味	複数形
222	man 男の人	men No.1596 gentleman「男性, 紳士」→ gentlemen
223	woman 女の人	women
642	child 子ども	children
1670	tooth 歯	teeth

形容詞・副詞の規則変化

	原級／意味	比較級	最上級
257	tall (背が)高い	taller	tallest 通常は, 比較級は er を, 最上級は est をつける
358	large 大きい，広い	larger	largest 末尾が e → r, st をつける
262	busy 忙しい	busier	busiest 〈子音字＋y〉→ y を i に変えて er, est
255	big 大きい	bigger	biggest 〈短母音＋子音字〉→最後の子音字を重ねて er, est
261	famous 有名な	more famous	most famous more, most をつける

形容詞・副詞の不規則変化

	原級／意味	比較級	最上級
250	many 多くの，多数の	more	most
340	much たくさんの, 多量の	more	most
363	good よい，上手な	better	best
793	well 上手に，よく，健康で	better	best
702 1148	bad 悪い，下手な	worse	worst

	単語	意味	書いてみよう		単語	意味	書いてみよう
1801	**crowd** [kráud] クラウド	名 群衆 動 (に)群がる		1821	**texture** [tékstʃər] テクスチャ	名 ①食感 ②手ざわり	
1802	**lifestyle** [láifstàil] らイふスタイる	名 生活様式		1822	**postman** [póustmən] ポウストマン	名 郵便配達人	
1803	**charge** [tʃáːrdʒ] チャーヂ	名 料金, 責任, 充電 動 に請求する		1823	**sailor** [séilər] セイら	名 船員	
1804	**mystery** [místəri] ミステリ	名 ①なぞ, 神秘 ②推理小説		1824	**guy** [gái] ガイ	名 ①やつ, 男 ②きみたち	
1805	**researcher** [risə́ːrtʃər] リサ〜チャ	名 研究[調査] 員		1825	**holder** [hóuldər] ホウるダ	名 ①保有者 ②入れ物	
1806	**enemy** [énəmi] エネミ	名 敵		1826	**infant** [ínfənt] インふァント	名 (乳)幼児	
1807	**blood** [blʌ́d] ブラッド	名 血, 血液		1827	**liar** [láiər] らイア	名 うそつき	
1808	**breath** [bréθ] ブレす	名 ①息, 呼吸 ②一呼吸		1828	**rival** [ráivl] ライヴる	名 ライバル	
1809	**eyesight** [áisàit] アイサイト	名 視力		1829	**secretary** [sékrətèri] セクレテリ	名 秘書	
1810	**palm** [páːm] パーム	名 手のひら		1830	**server** [sə́ːrvər] サ〜ヴァ	名 ①サーバー ②給仕人	
1811	**thumb** [θʌ́m] さム	名 親指		1831	**suggest** [səgdʒést] サ(グ)ヂェスト	動 を提案する, を示唆する	
1812	**footprint** [fútprint] ふットプリント	名 (複数形で) 足跡		1832	**focus** [fóukəs] ふォウカス	動 集中する, を集中させる 名 焦点	
1813	**sickness** [síknəs] スィックネス	名 ①病気 ②吐き気		1833	**examine** [igzǽmin] イグザぁミン	動 ①を調べる ②を診察する	
1814	**stress** [strés] ストゥレス	名 ストレス		1834	**observe** [əbzə́ːrv] オブザ〜ヴ	動 を観察する	
1815	**surgery** [sə́ːrdʒəri] サ〜ヂャリ	名 手術		1835	**underline** [ʌ́ndərlàin] アンダらイン	動 の下に線を引く	
1816	**injury** [índʒəri] インヂュリ	名 負傷, けが		1836	**recognize** [rékəgnàiz] レコグナイズ	動 だとわかる, を認識する	
1817	**engineering** [èndʒəníəriŋ] エンヂニアリング	名 工学		1837	**regard** [rigáːrd] リガード	動 ～を…と見なす, を(高く)評価する	
1818	**geography** [dʒiágrəfi] ヂアグラふィ	名 地理学		1838	**sneeze** [sníːz] スニーズ	動 くしゃみをする 名 くしゃみ	
1819	**rhythm** [ríðm] リずム	名 リズム		1839	**shake** [ʃéik] シェイク	動 を振る, 揺さぶる	
1820	**necklace** [nékləs] ネクれス	名 ネックレス					

LEVEL 1

LEVEL 2

LEVEL 3

LEVEL 4

LEVEL 5

1801 ▽ 1848

単語	意味	書いてみよう
1840 **handle** [hǽndl] ハァンドゥる	動 を(うまく)扱う, に対処する 名 取っ手	
1841 **wipe** [wáip] ワイプ	動 をふく, ふき取る, ぬぐい去る	
1842 **pour** [pɔ́ːr] ポーア	動 (液体)を注ぐ, つぐ, かける	
1843 **stretch** [strétʃ] ストゥレッチ	動 を伸ばす, 伸びる	

単語	意味	書いてみよう
1844 **silent** [sáilənt] サイれント	形 ①沈黙した ②静かな	
1845 **mysterious** [mistíriəs] ミスティリアス	形 不思議な, 不可解な	
1846 **strict** [stríkt] ストゥリクト	形 厳しい	
1847 **hopeful** [hóupfl] ホウプふる	形 希望を持った, 有望な	
1848 **attractive** [ətrǽktiv] アトゥラぁクティヴ	形 魅力的な	

2 フレーズの空所に英単語を書こう

☑① 大群衆
a large ＿＿＿＿＿＿＿

☑② 高い血圧
high ＿＿＿＿＿＿＿ pressure

☑③ 息を止める
hold my ＿＿＿＿＿＿＿

☑④ ストレスを減らす
reduce ＿＿＿＿＿＿＿

☑⑤ 手術を受ける
have ＿＿＿＿＿＿＿

☑⑥ 負傷を免れる
escape ＿＿＿＿＿＿＿

☑⑦ 地理のテスト
a ＿＿＿＿＿＿＿ test

☑⑧ サンゴのネックレス
a coral ＿＿＿＿＿＿＿

☑⑨ 別の解決策を提案する
＿＿＿＿＿＿＿ another solution

☑⑩ その問題に焦点をあてる[集中する]
＿＿＿＿＿＿＿ on the issue

☑⑪ 患者を観察する
＿＿＿＿＿＿＿ a patient

☑⑫ すぐに彼女だとわかる
＿＿＿＿＿＿＿ her at once

☑⑬ 彼をライバルと見なす
＿＿＿＿＿＿＿ him as a ＿＿＿＿＿＿＿

☑⑭ 首を(横に)振る
＿＿＿＿＿＿＿ my head

☑⑮ その事態に対処する
＿＿＿＿＿＿＿ the situation

☑⑯ 涙をふく[ぬぐい去る]
＿＿＿＿＿＿＿ my tears

☑⑰ 黙って[沈黙して]いる
remain ＿＿＿＿＿＿＿

☑⑱ 厳しいルール
＿＿＿＿＿＿＿ rules

答え ① crowd ② blood ③ breath ④ stress ⑤ surgery ⑥ injury ⑦ geography ⑧ necklace ⑨ suggest ⑩ focus ⑪ observe ⑫ recognize ⑬ regard [consider], rival ⑭ shake ⑮ handle ⑯ wipe ⑰ silent ⑱ strict

単語	意味	書いてみよう
1849 **equal** ③ [íːkwəl] イークウォる	形 ①平等な ②等しい 名 対等の人 [もの]	
1850 **unfair** [ʌnféər] アンふェア	形 不公平な, 不当な	
1851 **unhappy** ③ [ʌnhǽpi] アンハぁピ	形 ①不幸な ②不満な	
1852 **satisfied** [sǽtisfàid] サぁティスふァイド	形 満足した	
1853 **rough** [rʌ́f] ラふ 発	形 あらい, 荒れた, 手荒な	
1854 **stupid** [stjúːpid] ステューピッド	形 おろかな, ばかな	
1855 **weird** [wíərd] ウィアド	形 変な, 異様な	
1856 **awake** [əwéik] アウェイク	形 目が覚めて, 眠らずに	
1857 **text** [tékst] テクスト	名 本文, 教科書 動 にメールを送る	
1858 **board** ③ [bɔ́ːrd] ボード	名 (特定用途の)板, 掲示板, 板材	
1859 **equipment** [ikwípmənt] イクウィップメント	名 装備, 装置, 備品	
1860 **trial** [tráiəl] トゥライアる	名 ①試し, 試験 ②裁判	
1861 **cemetery** [sémətèri] セメテリ	名 墓地	
1862 **hook** [húk] フック	名 フック, かぎ, 釣り針	
1863 **hut** [hʌ́t] ハット	名 小屋	
1864 **ladder** [lǽdər] らぁダ	名 はしご	
1865 **pottery** [pátəri] パテリ	名 陶器類	
1866 **quilt** [kwílt] クウィるト	名 キルト, 掛け布団	
1867 **purse** ③ [pə̀ːrs] パ〜ス	名 財布, ハンドバッグ	

単語	意味	書いてみよう
1868 **powder** [páudər] パウダ	名 粉, 粉末	
1869 **lens** [lénz] れンズ	名 レンズ	
1870 **whistle** [hwísl] (ホ)ウィスる 発	名 笛, 口笛 動 口笛をふく	
1871 **helmet** [hélmit] へるメット	名 ヘルメット	
1872 **weapon** [wépn] ウェプン	名 武器, 兵器	
1873 **rocket** ③ [rákit] ラケット ア	名 ロケット	
1874 **bullet** [búlit] ブれット	名 弾丸, 銃弾, 弾丸状のもの	
1875 **election** [ilékʃn] イれクシャン	名 選挙	
1876 **literature** [lítərətʃər] リテラチャ	名 文学	
1877 **romance** [rouмǽns] ロウマぁンス	名 ①恋愛 ②恋愛小説	
1878 **humor** [hjúːmər] ヒューマ	名 ユーモア	
1879 **tail** ③ [téil] テイる	名 しっぽ	
1880 **initial** [iníʃl] イニシャる ア	名 頭文字, イニシャル 形 最初の	
1881 **journal** [dʒə́ːrnl] ヂャ〜ヌる	名 専門誌, 新聞, 日誌	
1882 **tone** [tóun] トウン	名 ①口調 ②音色	
1883 **debate** [dibéit] ディベイト	名 討論(会), ディベート	
1884 **improvement** [imprúːvmənt] インプルーヴメント	名 改善, 改良	
1885 **prison** [prízn] プリズン	名 ①刑務所 ②投獄	
1886 **schoolyard** [skúːljàːrd] スクーるヤード	名 校庭	
1887 **waterfall** [wátərfɔ̀ːl] ワタふォーる	名 滝	

	単語	意味	書いてみよう		単語	意味	書いてみよう
1888	**slope** [slóup] スろウプ	名 坂		1893	**announce** [ənáuns] アナウンス	動 を発表[公表] する	
1889	**summit** [sÁmit] サミット	名 ①頂上, 山頂 ②首脳会談		1894	**whisper** [hwíspər] (ホ)ウィスパ	動 (を)ささやく 名 ささやき	
1890	**era** [írə] イラ	名 (歴史的に特徴的な)時代		1895	**bite** [báit] バイト ③	動 (を)かむ 名 ①一口 ②かむこと	
1891	**advise** [ədváiz] アドヴァイズ 発	動 に忠告[助言] する		1896	**bark** [bá:rk] バーク ③	動 ほえる 名 ほえ声	
1892	**breathe** [brí:ð] ブリーず ③ 発	動 ①呼吸する ②(空気など)を 吸う		1897	**digest** [daidʒést] ダイヂェスト	動 を消化する	

2 フレーズの空所に英単語を書こう

☑① 平等な権利

_____ rights

☑② 不公平な[不当な]優遇

an _____ advantage

☑③ その考えに不満だ

be _____ about the idea

☑④ 結果に満足している

be _____ with the results

☑⑤ 眠らずにいる

stay _____

☑⑥ 本文中で[の]

in the _____

☑⑦ お試し期間

a _____ period

☑⑧ はしごを登る

climb up a _____

☑⑨ 彼女の財布[ハンドバッグ]の中に

in her _____

☑⑩ 口笛をふく

give a _____

☑⑪ 武器を携帯する

carry a _____

☑⑫ ロケットエンジン

a _____ engine

☑⑬ 選挙で投票する

vote in an _____

☑⑭ 英文学を教える

teach English _____

☑⑮ ユーモアのセンス

a sense of _____

☑⑯ 彼女に戻ってくるよう助言する

_____ her to come back

☑⑰ 新鮮な空気を吸う

_____ fresh air

☑⑱ 彼に何かをささやく

_____ something to him

答え ① equal ② unfair ③ unhappy ④ satisfied ⑤ awake ⑥ text ⑦ trial ⑧ ladder ⑨ purse ⑩ whistle ⑪ weapon ⑫ rocket ⑬ election ⑭ literature ⑮ humor ⑯ advise ⑰ breathe ⑱ whisper

	単語	意味	書いてみよう
1898	manage [mǽnidʒ] マぁネッヂ	動 を何とかやりとげる, を管理する	
1899	earn 準2 [ə́ːrn] ア〜ン	動 (お金)をかせぐ	
1900	promote [prəmóut] プロモウト	動 を促進する	
1901	reserve [rizə́ːrv] リザ〜ヴ	動 を予約する, を取っておく	
1902	compete [kəmpíːt] コンピート	動 競争する	
1903	require [rikwáiər] リクワイア	動 を必要とする	
1904	plug [plʌ́g] プらッグ	動 を電源につなぐ 名 プラグ	
1905	gentle [dʒéntl] ヂェントゥる	形 優しい, おだやかな	
1906	missing [mísiŋ] ミスィング	形 見当たらない, 欠けている	
1907	wise ③ [wáiz] ワイズ	形 賢い, 賢明な	
1908	fair [féər] ふェア	形 ①公平な ②適正な	
1909	responsible [rispánsəbl] リスパンスィブる	形 責任のある	
1910	severe [səvíər] セヴィア	形 深刻な, ひどい	
1911	sustainable [səstéinəbl] サステイナブる	形 持続可能な	
1912	physical ③ [fízikl] ふィズィクる	形 身体[肉体]の, 物質の	
1913	depressed [diprést] ディプレスト	形 落ち込んで	
1914	negative [négətiv] ネガティヴ	形 好ましくない, 否定[消極]的な	
1915	injured [índʒərd] インヂャド	形 けがをした	
1916	upset [ʌ̀psét] アプセット	形 取り乱して, 動転して 動 を動揺させる	

	単語	意味	書いてみよう
1917	harmful [háːrmfl] ハームふる	形 有害な	
1918	blind ③ [bláind] ブらインド	形 目の見えない	
1919	intelligence ③ [intélidʒəns] インテリヂェンス	名 知能, 知性	
1920	imagination [imædʒənéiʃn] イマぁヂネイシャン	名 想像(力)	
1921	capital [kǽpitl] キぁピトゥる	名 首都 形 大文字の	
1922	secret ③ [síːkrit] スィークレット	名 秘密 形 秘密の	
1923	impact ② [ímpækt] インパぁクト	名 (強い)影響, 衝撃	
1924	silence [sáiləns] サイれンス	名 ①沈黙 ②静けさ	
1925	fur [fə́ːr] ふァ〜	名 毛皮	
1926	bug [bʌ́g] バッグ	名 (小さな)虫	
1927	jelly [dʒéli] ヂェリ	名 ジャム, ゼリー	
1928	instance [ínstəns] インスタンス	名 例, 実例, 場合	
1929	goodness [gúdnəs] グッドネス	名 善良さ, 優しさ	
1930	goodwill [gúdwíl] グッドウィる	名 善意, 好意, 親善	
1931	hardship [háːrdʃip] ハードシップ	名 苦難	
1932	fortune [fɔ́ːrtʃən] ふォーチュン	名 運, 大金, 富, 運勢	
1933	liberty [líbərti] リバティ	名 自由	
1934	obstacle [ábstəkl] アブスタクる	名 ①障害, 支障 ②障害物	
1935	pride [práid] プライド	名 ①誇り ②自尊心, プライド	

	単語	意味	書いてみよう
1936	**relation** [riléiʃn] リれイシャン	名 関係	
1937	**root** [rúːt] ルート	名 根	
1938	**signal** ③ [sígnl] スィグヌる	名 合図，信号	
1939	**honesty** [ánəsti] アネスティ 発	名 正直	
1940	**favor** [féivər] ふェイヴァ	名 親切な行為， 好意	

	単語	意味	書いてみよう
1941	**mix** ③ [míks] ミックス	名 混合(物)， 組み合わせ 動 を混ぜる	
1942	**passion** [pǽʃn] パぁシャン	名 情熱， (激しい)感情	
1943	**terror** [térər] テラ	名 恐怖	
1944	**thrill** [θríl] すリる	名 ぞくぞくする こと[もの]， スリル	

2 フレーズの空所に英単語を書こう

学習日 　月　　日

☑① 何とか[どうにか]勝利する

_____ to win

☑② 十分なお金をかせぐ

_____ enough money

☑③ 世界平和を促進する

_____ world peace

☑④ チケットを予約する

_____ a ticket

☑⑤ 賢明な選択

a _____ choice

☑⑥ だれに対しても公平だ

be _____ to everyone

☑⑦ 安全(性)に責任がある

be _____ for the safety

☑⑧ 身体的[身体の]接触

_____ contact

☑⑨ その知らせに動揺[動転]している

be _____ by the news

☑⑩ 有害な化学物質

_____ chemicals

☑⑪ 高い知能の[知的]水準

high level of _____

☑⑫ 想像力を働かせる

use my _____

☑⑬ 日本の首都

the _____ of Japan

☑⑭ 秘密を守る

keep a _____

☑⑮ 私たちに大きな影響を及ぼす

have a big _____ on us

☑⑯ 彼のプライド[自尊心]を傷つける

hurt his _____

☑⑰ 信号[合図]を送る

send a _____

☑⑱ 異なる色の組み合わせ

a _____ of different colors

答え ① manage　② earn　③ promote　④ reserve　⑤ wise　⑥ fair　⑦ responsible　⑧ physical　⑨ upset
⑩ harmful　⑪ intelligence　⑫ imagination　⑬ capital　⑭ secret　⑮ impact [influence, effect]　⑯ pride
⑰ signal　⑱ mix

LEVEL 1
LEVEL 2
LEVEL 3
LEVEL 4
LEVEL 5

1898
▽
1944

	単語	意味	書いてみよう		単語	意味	書いてみよう
1945	**creativity** [krìːeitívəti] クリーエイティヴィティ ⑦	名 創造性[力]		1964	**female** [fíːmeil] ふィーメイる	形 女性の 名 女性	
1946	**potential** [pəténʃəl] ポテンシャる	名 可能性, 素質 形 可能性のある		1965	**single** [síŋgl] スィングる	形 たった1つ[1人]の, 1人用の	
1947	**perspective** [pərspéktiv] パスペクティヴ	名 見方, 観点		1966	**flat** [flǽt] ふらぁット	形 平らな	
1948	**priority** [praiɔ́ːrəti] プライオーリティ	名 優先事項		1967	**outdoor** [áutdɔ̀ːr] アウトドーア	形 屋外の	
1949	**dress** [drés] ドゥレス	動 に服を着せる 名 服(装), ドレス		1968	**latest** [léitist] れイテスト	形 最新の, 最近の	
1950	**fit** [fít] ふィット	動 (に)(ぴったり)合う		1969	**extra** [ékstrə] エクストゥラ	形 余分の, 追加の	
1951	**limit** [límit] リミット	動 を制限[限定]する 名 限度, 制限		1970	**major** [méidʒər] メイヂャ	形 主要な 動 専攻する	
1952	**weigh** [wéi] ウェイ ⑦	動 重さが〜である		1971	**giant** [dʒáiənt] ヂャイアント	形 巨大な 名 巨大組織	
1953	**stick** [stík] スティック	動 を突き刺す, をくっつける 名 棒(状のもの)		1972	**unusual** [ʌnjúːʒuəl] アンユーヂュアる	形 普通でない	
1954	**tie** [tái] タイ	動 を結ぶ 名 ①ネクタイ ②つながり		1973	**central** [séntrəl] セントゥラる	形 中心(部)の	
1955	**envy** [énvi] エンヴィ	動 をうらやむ		1974	**universal** [jùːnəvə́ːrsl] ユーニヴァ〜サる	形 ①普遍的な ②全世界の	
1956	**prefer** [prifə́ːr] プリふァ〜 ⑦	動 のほうが好きだ		1975	**solar** [sóulər] ソウら	形 太陽の	
1957	**impress** [imprés] インプレス	動 に感銘を与える		1976	**shiny** [ʃáini] シャイニ	形 輝いている, ぴかぴかの	
1958	**confuse** [kənfjúːz] コンふューズ	動 を混乱[当惑]させる		1977	**wooden** [wúdn] ウドゥン	形 木製の	
1959	**shine** [ʃáin] シャイン	動 輝く		1978	**misunderstanding** [mìsʌndərstǽndiŋ] ミスアンダスタぁンディング	名 誤解	
1960	**locate** [lóukeit] ろウケイト	動 を設置する, 位置する		1979	**belief** [bilíːf] ビリーふ	名 信念	
1961	**contain** [kəntéin] コンテイン	動 を含む		1980	**circle** [sə́ːrkl] サ〜くる	名 円, 輪 動 を丸で囲む	
1962	**involve** [inválv] インヴァるヴ	動 を含む, 伴う, 巻き込む		1981	**version** [və́ːrʒn] ヴァ〜ジャン	名 〜型, 〜版	
1963	**obey** [oubéi] オウベイ	動 に従う, を守る		1982	**style** [stáil] スタイる	名 様式, スタイル, 流行	
				1983	**pattern** [pǽtərn] パぁタン ⑦	名 型, 模様, パターン	

	単語		意味	書いてみよう
1984	**deal** [dí:l] ディーる	名	量	
		動	〈+ with〉を処理する	
1985	**length** [léŋkθ] れンクす ※	名	長さ	
1986	**standard** [stǽndərd] スタぁンダド ⑦	名	標準，水準	
		形	標準の	
1987	**quarter** [kwɔ́:rtər] クウォータ ③	名	① 4分の1 ② 15分	
1988	**scale** [skéil] スケイる	名	①規模 ②目盛り	

	単語		意味	書いてみよう
1989	**packet** [pǽkit] パぁケット	名	(小さな)包み，1包み，1箱	
1990	**league** [lí:g] リーグ	名	(競技)連盟，リーグ	
1991	**plenty** [plénti] プれンティ	名	たくさん	
1992	**quantity** [kwántəti] クワンティティ	名	量，分量，数量	
1993	**scoop** [skú:p] スクープ	名	ひとすくい，特ダネ	
		動	をすくう	

2 フレーズの空所に英単語を書こう

学習日　月　日

☑① 私に(ぴったり)合う

　　_____ me

☑② 言論の自由を制限する

　　_____ freedom of speech

☑③ 家にいるほうが好きだ

　　_____ to stay home

☑④ とても私に感銘を与える

　　really _____ me

☑⑤ 住民を混乱させる

　　_____ the residents

☑⑥ 女性宇宙飛行士

　　a _____ astronaut

☑⑦ たった1つの誤りも～ない

　　not a _____ mistake

☑⑧ 平らな面，平面

　　a _____ surface

☑⑨ 最新の流行

　　the _____ fashion

☑⑩ 余分な[追加の]お金がかかる

　　cost _____ money

☑⑪ 主要な原因

　　a _____ cause

☑⑫ 中心部

　　the _____ area

☑⑬ 太陽エネルギー

　　_____ energy

☑⑭ 木製のいすを買う

　　buy a _____ chair

☑⑮ 円を描く

　　draw a _____

☑⑯ 新しい様式[スタイル]の音楽

　　a new _____ of music

☑⑰ 行動パターン

　　a _____ of behavior

☑⑱ それらの4分の1

　　a _____ of them

答え ① fit　② limit　③ prefer　④ impress　⑤ confuse　⑥ female　⑦ single　⑧ flat　⑨ latest　⑩ extra
⑪ major　⑫ central　⑬ solar　⑭ wooden　⑮ circle　⑯ style　⑰ pattern　⑱ quarter

	単語	意味	書いてみよう
1994	**slice** [sláis] スらイス	名 (薄い)1枚, 1切れ	
1995	**row** [róu] ロウ	名 列 動 (ボート)をこぐ	
1996	**grain** [gréin] グレイン	名 ①穀物 ②粒	
1997	**nut** ③ [nʌ́t] ナット	名 木の実, ナッツ	
1998	**greenhouse** ② [grí:nhàus] グリーンハウス	名 温室	
1999	**flood** [flʌ́d] ふらッド 発	名 洪水 動 を水浸しにする	
2000	**rainstorm** [réinstɔ̀ːrm] レインストーム	名 暴風雨	
2001	**volcano** ③ [vɑlkéinou] ヴァるケイノウ 発	名 火山	
2002	**blackout** [blǽkàut] ブらぁックアウト	名 停電	
2003	**mist** [míst] ミスト	名 霧	
2004	**shadow** [ʃǽdou] シャドウ	名 影	
2005	**sand** ④ [sǽnd] サぁンド	名 砂	
2006	**programming** [próugræmiŋ] ブロウグラぁミング	名 プログラミング	
2007	**screen** [skrí:n] スクリーン	名 画面, スクリーン	
2008	**software** [sɔ́ftwèər] ソーふトウェア	名 ソフトウェア	
2009	**lay** ③ [léi] れイ	動 を置く, 横たえる, を産む	
2010	**lift** ③ [líft] りふト	動 を持ち上げる	
2011	**divide** ③ [diváid] ディヴァイド	動 を分ける 名 へだたり	
2012	**sink** [síŋk] スィンク	動 沈む, を沈める 名 (台所の)流し	

	単語	意味	書いてみよう
2013	**separate** [動 sépərèit / 形 sépərit] セパレイト / セパレット 発	動 (を)分ける, 引き離す 形 別の	
2014	**release** ③ [rilí:s] リリース	動 を解き放つ, を放出する, を発売する	
2015	**explore** [iksplɔ́ːr] イクスプローア	動 を探検する	
2016	**shut** [ʃʌ́t] シャット	動 を閉める, 閉じる, 閉まる	
2017	**sigh** [sái] サイ 発	動 ため息をつく 名 ため息	
2018	**melt** [mélt] メると	動 とける	
2019	**occur** [əkə́ːr] オカ〜	動 (事故などが)起こる	
2020	**replace** [ripléis] リプれイス	動 を取り替える	
2021	**quit** [kwít] クウィット	動 (を)やめる	
2022	**organize** [ɔ́ːrgənàiz] オーガナイズ	動 ①を準備する ②を組織する	
2023	**calm** [kɑ́ːm] カーム 発	形 冷静な, おだやかな 動 を落ち着かせる	
2024	**available** [əvéiləbl] アヴェイらブる	形 入手[利用]可能な	
2025	**recycled** [ri:sáikld] リーサイクるド	形 再生利用された	
2026	**private** ③ [práivit] プライヴェット 発	形 個人的な, 私的な, 私立の	
2027	**precious** [préʃəs] プレシャス	形 貴重な, 高価な	
2028	**worth** ③ [wə́ːrθ] ワ〜す	形 〜の価値がある	
2029	**mobile** [móubl] モウブる	形 移動式の	
2030	**Asian** ⑤ [éiʒn] エイジャン 発	形 アジア(人)の 名 アジア人	
2031	**mechanical** [məkǽnikl] メキぁニクる	形 機械の, 機械式の	

	単語	意味	書いてみよう
2032	**fairy** [féəri] フェ(ア)り	形 妖精の(ような)	
2033	**quick** 4 [kwík] クウィック	形 速い，すばやい	
2034	**sudden** [sʌ́dn] サドゥン	形 突然の，急な	
2035	**fellow** [félou] フェろウ	形 仲間[同僚]の 名 (～な)やつ，人	
2036	**unfortunately** [ʌnfɔ́ːrtʃənitli] アンふォーチュネトり	副 不運にも，あいにく	

	単語	意味	書いてみよう
2037	**surprisingly** [sərpráiziŋli] サプライズィングリ	副 驚くほど，驚いたことに	
2038	**safely** 3 [séifli] セイふり	副 安全に，無事に	
2039	**softly** [sɔ́ːftli] ソーふトり	副 やわらかく，そっと	
2040	**overall** [òuvərɔ́ːl] オウヴァオーる	副 全体として(は)，全部で	
2041	**besides** [bisáidz] ビサイヅ	副 さらに，その上 前 ～のほかに	

LEVEL 1 / LEVEL 2 / LEVEL 3 / LEVEL 4 / LEVEL 5 / 1994▽2041

2 フレーズの空所に英単語を書こう

学習日 月 日

☑① 1切れの肉
a ＿＿＿＿＿＿ of meat

☑② 温室効果ガス
＿＿＿＿＿＿ gas

☑③ 活火山
an active ＿＿＿＿＿＿

☑④ 赤ちゃんをベッドに横たえる[寝かせる]
＿＿＿＿＿＿ a baby on the bed

☑⑤ 重いものを持ち上げる
＿＿＿＿＿＿ a heavy object

☑⑥ それらを4つに分ける
＿＿＿＿＿＿ them into four

☑⑦ 事実を意見と区別する
＿＿＿＿＿＿ fact from opinion

☑⑧ 宇宙を探検する
＿＿＿＿＿＿ space

☑⑨ ドアを閉める
＿＿＿＿＿＿ the door

☑⑩ （彼女の）仕事をやめる
＿＿＿＿＿＿ her job

☑⑪ 冷静な態度
a ＿＿＿＿＿＿ attitude

☑⑫ 個人[私立]病院
a ＿＿＿＿＿＿ hospital

☑⑬ 貴重な時間
＿＿＿＿＿＿ time

☑⑭ やってみる価値がある
be ＿＿＿＿＿＿ a try

☑⑮ アジア諸国
＿＿＿＿＿＿ countries

☑⑯ すばやい対応[反応]
a ＿＿＿＿＿＿ response

☑⑰ 急な増加
a ＿＿＿＿＿＿ increase

☑⑱ 安全に働く
work ＿＿＿＿＿＿

答え ① slice ② greenhouse ③ volcano ④ lay ⑤ lift ⑥ divide ⑦ separate ⑧ explore ⑨ shut [close] ⑩ quit ⑪ calm ⑫ private ⑬ precious ⑭ worth ⑮ Asian ⑯ quick ⑰ sudden ⑱ safely

1 英単語を書いてつづりを確認しよう 学習日 月 日

	単語	意味	書いてみよう		単語	意味	書いてみよう
2042	except [iksépt] イクセプト	前 ～を除いて		2061	demand [dimǽnd] ディマぁンド	名 需要，要求 動 を要求する	
2043	copy [kápi] カピ	名 ①コピー ②～部[冊] 動 ①を写す ②をまねる		2062	industry [índəstri] インダストゥリ	名 産業，工業	
2044	process [práses] プラセス	名 過程，手順 動 を処理する		2063	web [wéb] ウェッブ	名 ①ウェブ ②クモの巣	
2045	relief [rilí:f] リリーふ	名 安ど(感)，安心		2064	advertisement [ædvərtáizmənt] あドヴァタイズメント	名 広告	
2046	resistance [rizístəns] リズィスタンス	名 抵抗		2065	commercial [kəmə́:rʃl] コマ～シャる	名 コマーシャル 形 商業の	
2047	violence [váiələns] ヴァイオレンス	名 暴力(行為)		2066	entertainment [èntərtéinmənt] エンタテインメント	名 娯楽	
2048	progress [prágres] プラグレス	名 進歩，上達，前進		2067	option [ápʃn] アプシャン	名 選択(肢)	
2049	shooting [ʃú:tiŋ] シューティング	名 射撃，発砲，銃撃(事件)		2068	patent [pǽtnt] パぁトゥント	名 特許	
2050	birth [bə́:rθ] バ～ス	名 誕生		2069	budget [bʌ́dʒit] バヂェット	名 予算	
2051	survival [sərváivl] サヴァイヴる	名 生き残ること，生存，存続		2070	receipt [risí:t] リスィート	名 領収書，受け取ること	
2052	independence [ìndipéndəns] インディペンデンス	名 ①独立 ②自立		2071	crop [kráp] クラップ	名 ①作物 ②収穫高	
2053	routine [ru:tí:n] ルーティーン	名 いつもの仕事[こと]，日課		2072	angle [ǽŋgl] あングる	名 ①角度 ②見方	
2054	rating [réitiŋ] レイティング	名 評価，評点，格付け		2073	attach [ətǽtʃ] アタぁッチ	動 を取り付ける，添える	
2055	departure [dipá:rtʃər] ディパーチャ	名 出発		2074	participate [pɑːrtísəpèit] パーティスィペイト	動 参加する	
2056	nation [néiʃn] ネイシャン	名 ①国家，国 ②国民(全体)		2075	skip [skíp] スキップ	動 を抜かす，スキップする	
2057	committee [kəmíti] コミティ	名 (組織としての)委員会		2076	tackle [tǽkl] タぁくる	動 に取り組む 名 タックル	
2058	gap [gǽp] ギぁップ	名 ①隔たり ②すき間		2077	respond [rispánd] リスパンド	動 ①応じる ②答える	
2059	poverty [pávərti] パヴァティ	名 貧困		2078	rush [rʌ́ʃ] ラッシ	動 急いで行く 名 あわただしさ，忙しい時間	
2060	supply [səplái] サプらイ	名 供給(量) 動 を供給する		2079	steal [stí:l] スティーる	動 を(こっそり)盗む	

単語	意味	書いてみよう
2080 **arrest** [ərést] アレスト	動 を逮捕する 名 逮捕	
2081 **punish** [pÁniʃ] パニッシ	動 を罰する, 処罰する	
2082 **blame** [bléim] ブれイム	動 を責める, のせいにする	
2083 **pollute** [pəlúːt] ポるート	動 を汚染する	
2084 **harm** [háːrm] ハーム	動 を害する 名 害	
2085 **approach** 準2 [əpróutʃ] アプロウチ	動 (に)近づく 名 接近, 取り組み(方法)	
2086 **closely** [klóusli] クろウスリ	副 密接に, 綿密[入念]に	
2087 **apart** [əpáːrt] アパート	副 ①離れて ②ばらばらに	
2088 **directly** [diréktli] ディレクトリ	副 直接に, まっすぐに	
2089 **rapidly** [rÁpidli] ラぁピッドリ	副 急速に	
2090 **immediately** [imíːdiitli] イミーディエトリ	副 直ちに, 即座に	

単語	意味	書いてみよう
2091 **gradually** [grÁdʒuəli] グラぁヂュアリ	副 だんだんと, 徐々に	
2092 **completely** 3 [kəmplíːtli] コンプリートリ	副 完全に, まったく	
2093 **correctly** [kəréktli] コレクトリ	副 正しく	
2094 **deeply** 3 [díːpli] ディープリ	副 深く, 非常に	
2095 **mostly** 準2 [móustli] モウストリ	副 たいてい, 大部分は	
2096 **rather** 3 [rÁðər] ラぁざ	副 ①むしろ ②かなり	
2097 **underwater** [Àndərwɔ́ːtər] アンダウォータ	副 水面下で, 水中で 形 水面下の	
2098 **downtown** [dáuntáun] ダウンタウン	副 中心街[繁華街]へ[で] 名 中心街, 繁華街	
2099 **neither** [níːðər] ニーざ	副 〈+〜 nor ...〉〜も …も —(し)ない 代 どちらも〜ない	
2100 **somehow** [sÁmhàu] サムハウ	副 どういうわけか, どうにかして	

LEVEL 1 / LEVEL 2 / LEVEL 3 / LEVEL 4 / LEVEL 5

2042 ▽ 2100

---

2 フレーズの空所に英単語を書こう

学習日　月　日

☑① 火曜日を除いて

_____ for Tuesday

☑② データのコピーをとる

make a _____ of the data

☑③ 学習の過程

the _____ of learning

☑④ 暴力をふるう

use _____

☑⑤ 進歩[上達]する

make _____

☑⑥ 彼女の息子の誕生

the _____ of her son

☑⑦ 彼女のパリへの出発

her _____ for Paris

☑⑧ 石油の豊富な供給

a good _____ of oil

答え ① except ② copy ③ process ④ violence ⑤ progress ⑥ birth ⑦ departure ⑧ supply

☑⑨ 電力への高い**需要**

a high ＿＿＿＿＿＿＿ for electricity

☑⑩ ファッション**産業**

the fashion ＿＿＿＿＿＿＿

☑⑪ **ウェブ**上で[の]

on the ＿＿＿＿＿＿＿

☑⑫ 求人**広告**

an ＿＿＿＿＿＿＿ for a job

☑⑬ 2つ**選択肢**がある

have two ＿＿＿＿＿＿＿

☑⑭ **予算**以内で

under ＿＿＿＿＿＿＿

☑⑮ **領収書**をとっておく

keep a ＿＿＿＿＿＿＿

☑⑯ **作物**を育てる

grow ＿＿＿＿＿＿＿

☑⑰ ファイル**を**Eメールに**添付する[添える]**

＿＿＿＿＿＿＿ a file to an e-mail

☑⑱ 講習会に**参加する**

＿＿＿＿＿＿＿ in a workshop

☑⑲ **貧困**問題に**取り組む**

＿＿＿＿＿＿＿ the ＿＿＿＿＿＿ problem

☑⑳ 要望に**応じる**

＿＿＿＿＿＿＿ to a request

☑㉑ 駅へ**急いで行く**

＿＿＿＿＿＿＿ to the station

☑㉒ 彼女から財布**を盗む**

＿＿＿＿＿＿＿ a purse from her

☑㉓ その男**を逮捕する**

＿＿＿＿＿＿＿ the man

☑㉔ うそをついたことで彼**を罰する**

＿＿＿＿＿＿＿ him for lying

☑㉕ その問題を私**のせいにする**

＿＿＿＿＿＿＿ me for the problem

☑㉖ あなたの健康を**害する**

＿＿＿＿＿＿＿ your health

☑㉗ その町**に近づく**

＿＿＿＿＿＿＿ the city

☑㉘ これと**密接に**関係している

be ＿＿＿＿＿＿＿ related to this

☑㉙ 彼女に**直接**話す

speak ＿＿＿＿＿＿＿ to her

☑㉚ **急速に**広まる

spread ＿＿＿＿＿＿＿

☑㉛ **直ちに**開始する

start ＿＿＿＿＿＿＿

☑㉜ **徐々に[だんだんと]**よくなる

＿＿＿＿＿＿＿ improve

☑㉝ **まったく**新しい体験

a ＿＿＿＿＿＿＿ new experience

☑㉞ **深く**感動する

be ＿＿＿＿＿＿＿ impressed

☑㉟ **たいてい**日曜日に

＿＿＿＿＿＿＿ on Sundays

☑㊱ 服より**むしろ**本を買う

buy a book ＿＿＿＿＿＿＿ than clothes

答え ⑨ demand　⑩ industry　⑪ web [Web]　⑫ advertisement　⑬ options [choices]　⑭ budget　⑮ receipt
⑯ crops　⑰ attach　⑱ participate　⑲ tackle, poverty　⑳ respond　㉑ rush　㉒ steal　㉓ arrest
㉔ punish　㉕ blame　㉖ harm　㉗ approach　㉘ closely　㉙ directly　㉚ rapidly [quickly]　㉛ immediately
㉜ gradually　㉝ completely　㉞ deeply　㉟ mostly [usually]　㊱ rather

45	color	864	colorful	595	different	664	difference
	名 色		形 色彩豊かな		形 異なる，さまざまの		名 違い

70	use	357	useful	634	environment	1064	environmental
	動 を用いる　名 使用		形 役に立つ		名 環境		形 環境の

200	speak	418	speech	646	power	861	powerful
	動 (を)話す		名 スピーチ，演説		名 力		形 力強い，影響力のある

202	live	221	life	647	health	713	healthy
	動 住む，生きる		名 生活，生命，一生		名 健康		形 健康な，健康によい

342	easy	1242	easily	841	real	286	really
	形 簡単な		副 簡単に，たやすく		形 本当の，実在の		副 本当に

447	nature	488	natural	958	solve	750	solution
	名 自然		形 自然の		動 を解決する，を解く		名 解決(策)

472	sleep	271	sleepy	960	collect	1786	collection
	動 眠る　名 眠り		形 眠い		動 を集める		名 収集(品)，コレクション

492	active	903	activity	961	rain	333	rainy
	形 活動的な，活発な		名 活動		動 雨が降る　名 雨		形 雨降りの

570	sell	558	sale	1006	luck	840	lucky
	動 を売る，売れる		名 販売，特売		名 幸運，運		形 幸運な

589	produce	661	product	1121	danger	842	dangerous
	動 を生産する		名 製品		名 危険(性)		形 危険な

装丁デザイン　ブックデザイン研究所
本文デザイン　A.S.T DESIGN
　　編集協力　マイプラン

本書に関する最新情報は, 小社ホームページにある**本書の**「**サポート情報**」をご覧ください。(開設していない場合もございます。) なお, この本の内容についての責任は小社にあり, 内容に関するご質問は直接小社におよせください。

中学英単語2100 書いて覚えるマスターノート

編 著 者	中 学 教 育 研 究 会	発 行 所	受 験 研 究 社
発 行 者	岡 本 泰 治		
印 刷 所	岩 岡 印 刷		© 株式会社 増進堂・受験研究社

〒550-0013 大阪市西区新町2丁目19番15号
注文・不良品などについて：(06)6532-1581(代表)／本の内容について：(06)6532-1586(編集)